她们：终将与你在岁月里相见

田梦/编著

華中科技大學出版社
http://www.hustp.com
中国·武汉

图书在版编目(CIP)数据

她们:终将与你在岁月里相见/田梦编著. —武汉:华中科技大学出版社,2017.1
ISBN 978-7-5680-0603-3

Ⅰ.①她… Ⅱ.①田… Ⅲ.①女性-名人-生平事迹-世界 Ⅳ.①K818.5

中国版本图书馆 CIP 数据核字(2016)第 317767 号

她们:终将与你在岁月里相见 田 梦 编著
Tamen:Zhongjiang yu Ni zai Suiyue li xiangjian

策划编辑:亢博剑
责任编辑:薛 蒂
封面设计:喃 风
责任校对:李 琴
责任监印:张贵君
出版发行:华中科技大学出版社(中国·武汉) 电话:(027)81321913
武汉市东湖新技术开发区华工科技园 邮编:430223
录 排:华中科技大学惠友文印中心
印 刷:湖北新华印务有限公司
开 本:880mm×1230mm 1/32
印 张:8.75
字 数:230 千字
版 次:2017 年 1 月第 1 版第 1 次印刷
定 价:32.00 元

华中出版

本书若有印装质量问题,请向出版社营销中心调换
全国免费服务热线:400-6679-118 竭诚为您服务

序　　言

她们用自己有限的生命，为后世留下了一部部不朽的传奇。她们或蜚声文坛，或名震影界，或才华横溢，或美丽迷人。她们用自己的方式谱写了精彩的人生，在人世间留下了永远的美丽香痕。

时光不老，细水长流。人们不会忘记《罗马假日》里那个笑得灿烂的安妮公主，不会忘记《埃及艳后》中那个工于心计的妖冶女王，亦不会忘记《茶花女》中那个强颜欢笑的风尘女郎。她们所塑造的银幕形象根植于世人心中，永远不会淡去。

多年过去，三毛的橄榄树依然生长在万千读者心里，简・奥斯汀的《傲慢与偏见》依然为世人津津乐道。张爱玲的许多经典名句常常刷着我们的朋友圈，邓丽君的歌声依然会在我们耳畔响起……

繁华或苍凉，总会随风而去。不如捧一杯香茗，跟随时光的痕迹，走进她们鲜活的人生。

目　录

第一章

可可·香奈儿：美丽是一种态度

提起香奈儿，人们总会不自觉地想到香水，想到小黑裙，想到那些简约而高贵的奢侈品。其实，在这个国际大牌的背后，还隐藏着一个女人一世的酸甜苦辣。

1883 年 8 月 5 日，加布里埃·可可·香奈儿出生于法国南部的一座小城——索米尔。香奈尔 6 岁那年，她的母亲因肺病去世，从此幸福成了她幻想中的七彩泡沫，本该美好的少年时光却成了她生命里永远无法抚平的梦魇。

香奈儿的父亲是个商贩，终日在外游荡。妻子的去世，不仅没有让他悲伤，反而让他更加放肆地与情妇们厮混。他没有耐心去打理孩子们的生活，反而将她们当成一种累赘。妻子去世没多久，他就将香奈儿姐妹几个送进了孤儿院，从此永远地消失在了香奈儿的生活里。

当别的孩子依偎在父母的怀抱中时，香奈儿无法体会亲情的温暖。在那些孤寂的时光里，她慢慢变得坚强、骄傲，就像一株带刺的玫瑰，袅袅娜娜地吐露着自己的芬芳。

她渴望离开孤儿院，渴望拥有属于自己的自由人生。对她来说，18 岁是一个转折，那时的她已经长成了一个窈窕淑女，美丽的脸上流淌着一股高贵的气质。那一年，圣母院的修女帮她在“圣玛利亚”裁缝店安排了一份工作，主要负责有关客人的咨询工作。

虽然只是作为一个小小的店员，但是香奈儿非常珍惜这份工作。

当那些看起来普普通通的布料被剪裁成了漂亮的衣服时，她的心思也在飞速旋转着。飞针走线，编织着她对时尚界最初的灵感，或许从那时起，她便注定有这一生的传奇。

她是个爱美的姑娘，曼妙窈窕的身姿散发着青春的气息。她喜欢简约的装束，厌恶一切华而不实的东西。为了能赚一些外快，她每天下班后都会到一个酒吧去唱歌。那时候她只会唱两首歌，一首叫作《KO KO RI KO》(公鸡喔喔叫)，另一首叫作《Qui Qu'a Vu Coco》(谁看见了可可)。她唱歌的样子很可爱，大家都很喜欢这个活泼漂亮的女孩儿。时间久了，便有一些助兴的男客戏称她为“COCO”。香奈儿欣然接受了这个可爱的名字，甚至在之后，她以这个名字为自己的品牌命名，谁也不会想到，当初的一个戏称，后来竟成了风靡世界的国际大牌。

酒吧里鱼龙混杂，各色人群混迹其中，偶尔也会有一些高贵的客人前来凑热闹。一个寻常的晚上，一位名叫安·巴勒森的年轻军官来到了这家酒吧。看着活力四射的香奈儿，他眼中充满了赞美与欣赏。他的目光如火炬，于茫茫人群中透射到香奈儿身上，舞台上的香奈儿也注意到了那灼灼的目光。一曲歌罢，她优雅地走下舞台，勇敢地走向了那位军官。

虽是初见，却如久别重逢。巴勒森真诚地告诉她：你不应该在这样污秽的场合唱歌，你应该到尊敬你的客人中去唱。

这一句真诚的劝慰，比任何甜言蜜语更能打动香奈儿的心。从此，她跟着巴勒森进入了当地的上流社交圈。巴勒森经常带着她出席各种社交活动，在这个圈子里，人们衣着华贵、举止优雅，每一个场景与细节都在开拓着香奈儿的眼界。

对于衣着服饰,香奈儿有着自己独到的品位,也敢于向那些约定俗成的审美观发起挑战。有一次,香奈儿将一顶插满羽毛的帽子拔得只剩下一根羽毛,然后戴着它出席了一场社交活动。

那时候,贵族女性的帽子往往插满了漂亮的羽毛,另外还饰有很多装饰品,整个帽子都是沉甸甸的。但是这种广受欢迎的帽子却不符合香奈儿的审美观,认为这种设计太过复杂,给人一种华而不实的感觉。当她戴着那顶只插有一根羽毛的帽子出现时,人们的眼神中充满了讶异,甚至不乏鄙夷,就连一向宠爱她的巴勒森都感到无法理解。组织活动的女主人更是震惊不已,她悄声告诉身边的丈夫:"下次我绝不会再让她出现在我们的晚会上!"

当别人都在欢歌曼舞的时候,香奈儿却成了不受欢迎的"异类",一个人落寞地坐在房间的一个角落里。当她失落地看着那些欢快的人时,一位彬彬有礼的先生忽然向她走来,并非常绅士地邀请她跳舞。

这完全出乎香奈儿的意料,他的出现,如同温暖的阳光,融化了她心里的坚冰。与这位先生聊天有一种特殊的畅快感,那是一种知己的感觉。他的每一句话,仿佛都是从她的心里跳出来的。一曲终了,他微笑着对她说:你的帽子很特别,也很好看。

虽然那只是云淡风轻的一句话,但是却沉沉地落在了香奈儿心里。她有些兴奋,又有些疑惑,当所有人都在排斥她的时候,这位先生却对她给予肯定,那种前所未有的感动回荡在她心海中,久久不能平息。但是女人天生的矜持却让她保持着镇静,没有表现出明显的喜悦或兴奋,在绚丽的灯光下,她戴着那顶只饰有一根羽毛的帽子,如同一位骄傲的公主,美丽而高贵。

当他转身消失在人群中时，却不知他的声音、相貌，甚至每一个动作都深深地刻进了香奈儿的心里。经过打听，香奈儿得知那位先生叫亚瑟·卡伯，出身于英国贵族家庭，是一名真正的社交名流，当时在法国经营煤矿。

虽然仅仅见了一面，但是香奈儿却在心中确认，卡伯便是她生命里的灵魂伴侣。

然而现实中的许多问题却又让她感到苦恼：她出身于平民家庭，没有任何高贵的身份背景，而卡伯却是贵族出身，不同的身份地位如同一道不可逾越的鸿沟，令她望而生畏。更重要的是，她该向巴勒森作何解释？他毕竟曾帮助过自己，如果这么轻易就见异思迁，他该用怎样的目光看待自己？

不过，香奈儿是个敢爱敢恨的姑娘，尽管她感到有许许多多的羁绊，但还是决定勇敢地追寻属于自己的幸福。聚会上她已经错过一次，她绝不能再错过第二次。或许这样一个人，一辈子只会出现一次。想到此，她决定将那些世俗的约束统统扔掉，立即租了一辆马车，连赶了两日两夜的路去追寻卡伯。

当她风尘仆仆地来到卡伯身边时，卡伯简直不敢相信自己的眼睛。在他的印象里，那个戴着只饰有一根羽毛的帽子的姑娘如同一位骄傲的公主，而现在她竟然为了见他而没日没夜地赶过来，这份诚挚深深地打动了他。

香奈儿勇敢地向心爱的人表露了心迹，从看到他向自己走来的那一刻起，她便知道卡伯不同于其他贵族。事实证明，她的眼光没有错。

然而，即便香奈儿可以不理会世俗的种种羁绊，也无法控制那些漫天飞的流言蜚语。在人们看来，香奈儿只是一个水性杨花的高级情妇，她与卡伯在一起，无非是贪图他的高贵身份与钱财。

卡伯不愿意别人用异样的目光来看待自己的感情，他要捍卫这份难得的爱情，更要保护自己最心爱的人。经过一番深思熟虑，他决定带着香奈儿前往巴黎，去过属于他们的幸福生活。

尽管卡伯可以给香奈儿提供锦衣玉食的生活，但是她却不愿意永远生活在男人的羽翼之下。一个优秀的女人，不仅要做到精神独立，更要做到事业独立，即便年华老去，也依然能保持自己独特的魅力。

在卡伯的帮助下，香奈儿在巴黎大街上开起了帽子店，专门为贵族女性设计时尚而独特的帽子。她的设计与众不同，简约中带着一种高贵，高贵中又透露着独特的韵味。她以独到的目光，对时尚进行了新的诠释，每一顶帽子里都有她匠心独运的设计。

那时的巴黎已经有了一些时尚元素，不过千百年来流传下来的传统不可能在一朝一夕间便被摧毁。在今天看来，香奈儿当年的设计是引领着时尚潮流的，然而在当时的人们看来，那些帽子却太过简单，无法凸显女性的华美。

不过，香奈儿并没有因此而灰心。她坚信自己选择的方向是正确的，为了让人们认可她的设计，她勇敢地戴着自己设计的帽子走上巴黎街头。卡伯是她难得的知音，他很欣赏香奈儿的设计，并利用自己在巴黎的影响力帮助香奈儿做宣传。他甚至说服了当时巴黎最有名的歌手在演唱时戴上了香奈儿亲手设计的帽子，当她在舞台上高歌时，人们的目光都被她那顶独特的帽子吸引了。一时间，这种设计简约的帽子受到了广泛关注，香奈儿的事业终于迎来了春天。

香奈儿之所以一生都保持着独特的魅力，便在于她独立的精神。她无论多么喜欢一个男人，都不会像一根藤一样盘虬在对方身上。她有着自己独立的品格与事业，如同一棵开花的树，美丽的花朵闪耀着淡雅的芬芳，令无数人驻足迷恋，甚至神魂颠倒。

在卡伯的带领下，加之在事业上的巨大成功，香奈儿终于成功地跻身巴黎名流界，从一只名不见经传的小麻雀摇身变成了人人羡慕的金凤凰。当时巴黎著名的漫画家山姆在报纸上发表了一幅漫画：画中卡伯笑容可掬地抱着三样东西，一个是马球棍，另两个是香奈儿本人和香奈儿帽盒。

这幅画暗示了香奈儿与卡伯的关系，也于无形中提升了香奈儿的影响力，对她的事业也产生了另一种推动力。

时尚灵感从香奈儿心中源源不断地涌出，她并没有局限于小小的帽子，而是继续向服装进军。很快，香奈儿的裤装、小黑裙、无领夹克等相继面世，每一样作品的诞生都如同风暴般席卷了巴黎，乃至整个法国，整个世界。

1914年的8月，第一次世界大战轰然炸响。战争改变了千万人的生活，男人们纷纷冲进战场，女人们不得不从男人的身后走出来，承担养家糊口的重任。她们有的去挤牛奶，有的去工厂里做工，有的进了野战医院，甚至有的开起了卡车。女人用自己柔弱的肩膀顶起了半边天，她们不能再养尊处优地待在家里，以前那些设计繁琐的长裙也不再实用。这场噩梦般的战争，却给香奈儿带来了新的机遇。她那些简约的服装设计，正迎合了社会变化的需求。她那些针织料套装、水手式衬衫、直筒针织裙等对广大女性来说派上了大用场。

燃烧的战火为香奈儿带来了事业上的机遇，也淬炼了她骨子里的坚强。1916 年的春天,香奈儿的制作室已经拥有了三百多名员工。她从未经受过正规的裁缝训练,这使得她在工作过程中总结出了一套独特的工作方法——直接在模特身上完成工作。她不需要画设计图,也不需要画图样,只需要在模特身上测量一番后,就巧妙地将那些布料变成别致的服饰。

她是个高贵而精致的美人,但也绝对是个工作狂。为了达到她理想的效果,她可以拿着布料在模特身上比对好几个小时,而模特一动不动地站上好几个小时也是常事。为了达到完美程度,模特常常要把衣服穿穿脱脱好几十次,直到香奈儿满意为止。

在员工眼中,香奈儿是个苛刻而严肃的女老板。尽管员工们工作非常辛苦,但是工资并不高。她是个优秀的设计师,更是个兢兢业业的经济学家。无论是在设计上,还是在管理上,她都有着自己的一套模式。

香奈儿讨厌一切华而不实的东西,在她的生活里,每一个细节都有其独特的存在价值。在那个年代,裤子是男人的专属,女人只能穿着长可及地的裙子。但是香奈儿却不理会世俗的教条,她发现裤子简约方便,女人同样可以驾驭。有一天,她穿着从英国马蹄铺子里借来的马裤走进店里,要求裁缝师傅按照她的尺寸做一件一模一样的裤子。这个要求让裁缝师傅大跌眼镜,他满脸惊讶地看着香奈儿,简直不敢相信自己的耳朵。

尽管裁缝师傅一万个不愿意,但最终还是遵从香奈儿的意愿,为她做了一条长裤。拿到裤子后,香奈儿又要求裁缝师傅做了一件男式衬衫,不过缩小了领子,然后搭配了一条针织领带。这些搭配让香奈儿的灵感如泉水般涌现,她随之又做了一件苏格兰粗呢材质的男式便装外套。当她将这些穿戴起来时，一种全新的风格诞生了，人们既有眼前一亮的感觉，又为她的大胆所折服，甚至震撼。

香奈儿裤装的诞生，对于女性服饰来说是一场前所未有的变革。她讨厌所有华而不实的东西，在她的带领下，那些设计拖沓繁琐的服装渐渐淡出了人们的生活，取而代之的是各种简约而不失高贵的服饰。不过，每一个女人都有一颗爱美之心，太过简单的设计虽然穿起来方便，但是也不能完全不顾及美观。卡伯以男人独特的视角告诉香奈儿：女人的本色不能丢掉，她们可以白天穿着马裤工作，但是夜晚应该化身美丽的蝴蝶翩翩起舞。

在卡伯的建议下，香奈儿在去掉传统裙帽上各种繁冗的花边装饰的同时，也设计了一些别致精美的绣花，专为女性设计的晚礼服也就此诞生。

对于香奈儿来说，那是她生命里最幸福的时光。事业如日中天，爱情甜蜜美满，不知道多少人对她羡慕不已。卡伯始终在默默地支持着她，为她出谋划策，并给她最温柔的鼓励。每一次外出归来，卡伯总要给她带一些精致的礼物，比如手袋，比如耳环，虽然小巧，但是每一件都价值不菲。那些小物件也成了香奈儿灵感的源泉，她以睿智的目光，在所有精美的物件上搜罗自己所需要的时尚元素，以此升华自己心中的时尚灵光。

1918 年的圣诞节，卡伯因忙于工作而无法与香奈儿在一起。相识多年，这是他们第一次不能在一起过圣诞节，两个人都倍感遗憾。身在外地的卡伯想到香奈儿孤单寂寞的样子，便心疼不已。那时正值平安夜，千家万户都团聚在一起开心地吃着团圆饭，天空有纷纷扬扬的雪花落下来，在街灯的映衬下格外美丽。想到千里之外的心上人，卡伯再也坐不住，决定冒雪赶回巴黎，只为给她一个惊喜。

归心似箭的卡伯顾不得天寒地冻，连夜开着车赶回了巴黎。将近黎明时，他终于回到了那座熟悉的城市。快到家时他忽然想起，因为走得太过匆忙，竟忘了给香奈儿带一份圣诞礼物。想到此，卡伯赶紧调转车头，在繁华的巴黎大街上寻找合适的礼物。然而那时天色尚早，很多店铺都没有开门。卡伯想到有一个经营珠宝的朋友，便赶紧赶到了那位朋友家，敲响了朋友家的大门。朋友还在半梦半醒的状态，迷迷糊糊地听他说明了来由，然后找出一串漂亮的珍珠项链卖给了他。

卡伯如获至宝，想到香奈儿那高贵白皙的脖颈上戴上这串漂亮的项链，一定美若天仙。想到马上就要见到心爱的人，他格外兴奋。

然而连夜驾车的疲劳却如同魔鬼般侵袭着他的神经，让他在兴奋与疲劳的交织下失去了控制。在一个街角，他猝不及防地撞上了一辆迎面而来的车，那一瞬间，他如同一只小小的蚂蚁般被翻扣过来的车子重重地砸在下面，鲜血飞溅而出，依然带着那份爱的温度。他怀中的珍珠项链也被甩了出来，被鲜血染成了红色。

那一刻，幸福距离香奈儿只有一步之遥。若非这一场突如其来的变故，或许香奈儿也不会终身不嫁。

惊闻噩耗的香奈儿匆匆赶来，昔日心爱的恋人竟已面目全非。巨大的悲痛沉沉地压在她心上，令她忘了呼喊，忘了哭泣，甚至忘了整个世界。她愣愣地站在那里，许多美好的回忆如同纷扬落花，在她的脑海中盘桓、回旋。许久许久，她才木然地走到车子残骸前，把脸埋在手掌中低声啜泣起来。悲伤如同洪水般轰然释放，她那低声的啜泣很快成了旁若无人的大哭，一直哭到黄昏时分。那串染血的珍珠项链在残阳的余晖里发出刺目的光,令人泫然欲泣。

那是香奈儿生命里最黑暗的一天,所有的色彩都被悲痛吞噬,只剩下最压抑的黑色。那一片黑暗,在泪水中忽然绽放出设计的灵感——她要设计一款黑色的衣服,让全世界的女人都为之疯狂。

或许,这便是上帝赋予她的使命。她不再哭泣,默默地将所有痛苦都咽到肚子里。她没有什么亲人,遇到卡伯以后,她以为自己找到了此生相依相伴的人,然而还未白头,他便溘然长逝,留下她一个人在这孤独的人世间踽踽独行。

在那段悲痛的日子里,香奈儿的事业也跌落到前所未有的低谷。这种低迷状态一直持续了两年之久,直到 1920 年,她跟从俄国大公爵巴卡扎洛夫参观了瑞士的一个珠宝矿,那里的钴蓝和锗红两种宝石深深地吸引了她。回到家里,她拿出了那串染着卡伯鲜血的珍珠项链,想到了卡伯曾对她寄予的厚望。

在卡伯眼中,香奈儿是个不寻常的女子。香奈儿想,若是他知道自己因为他的死亡而颓废,定是不开心的,他想要看到的,应该是一个充满活力、在事业上熠熠生辉的香奈儿。她不该因他的死亡而停止对事业与人生的追求,相反,她更应以此为动力,完成他在人世间未了的心愿。

望着手中那串珍珠项链,香奈儿仿佛看到了卡伯那双充满希冀的眼睛。前方的路在她眼前渐渐明朗起来,那串染血的珍珠成了她生命里最大的动力。珍珠的光芒里映透着恋人的血,与她白天看见的那些漂亮的宝石交织在一起,构成了一幅奇异瑰丽的图画。香奈儿突发奇想:如果能将各种不同颜色和质地的珠宝镶嵌在一起,就能大大地丰富珠宝的颜色,并构成更多绚丽别致的样式,这样的珠宝一定能更好地衬托出女性之美。

不过,天然珠宝价格昂贵,并不是每一个爱美的女人都能买得起的。为此,香奈儿别出心裁地想到了将人造珠宝与天然珠宝混合的办法,这样一来便降低了成本,同时也降低了成品价格,这正迎合了当时人们务实节俭的风潮,也让更多的女性可以戴上梦寐以求的珠宝首饰。

随后,香奈儿在巴卡扎洛夫的帮助下做起了珠宝生意,她低迷已久的事业终于重新起航。一时间,巴黎刮起了珠宝风,香奈儿设计的珠宝不仅款式新颖,价格也比其他珠宝低廉许多,拥有一串香奈儿珠宝成了那个年代的巴黎女人梦寐以求的目标。

昂贵的东西,未必就是最美的。香奈儿对于以贵为美的审美观嗤之以鼻:“人们为什么要为钻石而发昏呢?干脆在脖子上绑一张同值的支票不是更好!”她跳出了世俗目光的羁绊,自由地将时尚之美发挥到了极致。她设计的珠宝别具一格:彩色的宝石混搭着大颗的珍珠,大克拉的钻石搭配精致的搪瓷,昂贵的祖母绿配上廉价却漂亮的玻璃珠,便构成了一枚枚别致的胸针……著名的漫画家对香奈儿的大胆设计称赞不已:“终于有人有勇气制作人造珠宝了。”

事业上的宏图大展,终于使香奈儿摆脱了长久以来的低迷情绪。她又找回了从前的自己,自信、开朗、活泼、热情,像一朵迎风起舞的向日葵般追逐着太阳的光,灿烂的笑容感染着身边的每一个人。

不过,恋人的去世是香奈儿永生的遗憾,那段黑暗的时光给她留下了永远的痛,也在她的心上留下了一抹特殊的色彩。一年以后,香奈儿推出了一件令人震撼的作品——黑色小洋装。

在那以前,黑色是葬礼以及工人、仆人的专属颜色,然而香奈儿偏偏要打破这个传统,将人们所鄙夷的黑色搬上时尚舞台。在黑色小洋装刚刚问世的那段时间里,很多男人都为之不解,认为这毫无女人味的衣服是不可能受人喜爱的。然而事实证明,香奈儿是正确的。越来越多的女人喜欢起这种颜色来,黑色的衣服穿在她们身上,显示出了一种独特的韵味。香奈儿说:"黑色是能够包容一切的颜色,白色也是。它们都具有一种纯粹美。穿着黑色或白色的女人,永远是舞会上最受瞩目的美女。"

就像她在卡伯去世时曾发下的誓言一样,千千万万的女人真的穿上了黑色的衣服。1926 年 10 月,美国《时尚》杂志对香奈儿黑色小洋装的诞生给予了重要肯定:黑色小洋装与第一辆福特汽车的出厂具有同等的革命性质。

她是不折不扣的女强人,但是在男人眼中,她始终是那个惹人疼爱的可可。多数女强人都会给人一种盛气凌人的感觉,令男人们不敢接近,但是她却不同。她的身上有一种闪耀的魅力,令人敬爱,又令人怜爱。她依恋男人的怀抱,却不完全依赖男人,自始至终,她都是独立的。她的一生中有过许多情史,有画家,有诗人,从政界名流到王公贵族,许多人都曾与她有过亲密关系。然而遗憾的是,他们终究只是她生命中的过客,在璀璨生辉的人生舞台上,她与他们缠绵恩爱,却并未白首终生。

就像嫁给舞台的梅艳芳一样,香奈儿嫁给了自己最爱的事业。她曾说:"你可以穿不起香奈儿,你也可以没有多少衣服选择,但永远别忘记一件最重要的衣服,这件衣服叫自我。卡伯让我明白我可以照自己的方式生活,照自己的意愿经营事业,照自己的欲求选择爱人,这是卡伯给予我的最好的礼物。"

第二章

邓丽君：繁华落尽，独留佳音

沿着岁月的脚印,让时光回溯到20世纪的台湾云林县褒忠乡田洋村。1953年1月29日,一名女婴出生在一个贫困的家庭里。她像一个小天使为这个贫困的家庭带来了无限快乐,将那些灰色的时光都染成了绚丽的彩色。

邓丽君是家里的第四个孩子,也是家里唯一的女孩。父母和三个哥哥都对她宠爱有加。尽管经济上捉襟见肘,但是一家人相濡以沫,温馨而幸福。邓丽君的父亲邓枢是河北人,母亲赵素桂是山东人。1949年,身为国民党军人的邓枢带着一家人来到台湾,租住在云林县褒忠乡龙岩村的一栋小房子里。第二年,他们又搬到了屏东机场附近。

邓丽君的母亲赵素桂喜欢看电影、听戏曲。由于母亲的缘故,从小邓丽君便与音乐结下了不解之缘。每当母亲去听戏时,总要把最宠爱的小女儿带在身边。耳濡目染之下,邓丽君也爱上了音乐,爱上了那些美妙动听的旋律。日久天长,她竟能将那些戏曲唱出来,稚嫩的童音甜脆可人,那时候人们还不知道,这个小小的女孩竟会在多年以后名震乐坛,对全中国乃至世界的音乐都产生极大影响。

20世纪50年代,听收音机的广播是大多数人家的主要娱乐方式。小小的邓丽君经常去干妈家作客,因为干妈家的那台收音机引发了她浓厚的兴趣。她喜欢坐在收音机旁边听一听外面的世界,跟着收音机里的旋律轻声哼唱,兴致大起时也会引吭高歌。

在一个寻常的日子里，小小的邓丽君学着大人的模样唱起了周璇的《缥缈歌》。那一天细雨绵绵，清凉的雨丝在她的歌声里飘扬，虽然幼小的她并不知道愁为何物，但是那样温柔清甜的嗓音却唱出了歌中的神韵，绵绵不绝，宛如天籁。

她并不知道这是电影《董小宛》中的歌曲，也不知道这歌曲背后的故事，只是那样认认真真地唱着。而此时，一位五十多岁的老人已经被她的歌声吸引，在她家的篱笆旁久久伫立。他身着银灰色的西装，撑着一把黑色的雨伞，脸上满满地都是惊喜。

他便是邓丽君的授业恩师常荫椿。仅仅是因为那一次不经意的聆听，他便在心中认定这个学生。他相信，这个小女孩定是个可塑之才，将来在音乐上定会大有前途。常荫椿亲自登门，请求邓丽君的父母允许他教授这个孩子。邓枢和赵素桂夫妻俩欣然应允，从此，音乐成了邓丽君生命里不可分割的一部分。

由于自幼听戏，邓丽君的音乐基础很好。她从民谣戏曲唱起，清甜的声音，娇俏的容貌，她像一阵清风拂过人们的心间，给每一位观众都留下了深刻的印象。

1963 年，由于电影《梁山伯与祝英台》的热播，黄梅调如同一阵飓风刮过台湾岛，“中华电台”甚至举办了一场声势浩大的黄梅调比赛。

邓丽君自幼听戏，唱黄梅调非常在行，常荫椿便为爱徒报了名。

不过，父亲邓枢并不支持女儿参赛。他以为女儿唱歌只是自娱自乐而已，不可能将唱歌当成一种事业。然而女儿的表现却令他倍感意外，邓丽君一路过关斩将，竟顺利地拿下了决赛的桂冠。直到此时，邓枢才开始正视女儿对音乐的热情。女儿是他的掌上明珠，他为女儿的成功而高兴,更感到骄傲。

这场比赛让年少的邓丽君声名鹊起,登台唱歌的机会越来越多,名气也越来越大。

1965年,年仅13岁的邓丽君正式出道。从此,这个长相甜美的小姑娘成了千万人的偶像,她忙碌地来往于电台、歌厅之间,酬劳也日渐丰厚,甚至比父亲的收入多了好几倍,这个清贫已久的家庭经济上终于有了一些改善。有时候,她一个晚上就要赶好几个场,简直忙得焦头烂额。尚未成年的她,成了家里最重要的经济支柱。虽然忙碌,但是她始终是开心的,那份压力也成了她成长路上的另一种动力。

那时候邓丽君还是一名中学生,然而忙碌的工作,令她无暇顾及学业。第二年,学校要求邓丽君在学业与唱歌之间作一个选择,要想留在学校,就必须作一个乖学生,不再出去唱歌,要想唱歌,就必须辍学。最后,邓丽君无奈地选择了后者。也是在这一年,邓丽君参加金马奖唱片公司的歌唱比赛,以一曲《采红菱》赢得桂冠。

离开学校的邓丽君得以更加全身心地投入歌唱事业。她加入了宇宙唱片公司,每天辗转于台北的各大歌厅,最忙的时候一晚上要赶六个场次。

鲜花与掌声,并没有使这个年少的姑娘骄傲自满,恰恰相反,她更加努力地唱歌,除了为了多赚些钱以外,还有一个更重要的理由支撑着她,那就是发自内心的对唱歌的热爱。她喜欢那种感觉,将心中所有的声音都用歌声来表达,她是用心歌唱的,每一句歌词里都包含着她自己的感情。她的歌越唱越好,俨然成了当时的小红人,甚至渐渐有了"娃娃歌后"的美称。

15 岁那年，她出演了人生中的第一部电影《谢谢总经理》，没多久又演唱了台湾首部电视剧《晶晶》的主题歌。她的歌声与面庞渐渐为人们所熟知，也得到了更多人的认可。

邓丽君的歌声甜美婉转，得到了人们的极力推崇。她的歌声飘遍了整个台湾岛，甚至飘到了东南亚。16 岁那年，她接到了新加坡总统夫人的邀请函，邀请她出席在新加坡国家剧院举行的慈善演出。

这是邓丽君第一次走出中国台湾，国外的一景一物，都给年少的她留下了深刻的印象。离开新加坡后，她又来到了香港。

读万卷书不如行万里路，外面的世界令她眼界大开，也学到了更多的东西。1970 年的 1 月，她参加了香港工展会主办的“白花油慈善义卖”活动，并以第一名的优秀成绩成为义卖史上最年轻的“白花油义卖皇后”。没多久，她拍摄了人生中的第二部电影《歌迷小姐》，并大获成功，从此，“歌迷小姐”的称号成了她的另一项荣耀。

在见识了外面的世界之后，邓丽君已经不再满足于仅在台湾发展，她的目标是外面更广阔的世界。1971 年，她跳槽到了丽丰唱片公司，并在公司的支持下在东南亚的泰国、新加坡、马来西亚、越南、菲律宾等国进行了为期一年的巡回演唱。

她的歌声如同散落天涯的花，芬芳了五湖四海，而她自己也成了千万人迷恋的偶像。1972 年底，邓丽君当选为当年“香港十大最受欢迎歌星”之一，一时间名噪乐坛，台湾、香港以及东南亚，到处都在传唱着她的歌。渐渐地，她成了东南亚当之无愧的歌后，一项又一项大奖向她飞来。

把自己最爱做的事情变成工作，那是一种怎样的快乐？邓丽君热爱唱歌，对她来说，唱歌不仅仅是为了赚钱，更是为了实现心中的美好愿望。当她已经成为歌坛上炙手可热的新星时,她并没有满足于自己的成就,而是放眼前方,向着更远大的目标前进。

邓丽君将目光投向了有着巨大音乐市场的日本,并在宝丽金公司的支持下推出了第一张日语唱片。然而世事难料,已经红透东南亚的邓丽君却在日本遭受到了冷遇。那一年,是她事业巅峰中一个突如其来的低潮,许多沮丧与困顿如同洪水般席卷而来,宝丽金公司甚至一度怀疑自己选错了人。

不过,这次失败并没有让看起来柔柔弱弱的邓丽君一蹶不振,她温柔如水,骨子里却凝结着无限坚强。在那些困顿的日子里,她依然坚守着心中的理想,无论多么艰难,她从未想过放弃。

多少人羡慕她那万人仰慕的荣光,然而在那份荣光的背后,却隐藏着无尽的艰辛与汗水。舞台上的她永远笑靥如花,她拼尽全力,将最精彩的自己呈现给观众,苦与痛却一个人默默承受。

1974 年,邓丽君推出了单曲《空港》,终于在日本市场上大获成功,并获得了日本唱片大奖的“新人奖”。就像金色的阳光穿透层层乌云,邓丽君终于走出了那段痛苦的事业低谷。紧接着,她又加盟了香港宝丽金唱片,并推出了经典系列《宝岛情歌第一集》。

邓丽君成功地打开了日本市场,她的名气渐趋国际化。从多年前那个名不见经传的小女孩,到世界瞩目的甜歌王后,这其中的每一步,都有着不为人知的血汗。

有人说,邓丽君的成功在于运气,事实上,运气每个人都有,但并不是每一个拥有运气的人都会成功。人们总是将目光落在她的辉煌成就上,却忽略了她的努力与坚持。

利舞台是香港颇有名望的高尚娱乐表演场地。1976 年,邓丽君首次来到了利舞台，成功举办了首次香港个人演唱会。她的到来，如同一场温柔甜美的风暴席卷了整个香港，令无数人为她欢呼。而这只是一个开始，在以后的岁月里，邓丽君多次来到利舞台，每一次都大获成功。香港如同一颗璀璨的明珠，它既有浓郁的现代都市气息，又不失中华传统文化特色。香港的独特魅力令无数访客流连忘返，能在香港博得一席之地，也是演艺界诸多明星所追求的目标。

1976年的盛夏，邓丽君在日本成功举办了首次个人演唱会，几个月后又率领丽星歌剧团赴马来西亚进行了巡回演出。从此东南亚、中国香港及日本成了她唱歌路上的三个重要驿站。她在各大城市之间辗转奔波，虽然辛苦劳累，却乐此不疲。

能够为了自己喜欢的事情而忙碌也是一种幸福。邓丽君的歌唱生涯虽偶有小波折，但总体上来讲一直都是非常顺利的。然而这世上没有永远的顺风顺水，人越是在春风得意的时候，越容易遭受磨难。

1979年2月18日，一则新闻轰动了整个娱乐界：邓丽君因违反日本的《出入国管理令》，被东京出入国管理事务所留置，警方将对该事件进行进一步调查。

这则消息如同生了翅膀般，当天便由日本飞到了中国台湾，很快又传遍了整个东南亚，这令许多狂热地迷恋着邓丽君的粉丝们难以接受。

媒体就像一个放大镜，经过媒体的渲染，这则新闻几乎成了丑闻，令邓丽君在人们心目中的形象一落千丈。一时间，指责声、谩骂声如同潮水般袭来，将26岁的邓丽君压得几乎喘不过气来。

多年过去，当年的事情早已明了清晰。那时邓丽君于2月14日搭乘“中华航空”C116 航班从香港飞抵东京羽田机场,所持护照为印尼政府护照,也就是新闻中所提到的假护照。当时日本海关工作人员没有认出她是红遍东南亚的歌星邓丽君,便经过正常检查程序后放行。

邓丽君本以为可以瞒天过海,却不想竟弄巧成拙。次日,印尼驻日本大使馆通知日本出入国管理局东京事务所,邓丽君所持护照是伪造的。

2 月 16 日晚,邓丽君在朋友家用过晚餐后返回酒店,震惊地发现日本东京出入国管理事务所的官员及印尼大使馆的官员已经在那里等候她多时了。

面对官员的质问,邓丽君只好承认了使用假护照入境日本的事实,经过初步谈话,她被警备科留置。

以前去日本,邓丽君都是持护照和日本政府核发的《渡航证明书》入境的。由于日本与中国建交,所以身在台湾的邓丽君办理签证的程序非常麻烦,这一次由于时间紧迫,邓丽君才会想到这个办法。

然而,无论最初的缘由如何,错误已经酿成,只能硬着头皮去面对。当你犯错时,大家都在看你如何解决,而不是听你如何解释。

邓丽君作为万众瞩目的歌星,在这条新闻发出之后立即成了千万人关注的焦点,就连她的家人也成了媒体挖掘信息的对象。邓丽君的父亲邓枢虽然对女儿使用假护照颇为责备,但是作为父亲,即便女儿犯了错,他依然希望维护她。在面对媒体的追问时,他推脱说这是日本唱片公司出的主意。

然而这对于事件本身毫不奏效。没几天,又一场假护照风波席卷而来——台湾媒体爆料称，邓丽君曾试图持假护照返台。

原来，邓丽君在 2 月 13 日从香港飞抵台北，随即准备搭乘华航的 CI002 次航班飞往日本东京。然而不巧的是，由于邓丽君没有提前预定，当时航班客满，无法临时安排座位。但是唱片公司的行程早已安排好，她必须当日前往东京。

焦急万分的邓丽君央求机场人员予以通融，有位好心的华航人员告诉她只有两个办法可以解决问题：要么前往台北住一夜，第二天飞往日本；要么立即回香港，次日再到台北转机。

邓丽君觉得，前者一定是行不通的，因为她持有的护照，在同一个月内已经办理过一次签证，按照规定不可能再办第二次。如果按照第二个办法，她又觉得太浪费时间。

情急之下的邓丽君想到了那本印尼护照，她走到入境室问海关的工作人员："外国护照可不可以办理过境？"工作人员在看了她的印尼护照后告诉她：由于护照上没有签证，所以不能入境。

既然其他办法都行不通，邓丽君只能选择回到香港。然而她万万没想到，这件事却给她埋下了祸根。对于名人来说，即便是一丁点小事也有可能引发社会上舆论的风暴，更不要说犯错。邓丽君试图使用印尼护照的消息不胫而走，后来有一名报社记者得知了此事，便特意跑到机场抄下了邓丽君使用的印尼护照号码。当晚，该记者打电话至印尼"代表处"，检举邓丽君使用假护照。印尼"代表处"随即将消息汇报主管当局印尼外交部，印尼外交部又转达驻日大使馆，这才引发了邓丽君的假护照风波。

由于邓丽君在台湾有过出示假护照的举动，台湾当局的治安机关认为她的行为涉嫌"行使伪造、编造的护照"，依据台湾当局的"刑法第216条”规定,可处一年以下有期徒刑,拘役或处以罚金。

由于日本、国内相继爆出邓丽君的假护照事件,邓丽君想要留在日本已经不可能,想要回台湾则可能面临法律的制裁。在那段被留置的日子里,她每天坐立难安,不知道等待她的将会是什么。

日本宝丽多唱片公司紧急为邓丽君聘请了辩护律师,这让邓丽君看到了一丝希望。造成这种困局的根源在于那本护照,要想解决问题,还要从护照开始。

邓丽君告诉律师,那本印尼护照并非是伪造的,而是一名印尼政府官员帮她办的。

经过相关部门核查,那本护照的确是由印尼政府发出的,护照上的印尼外交部官员的签字也是真的,不过发放手续却不合法。按照印尼的规定,外国人要得到印尼国籍必须在印尼居住6个月以上,而邓丽君常年辗转于各国家和地区之间,显然不可能满足这个条件。因此,这本掀起了轩然大波的护照被印尼驻日本大使馆收回。

随后,日本法务省裁决将邓丽君驱逐出境,并勒令其一年内不得入境日本。

离开日本的那一天,邓丽君心情格外沉重。她穿着一身朴素的衣服,低着头离开了拘留所,然后快步上车,离开了这个给了她无上荣光随后又给了她无限屈辱的地方。

虽然这件事在日本已经真相大白,但是台湾当局的治安机关还在等着她回去接受调查。此前,邓丽君曾与美国一家公司签约,预定于1979年4月6日、9日及10日在美国登台,随后将在13日至16日前往加拿大进行演出。邓丽君最担心的是如果回国,一旦因为护照问题而无法前往美国,对方会不会以不履行契约为由控告她?但是如果她立即前往美国，又担心会出现新的入境麻烦。

经过一番深思熟虑，邓丽君决定先去美国。这场风波给她的身心造成了巨大创伤，她需要一个安静的地方疗伤。

许多年过去，当年的事情早已尘埃落定。其实纵观事件始末，邓丽君虽然有错，但也算是在情理之中的，她所承受的磨难与损失，与她犯的错是极不相称的。作为一个当红歌星，她的一举一动都受到千万人的关注，倾慕者有之，嫉妒者亦有之。当她的假护照事件传开后，许多媒体为了吸引人眼球而进行添油加醋的“报道”，甚至有人说她“丢了国人的脸”，更有甚者高呼将她“抓回来”。那是邓丽君歌唱生涯中最灰暗的日子，从那以后，她每做一件事、每说一句话都小心翼翼，唯恐再犯了同样的错误。

离开日本后，邓丽君与母亲一同来到了美国洛杉矶，当时她的弟弟正在洛杉矶读书。经过了这场惊心动魄的风波，邓丽君与家人商议，决定暂别舞台，开始潜心读书。

多年以前，她为了事业而放弃了学业，多年以后，她又因为事业而重拾书本，人生，总是充满了戏剧性。

习惯了掌声与鲜花，习惯了舞台上闪烁的灯光与舞台下热烈的欢呼，世界忽然安静下来，邓丽君还有些不习惯。想到自己为了事业而辛苦奔波，没有输在能力上，却输在了一本小小的护照上，她心中难免失落。一本小小的护照不仅切断了她的舞台路，还使她流落异国他乡，有家难回，不禁悲从中来，有时也难免落泪。后来，她的弟弟邓长禧回忆道：“在‘护照风波’以后，我有一天下午看到她一个人独坐窗前，望着窗外洛杉矶陌生的车水马龙，独自掉眼泪，作为弟弟的我心如刀割，既难过，又无可奈何。”

时间是治愈伤口的良药。在美国避过风头后,邓丽君又回到了台湾,回到了她最爱的舞台上。那些等待她已久的粉丝们格外热情,她的演唱会场场爆满,简直比以前还要受欢迎。

1981年年初,邓丽君在印尼录制了80首印尼语歌曲,当年春节又接连在台北“迪斯角”、台中“联美”、高雄“喜相逢”等歌厅演出,所到之处皆受到热烈欢迎。

歌后的强势回归,令千万歌迷兴奋不已,邓丽君也终于找回了自信,彻底结束了那段沮丧晦暗的日子。当年8月,她有5张唱片获得香港“金唱片奖”,令无数歌手望尘莫及。

经历过暴风雨洗礼的蓝天总是格外明媚,走出事业低谷的邓丽君比以前更加明艳动人。她是个走在时尚前沿的歌星,但是骨子里却透着一股古色古香的气质,而这对于她的事业来说也是一种良好的推动力。1982年,她开始策划制作古典专辑《淡淡幽情》,该专辑由唐、宋、元等历代词坛大家的词作改编而成。为了达到最佳效果,她像个老学究般钻研那些古典文学作品,品味诗词中的格律与韵味,甚至在床头放了一本《李后主李清照词欣赏》,以便随时观摩。

第二年,这张别出心裁的唱片正式问世。那些古色古香的词句,搭配上邓丽君甜美清纯的歌声,简直完美至极,令听者久久回思,不能忘却。随着歌曲的广泛传播,“天南地北双飞客,老翅几回寒暑”“问君能有几多愁,恰似一江春水向东流”“但愿人长久,千里共婵娟”等词句也勾起了人们对古典文化的向往。那动人的歌声,仿佛引领着听众跨越了时空,在一个又一个遥远的时空中放飞了心灵。

后来,当邓丽君提起当初的音乐创作灵感时这样说道:“自己忽然有一个奇怪的想法,我能不能与苏东坡和李后主合作,唱出一些可以代表我们民族的声音呢？作为一名歌者，我能不能也为传统文化尽一点微薄之力呢？在艺术的回廊里，留下几串脚印，《淡淡幽情》一连串的歌，是我梦想的实现，因为我可以很得意地告诉你，我邀请到的词作家，都是千百年来，最了不起的顶尖高手，有时候唱着唱着，我觉得不是在唱歌，而是在倾诉古老庄严而且多情的中国。”

多年过去，那些歌曲直到今天依然在播放着，并受到歌迷们的热烈追捧。

1983 年 2 月，邓丽君应邀前往美国拉斯维加斯恺撒皇宫举办演唱会，成为首位在恺撒皇宫演出的华人。这是多少歌星求之不得的荣耀，能够在这里一展歌喉，那将意味着国际大门的打开。邓丽君以她甜美的容貌与动听的歌喉征服了在场的所有观众，甚至有许多人慕名而来，从“黄牛”手中购买站票来到会场，只为目睹这位歌后的风采。

走出恺撒皇宫的那一刻起，邓丽君便成了赫赫有名的“国际明星”。那是她一生中事业的最高峰，也是诸多艺人毕生的追求。

邓丽君成了歌坛上的奇迹，刷新了一项又一项记录。1983 年 12 月 29 日，她在香港红磡体育馆举办了六场个人演唱会，以此纪念自己的 30 岁和出道 15 周年。这次演唱会拿下了香港歌坛的四项纪录：首次红磡体育馆连演六场，且场场满座，观演人数多达十万人，并创造了有史以来的最高票房。在邓丽君出道的 15 年中，她在香港的唱片销量高达 500 万，这也是华语歌坛上的一大奇迹。有人说，“只要有华人的地方，就有邓丽君的歌声”，此话不假。她以独特的魅力征服了千万歌迷，甚至征服了整个华语歌坛。

1986 年，邓丽君被美国《时代》杂志评为世界十大最受欢迎女歌星之一,同时被评为世界七大女歌星之一。她是唯一一个同时获得这两项殊荣的亚洲歌手,直到今天,她依然是人们心中无可替代的甜歌王后。

她将自己毕生的精力都奉献给了她最爱的歌唱事业,而她的感情世界却成了后世人揣测不透的谜团。其实,在邓丽君刚刚出道时曾有过一个绯闻男友——朱坚。据说朱坚有着深厚的娱乐界背景,是新加坡一家夜总会的经理,在邓丽君早年的唱歌事业中也曾给了邓丽君不少帮助。然而令人心痛的是,1972 年的 6 月,朱坚搭乘的飞往香港的航班失事,本来在等待着心爱的人到来的邓丽君,却等来了这个惊人的噩耗。她痛不欲生,一连一个多星期都没有登台唱歌。时光将这段感情埋在她的心底,即便多年过去,回想起来时她的心依然会隐隐作痛。

她爱自己的事业,也渴盼能有一个温暖的家,然而上天却总是和她开玩笑,幸福距离她总是只差一步之遥。与糖王郭鹤年之子郭孔丞的恋情,也是她心中永生难以抚平的痛。他们邂逅于美丽的新加坡,并已经到了谈婚论嫁的程度,然而郭家表示:要想嫁入郭家,她就必须退出演艺圈,断绝与娱乐圈朋友的往来。

这个要求令邓丽君难以接受。最后,她骄傲地选择了自己的事业,这场本可以开花结果的恋情,也成了永远的遗憾。

在广大歌迷眼中,最遗憾的应该是她与成龙的恋情。多年以后,当成龙提及与邓丽君分手的原因时,人们都倍感惊讶,她太高贵了,“她真的很高贵,这样的高贵来自内心,不是装出来的。她去环境雅致的餐厅吃饭,用刀叉都很讲究。她爱干净,一天洗两次澡。她唱歌的话筒都是自备的,不愿与人合用。”

而成龙却是个不拘小节的人,两个人在生活习惯上的差异太过悬殊,最终只能分道扬镳。

80年代后期,邓丽君经常前往欧洲,住在巴黎时,她结识了一个小她十岁的法国男人保罗。保罗是个俊朗的年轻人,喜欢摄影,也是邓丽君生命里最后的伴侣。不过,邓丽君的家人并不看好这段感情,他们觉得保罗太过游手好闲,与功成名就的邓丽君相比简直完全不搭调。然而陷入爱情的女人并不在乎那些客观因素,她像个大姐姐般护着他,甚至为他购买昂贵的摄影器材,为了照顾保罗的颜面,还偷偷地把钱塞给他,由他付款。

长时间的劳碌奔波,令邓丽君患上了支气管炎。1994年的冬天,她又患上了重感冒。保罗喜欢吸烟,有人说,保罗的吸烟习惯也对邓丽君的病情造成了不良影响。1994年12月30日,邓丽君在泰国清迈兰姆医院住院治疗。1995年的春节,她返台与家人团聚,并使用支气管扩张喷剂,治疗感冒伴随支气管炎所引起的呼吸困难。

疾病成了邓丽君最大的梦魇。新年过后,她又返回了泰国清迈,希望能在那里安心养病。1995年5月8日下午,她的病情骤然加重,而交通堵塞又延误了她送医的宝贵时间。抵达清迈兰姆医院后,她接受了近45分钟的全力抢救,但还是无济于事。17时30分,一代歌后永远地闭上了美丽的眼眸,年仅42岁。

邓丽君的家人对于保罗颇有怨言,认为是他这个不称职的男朋友没有照顾好邓丽君,每当提起保罗时,他们只是称呼他为“那个法国人”。

岁月倥偬,一转眼二十多年的时光已翩然飞去,虽然佳人已不再,然而她的歌声依然留在这个世界上,温暖着无数人。

第三章

麦当娜：舞台就是世界

她像一个小小的太阳,走到哪里,哪里就光芒万丈。1958 年 8 月 16 日早上 7 点 06 分,麦当娜 · 西科尼出生于美国密歇根州底特律附近的一个美丽的海湾城市——贝城。她的父亲西尔维奥(“托尼”) · 西科尼是意大利移民的第一代后裔,是一名工程师。母亲麦当娜 · 露伊丝 · 弗克林是一名法裔加拿大人,在家里做全职太太。这是一个热闹的大家庭,父母共养育了 8 个孩子,而麦当娜是父母的第三个孩子,也是最大的女孩。

“麦当娜”这个名字本是圣母玛利亚的传统称谓,但是多年以后,这个名字却将走向世界,在全球范围内响亮起来。后来,麦当娜提到自己的名字时如是说:“有时我觉得我的名字像是上天注定的。除了被称作麦当娜以外,我还能是别的什么呢?我要么最终成为一名修女,要么成为麦当娜。”

麦当娜出生的那一年,著名的甲壳虫乐队在利物浦非常活跃;被称为“摇滚之王的”埃尔维斯 · 普雷斯利(“猫王”)正值事业的高峰期;各种流行艺术、大众文化正在以电视为载体冲击着人们的世界观……日新月异的时代,仿佛在伸出双手迎接麦当娜的到来。

麦当娜与家人住在密歇根州庞堤艾克镇斯沃大街 443 号的一座小平房里。为了与母亲的名字区别开来,父母常常叫麦当娜的小名——小罗妮。麦当娜的父亲托尼对孩子们要求非常严格,他将孩子们都送到了教会学校,并且督促他们每个周日都要去参加弥撒,风雨无阻,有时候甚至连上学日的早晨也要去。越是被严格要求,麦当娜的内心越是生长起叛逆的野草。在以后的岁月里,她曾多次反叛教义,不过经日久天长的积累,天主教还是在她身上留下了不可磨灭的印记。

小小的麦当娜拥有着漂亮的蓝绿色眼睛与深褐色的头发,俨然一个小公主,十分讨人喜欢。小时候的她非常善于表现自己,她的门牙之间有一条小小的缝隙,据说那是善于交际的标志。

在她很小的时候,就展露了一代歌后的潜质。她近乎疯狂地喜欢上了唱歌和跳舞,每当家庭聚会时,她总会成为那颗耀眼的小明星,在大人面前又唱又跳。他们经常举办家庭聚会,而麦当娜也得以经常展现歌喉。人们开心地看着这个小家伙载歌载舞,却不知,这个小女孩竟会在多年以后誉满美国,名震世界。

麦当娜的祖父母戈特奥·西科尼和米奇琳娜·西科尼原本住在意大利佛罗伦萨附近的帕圣特洛,他们经历了第一次世界大战的炮火,经历了流感疫情的大爆发。作为农民,他们还经历着庄稼歉收的艰难岁月。生活举步维艰,他们决定离开意大利,去一个新的国度谋生。于是在 20 世纪 20 年代,他们举家迁到了美国。在这个家族里,似乎有一种天生的坚强基因,而麦当娜很好地继承了这种遗传基因,在她的演艺生涯里将其发挥到极致。

4 岁那年,麦当娜的母亲患上了乳腺癌。其实,在她怀上小女儿的时候就已经患病,但是为了孩子,她一直坚持到小女儿断奶才开始诊治。然而一切都太迟了,她的生命只剩下了短短的一年。在老麦当娜最后的生命里,麦当娜与兄弟姐妹们定期去医院探望她。1963 年的 12 月初,年仅 31 岁的老麦当娜与世长辞,而那时候小麦当娜才

5岁。

母亲的辞世,对小麦当娜来说是一个沉重的打击,这件事几乎影响了她的整个人生。1985年,已经功成名就的麦当娜接受《时代》杂志专访,回忆起母亲时她说:母亲是一个纯真善良、待人宽厚的人,即使"我们的确是一些把事情弄得乱七八糟、让人生厌,母亲也从不向孩子大喊大叫"。她始终记得,母亲患病的时候从不抱怨,有一次她爬上了母亲的背,央求母亲陪自己玩,但是母亲已经病重,不能陪她一起玩了,眼泪从老麦当娜的眼角流出,而年幼的麦当娜当时还不能理解母亲的心情,她"变得非常恼怒",甚至"用拳头打她的背,并叫嚷着:'你为什么这样?'接下来,我意识到她哭了……我还那么年幼,我用手臂围抱着她,我能感觉到她的身体在我的臂弯里抽泣,我感到似乎她是个孩子……那就是我开始懂事的转折点。"

小小的麦当娜意识到,她要么开始悲伤、变得羸弱、失去控制,要么自我控制、说一切都会好起来。从此,"控制"成了麦当娜最固执的行为方式。或许,狮子座女孩天生有着一种女王的特质,麦当娜善于控制自己的生活,也喜欢让身边的人都听自己的话。然而,让所有人都听自己的话是不可能的,因此她开始反抗他们,尤其是在父亲娶了继母以后,这种反抗更加强烈。

这种偏执的性格影响了麦当娜的一生。1978年,20岁的麦当娜中断学业,怀着对未来的无限向往与对梦想的美好期许只身前往纽约。那时,她身上仅有35美元,但是金钱的匮乏并没有阻挡她逐梦的脚步。在纽约的时代广场,这个斗志昂扬的姑娘竟奇迹般地安了家。

赚钱成了她的首要目标。在那段时间里,她做过许多薪资微薄的工作,还在时代广场的Dunkin' Donuts做过一段时间店员。没多久,她加入了著名的阿尔文·艾利(Alvin Ailey)和马萨·格雷厄姆(Martha Graham)舞蹈团,在团里跳爵士舞。那时的她只是众多舞者中的一员,虽然她跳得很认真,但始终默默无闻。她渐渐意识到,要想走向成功,必须从人群中走出来,做一个独立的自己,这样才能引起别人的注意。

麦当娜开始将事业重心从舞蹈向音乐转型。上个世纪80年代初,她开始尝试着写歌词,然后又学习了吉他和钢琴。指尖上跳动的音符,让她看到了未来的希望,看到了梦想的曙光。

经过一番不懈的努力,麦当娜成功地从爵士舞过渡到了爵士乐,完成了职业轨迹的转型。事实证明,她的选择是正确的。她的嗓音似乎有着天然的魅力,令人听之欲醉,而妩媚撩人的舞蹈动作,更是为她的歌唱表演锦上添花。她那种热情洋溢又不失调皮的舞台风格更是吸引了越来越多的人的注意。

麦当娜的歌唱事业日渐明晰。1982年,无线电唱片音乐节目主持人马克·卡明斯(Mark Kamins)用她的一首单曲"*Everybody*"制作了一部俱乐部舞台剧,并取得了圆满成功。麦当娜凭她动人的歌声与精湛的舞技赢得了无数观众的喜爱,也渐渐有了一些知名度。

舞台剧取得成功后,马克将她介绍给了华纳唱片公司(Warner Bros)的行政官员,这位官员对麦当娜非常满意,并当即与麦当娜签下了一份录音合同。1983年,麦当娜首张以她名字命名的专辑《麦当娜》问世了。

麦当娜的歌似乎有着特殊的魔力,那张专辑中的几首歌曲迅速成了家家传唱的流行歌曲,其中一首"*Holiday*"经过市内广播电台的多次播放,竟进入了全美最佳 20 首歌曲排行榜。没多久,麦当娜所演唱的“Lucky Star”和“Borderline”也进入了该排行榜。

短短的时间里,麦当娜的歌声传遍了美国,甚至传遍了世界。人们开始注意这个特殊的姑娘,而她的外貌与她的歌声一样特别——蜂刺状的头发,裸露的腹部,性感的超短裙,戴着宗教色彩的装饰品……几乎每一个人都会对这个特殊的形象过目不忘,麦当娜成了人人追捧的偶像,而这对于麦当娜来说仅仅是开始。

1985 年,麦当娜的单曲与专辑的销量攀上了最高峰。人生中的每个阶段,都有着不同的奋斗目标,在这段时间里,已经功成名就的麦当娜开始了巡回演出。有时候,她也会应邀出演一些舞台剧。与唱歌相比,她在舞台剧中的表演显得逊色许多,不过,她却借此机会结识了许多新朋友,包括著名影星肖恩·潘(Sean Penn)。

年轻时的肖恩·潘帅气俊朗,是无数女孩子为之疯狂的偶像。麦当娜与他也算一见钟情,两个人迅速坠入了爱河。这场爱情进展得非常迅速,1985 年 8 月 16 日,在麦当娜生日的那一天,这对甜蜜的恋人在加利福尼亚州走进了婚姻的殿堂。

这对璧人成了公众时刻关注的焦点。结婚的第二年,他们联袂主演了惊悚片《上海惊情》(*Shanghai Surprise*),一时间名声大噪,吸引了无数观众的关注。

然而,一见钟情的爱情往往经不起时间的考验。恋爱的时候,两个人如同远望青山,总以为那山上满目青翠,入眼皆是美景。然而结婚以后,两个人却如身在山中,看见的皆是嶙峋乱石、纵横沟壑。麦当娜与肖恩·潘结婚后,两个人性格上的迥然差异日渐显露,两人几乎每天都争吵不休,谁也不肯让谁。

他们都是事业上的强人,都在各自的生活圈子里奔忙着,无法融合在一起。他们成了好莱坞最声名狼藉的夫妇之一,关于两个人的种种新闻也总是登上各大媒体的头条。1989 年,这段狂躁的婚姻终于破裂,从此两个人不再是夫妻,彼此以朋友相称。后来,肖恩·潘提到这段婚姻时,不无感慨地说道:"如果现在我们还在一起,我们会把对方都逼疯的。""我从来都不希望被人当成焦点。但是我和麦当娜的婚姻让我们被公众关注,那就是说我们从来没有真正意义上的婚姻,我们甚至没有时间好好谈一谈。当时她正在努力地向成为世界级明星迈进,而我只希望躲避公众的关注,安心拍摄自己的电影。因此我们之间的问题几乎不可能解决。"性格上的差异,加之事业路途选择的不同,两个人最终分道扬镳。或许,对于一段千疮百孔的婚姻来说,彼此放过是最好的选择。

走出了婚姻的樊笼,麦当娜全身心地投入到事业中去。麦当娜常常会有意无意地流露出对神的蔑视,在一张录影带中,麦当娜竟在燃烧着的十字架前面跳起了性感的舞蹈,并亲吻了一个非洲裔的美国教徒。这种举动立即引发了宗教团体的极度愤慨,百事公司也因此取消了对麦当娜巡回演出的资助,甚至中断了在电视商业片中有她的镜头的播出。

愚者总是在困境中寻找悲伤,智者却能在困境里找到希望。这些负面消息并没有使麦当娜一蹶不振,恰恰相反,她在这场危机里看到了别人所看不见的光芒。恰恰是因为那些负面新闻,她的专辑《像个祈祷者》(*Like a Prayer*)中的主打歌曲竟引起了轰动。

麦当娜意识到:即便是丑闻也有卖点。如果能引起别人的注意,即便在形象上牺牲一点,也没有关系。在这种意识中,她开始推销她的“金发女郎野心勃勃”全球性巡回演出，并出版发行了一部名为《性》(X 级)的自传性写真著作。

这部著作一经发行便引起了轩然大波，虽然有人欣赏麦当娜的大胆开放，但更多的是抨击她没有羞耻之心。舆论的压力如同洪水般袭来，麦当娜也意识到，自己的确“脱得过头了”。为了避免人们锋利的目光，那几年，她渐渐淡出了艺坛，直到 1995 年才复出拍摄了几部小成本制作的电影。

1996 年，麦当娜出演了《贝隆夫人》(*Evita*)的女主角，并由此赢得了好莱坞对外新闻协会的金球奖之音乐和喜剧最佳女主角奖。1998 年，麦当娜凭借新单曲 *Ray of Light* 第四次夺得白金奖……

时间的沉淀让她愈发迷人，也更加成熟。1996 年 10 月 14 日，她与当时的男友卡洛斯 · 利昂(Carlos Leon)迎来了生命里最重要的人——女儿卢尔德思 · 玛丽亚 · 西科尼 · 利昂(ourdes Maria Ciccone Leon)，麦当娜叫她萝拉(Lola)。不过，尽管他们有了女儿，这场爱情还是没能修成正果。与卡洛斯分手后，麦当娜与英国导演盖 · 里奇开始了恋情，并于 2000 年结婚。同年 8 月，她的第二个孩子降生了，夫妻俩为儿子取名“Rocco”(洛克)。

麦当娜在事业上取得了巨大成就，但无论如何，她终究是个女人，她既有男人的勃勃野心，也有女人的恋家情怀。在出演了《贝隆夫人》后，麦当娜渐渐将生活的重心转移到了音乐和家庭上。她为《007：谁与争锋》和《时尚女魔头》写了主题曲，将表演的心思悉数收回，全部投放到音乐上。她对外界表示：尽管已经厌倦了表演，但依然会为很多影片制作主题曲和插曲。

她是世界公认的“摇滚天后”，在许多国家，大批的粉丝都梦想着有一天能亲眼看到偶像的真容。2004 年的 5 月,她第六次进行世界范围的巡回演唱会,与粉丝们亲密互动,场场爆满。

虽然在事业上取得了巨大成功,但是她的婚姻却与事业形成了鲜明的对比。2008 年 10 月,麦当娜与盖·里奇的婚姻走向了终结。歌坛上的她荣光万丈,但是那份荣光的背后,总是隐藏着不为人知的孤独。

她热爱舞台,并将全部的心思与精力都投放其中,为唱歌而执着,而疯狂。或许,在逐梦的路上总会有一些牺牲,为了能得到更想要的,只能舍掉一些东西。

第四章

奥黛丽·赫本：天使曾来过人间

她是人世间永远的安妮公主。一部黑白影片《罗马假日》,将她的模样传遍了世界各地,那个俏皮的短发公主,在世人心中留下了挥之不去的甜美印象。她就像一部优雅的书,字里行间都在诠释着生命的意义。虽然她只在苍茫人世短暂停留,但是她那天使的模样却始终留在人们心中。

1929 年 5 月 4 日,奥黛丽・赫本出生于比利时的布鲁塞尔。在赫本很小的时候,她的父亲便远赴战场,成了纳粹组织的一名狂热战士。那是赫本心中永远的创伤,终其一生,她都对父亲的离开无法释怀。

赫本 10 岁那年,第二次世界大战爆发,欧洲多个国家相继成为人间地狱般的战场。为了躲避战争,赫本与母亲一起来到了荷兰。然而这片安乐园并没有太平多久,蔓延的战火很快点燃了荷兰,赫本与母亲被迫躲进了地下室,开始了长达 5 年的避战生活。

正值花季的赫本饱受战争的煎熬,贫穷与饥饿成了那些年中最可怕的梦魇。由于没有充足的食物,身高 1.7 米的赫本骨瘦如柴。多年以后,当人们看到荧屏上赫本苗条的身材而倍感羡慕时,却不知那份苗条的背后隐藏着的无尽心酸。

为了能活下去,战争中的人们想尽了办法去寻找一切可以食用的东西。在赫本的印象中,那时能吃到的面包都是绿色的,因为人们能得到的面粉都是用豌豆磨成的。即便是这种绿色的面包,他们还不能经常拥有。为了防止体力消耗,赫本每天都躺在床上读书。

正是因为亲身经历过战争的残酷与恐惧,多年后功成名就的她才那么关注世界上各个角落的贫困儿童。在赫本的成长岁月里,有一个美丽的芭蕾梦一直埋藏在她的心里。为了能把女儿培养成优秀的人才,赫本的母亲做出了诸多努力。赫本 4 岁那年,母亲就将她送到了英国的一所私立学校,她 9 岁那年,母亲为她在一所芭蕾舞学校报了名,从此这种足尖上的轻盈艺术成了赫本心中最深刻的向往。小小的她为自己树立了一个远大的目标——成为一名优秀的独舞演员,乃至舞蹈明星。

赫本从未停止对梦想的追求,即便是在那些战火纷飞的年月里,她依然在潮湿阴暗的地下室里苦练芭蕾。没有钱买芭蕾舞鞋,她便穿上了一双木制的舞鞋,即便双脚疼痛难忍,她依然坚守着心中的信念,从未改变。

多年以后,当赫本回忆起那段心酸的岁月时感慨万千:“在枪炮声和血腥面前,我始终坚守着我童年的梦想——音乐与芭蕾。”

战争结束后,赫本终于又能好好地学习芭蕾舞了。1948 年,她成了伦敦著名的玛丽·兰伯特芭蕾舞团中的一员。长年累月的练习,使得她具备了超乎常人的基本功,然而这世上有许多事情并不是我们自己能掌控的,比如身高。在芭蕾舞团中,她的身高是最高的,一眼望去显得非常突兀,就连找一个合适的舞伴都成了难题。那时兰伯特已经年逾花甲,对芭蕾舞有着深刻而独到的见解。

有一天,兰伯特将赫本叫到一旁,向她道出了一个残酷的事实:“你有很好的舞蹈技巧,也可以做个优秀的芭蕾舞教师,但你绝对不会成为首席芭蕾舞星。”

多少人因为身高太矮而苦恼不堪，但是赫本却因为身高太高而心痛落泪。这个残酷的事实无情地击碎了她的芭蕾梦，而她的艺术人生，也就此转折。

当梦想无法成为最爱的事业，赫本成了芸芸众生中为了讨生活而奔波的姑娘。她开始当摄影模特，姣好的面容与苗条的身材成了她最重要的资本。不过，她对自己的容貌并不满意，她总是觉得自己鼻孔太大，又觉得自己的牙齿长得不好看。因此每次拍摄，她都微微地低着头，以免被别人看到自己的鼻孔。为了掩饰牙齿的缺陷，她总是抿着嘴微笑，不愿把牙齿展露给观众。然而这样的角度与微笑，恰恰成了她最迷人的法宝，大家都觉得，这个年轻的女孩子身上有一种神秘的气质，令人迷恋，甚至陶醉。

渐渐地，她开始在一些歌舞剧团中出演一些小角色。虽然只是配角，但是她甜美的形象却如同一朵婀娜的花，深深地吸引着人们的目光。在出演了《高跟鞋纽扣》《塔塔酱》《开胃酱》等作品后，她的表演技巧渐渐地有了突破。

1951 年，赫本在英国影片《天堂里的笑声》中出演了一位仅有一句有台词的角色。那句台词很简单："谁要抽烟？"虽然只是简单的一句话，但是对于赫本来说却有着非凡的意义。从那以后，电影渐渐地成了她生命的一部分，终其一生，她都与电影结下了不解之缘。

试镜后，英国联合电影公司看到了赫本潜在的魅力与能量，决定和赫本签下七年的合同。不过赫本委婉地拒绝了，未满二十岁的她不想过早地被任何一家公司绑死。

事实证明，赫本的决定是正确的。一个偶然的机会，她遇见了《金粉世界》的作者科莱特夫人，并在科莱特夫人的邀请下前往美国百老汇担任舞台剧《金粉世界》的女主角——琪琪。

百老汇舞台是多少人梦寐以求的向往。那时赫本打算演完琪琪一角就和男朋友结婚,从此过上平凡女人的幸福生活。然而人生路上有许多事情是难以预料的,如果不是《罗马假日》这部电影,或许赫本真的会过上相夫教子的简单生活。

那时,美国派拉蒙影业公司正准备拍摄电影《罗马假日》。不过,已经作好打算的赫本对这部电影并没有兴趣,之所以去试镜,只是迫于母亲的强烈要求。

试镜的内容是公主穿着睡衣,在一张大大的床上做仰卧起坐。赫本只是想敷衍一下,几个连贯的动作做得随意而自然。她像一只柔软的小猫般将双臂伸向天花板,每一个细节都充满甜甜的俏皮感。那时她并不知道,一架摄影机正悄悄地在对着她拍摄,那个美丽的瞬间在胶片上定格成了永恒。

《罗马假日》的导演威廉·惠勒不禁惊呼:“我终于找到我的公主了!”赫本的身上流露着与生俱来的公主气质,优雅中透露着纯真与可爱,威廉·惠勒确信,赫本是饰演安妮公主的最佳人选。

本来只是想敷衍了事,却没想到无心插柳柳成荫。赫本终于开始正视这个角色,并与派拉蒙影业公司签下了合同。那时《罗马假日》的男主角已经确定由当红影星格里高利·派克出演,这让赫本兴奋不已。

1952 年的 5 月,刚刚演完琪琪一角的赫本马上赶往罗马,开始了《罗马假日》的拍摄。派拉蒙影业公司特意为赫本和派克两位主角举行了隆重的招待会,那是赫本与派克的第一次见面。那时派克刚刚过完 36 岁生日,举手投足间尽显绅士风度。

赫本和所有年轻姑娘一样，对这位英俊潇洒的影星崇拜不已。那时派克已经演过很多作品，正值事业的高峰期，不知道有多少影迷对他迷恋不已。想到要见到这位蜚声影坛的偶像，赫本不禁又是激动又是紧张。然而，当她和他握手的那一刻，她的心便完全融化了。

作为当红影星的派克毫无架子，待人温和可亲，他像个兄长一般时刻照顾着赫本。《罗马假日》的拍摄过程异常艰难，在那个炎炎夏日，罗马城如同一座火城，演员们经常大汗淋漓，汗水将他们脸上的妆冲成了一道道“栏杆”。而罗马的市民也爱凑热闹，剧组到哪里，看热闹的人便一窝蜂地跟到哪里。为了能维持现场秩序，剧组不得不向每一个有关人员行贿，比如放置路障，比如让有轨电车停驶，比如赶走游人，比如包下整个景点……

人在极度炎热的情况下，往往不爱进食，本就身材瘦削的赫本愈发吃不下东西。她是个没有公主病的公主，无论工作多么辛苦，她从来没有抱怨过。那时罗马城政治形势非常紧张，法西斯分子与共产党人常常在大街上交火，轰鸣的枪声、爆炸声成了家常便饭。甚至有一次，在剧组选择作为外景的桥下竟然发现了身带炸弹的恐怖分子。罗马城频繁出现的罢工、游行活动更是对剧组造成了严重影响，使得他们不得不一再改变拍摄计划。

尽管困难重重，经过大家的齐心协力，《罗马假日》终于圆满完成了。这部电影一经播出，便红遍了整个欧洲，乃至整个世界。饰演安妮公主的赫本也一夜暴红。她那神采奕奕的短发、简单干净的白衬衫成了时尚界的新元素。女人们争相剪去长发，穿起简约的白衬衫，直到今天，这些流行元素依然活跃着。

据说，那时的当红明星英格丽·褒曼在看这部影片时忽然发出一声惊叫。她的丈夫随即问她:“你怎么了?”她回答道:“我被奥黛丽·赫本深深地感动了。”当赫本听到这个消息时,心里受到了极大的鼓舞。

《罗马假日》为赫本带来了无上的荣耀,各种奖项、片约如同雪片般向她飞来,其中甚至还包括万众瞩目的奥斯卡奖。颁奖典礼上,赫本根本没想到自己竟能摘得桂冠,当主持人宣布“获奖者为,奥黛丽·赫本”时,她简直不敢相信自己的耳朵。

那一尊小金人,成了她演艺事业上最大的动力与支撑。尽管在后来的日子里,她又有几次获得奥斯卡提名,但遗憾的是都没有获奖。

赫本成了国际影坛上冉冉升起的新星,无数媒体都在报道着她的事迹。然而,事业上一帆风顺的她,在感情上却饱受波折。她是万众瞩目的影后,但也只是个平凡的小女人,她渴望能拥有一个安乐窝,能够与心爱的人共度一生,白头偕老。那时,她有一个甜蜜的恋人——29 岁的英国人詹姆斯·汉斯,并期盼着能与他走进婚姻的殿堂。不过,母亲并不看好赫本的这段恋情,她认为,赫本应该以事业为重,不应该为了婚姻而退出辉煌的舞台。

赫本深爱着汉斯,但同时也深爱着自己的舞台。由于母亲的反对,加之事业的如日冲天,她最终痛苦地放弃了结婚,与汉斯的恋情也最终成了历史。

很多人都为赫本与派克感到遗憾,认为他们应该在一起,当时的许多小报甚至爆出了赫本与派克的绯闻。然而事情并没有向着人们所期待的方向发展。他们最终成了最好的朋友,而不是情侣。在《罗马假日》的首映式晚会上,派克向赫本介绍了自己的好朋友梅尔·费勒,一段新的恋情也就此点燃。

赫本曾看过费勒主演的多部电影,对他的作品很熟悉,因此与费勒聊天非常投缘。那时费勒已经结过两次婚,并带着四个小孩,年龄上比赫本大了整整 12 岁。或许是因为自幼缺乏父爱的缘故,赫本更倾向于年龄大一些的男人。与费勒在一起,她的心里有了温暖的安全感。

虽然母亲仍然极力反对,但是赫本不想再错过心爱的人了。她与费勒共同出演了著名话剧《翁蒂娜》,戏里戏外都弥漫着浓浓的甜蜜恋情。1954 年 9 月 24 日,赫本与费勒在瑞士的卢彩恩湖畔的小教堂举行了婚礼。

爱情与事业双丰收,那是赫本一生中最快乐的时光。在世人眼中,赫本美丽得像个天上下凡的仙女,但是赫本对自己并不自信,她甚至觉得自己相貌丑陋,担心没有人愿意娶她。嫁给费勒后,她开心地说:“因为你,我终于可以嫁出去了!”

在这以后的几年中,赫本一再挑战自己,大胆尝试扮演修女、同性恋、盲女甚至妓女的角色,那些曾经批评她只是个花瓶的人终于闭上了嘴。她用自己出色的演技给了世界最好的证明,她的成功,凭借的不仅仅是美丽的外貌,更因她超乎常人的实力与努力。

不过,人生永远没有完美。当赫本在事业上创造了一个又一个奇迹的时候,她的家庭却出现了问题。费勒是个颇有些大男子主义的人,妻子的荣耀光环将他笼罩其中,甚至有人认为,他之所以与赫本结婚,只不过是为了能借助赫本的名声来开拓自己的事业。人们几乎忘了他的名字,总是称他为“赫本的丈夫”。那时,赫本的片酬已经非常高,甚至令他这个大男人望尘莫及。他开始疏远她,甚至与别的女人混在一起。只有在那些名不见经传的小女人身上,他才能找回那份可怜的自尊心。

赫本期望的是白头偕老的婚姻,她不愿意在婚姻的中途失去丈夫,更不愿意心爱的儿子在成长的中途失去父亲。她深知缺失父爱是怎样一种痛楚,因此她发誓,绝不能让这种悲剧在自己的孩子身上重演。

为了拯救婚姻,赫本决定告别舞台,告别自己最热爱的事业。当她向全世界宣布息影的消息时,人们都感到无比震惊,甚至痛惜。

然而,婚姻的裂痕并没有因为赫本的努力而愈合。1967 年,她与费勒 13 年的婚姻终于走到了尽头。那一年,38 岁的赫本身心俱疲,本就纤瘦的她竟瘦到了 42 公斤。

不过,结束也是另一种开始。赫本决定重新开始自己的生活,当婚姻终于破裂,她反倒超脱了许多。她不必再提心吊胆地生活,不必再日夜担心费勒会弃她而去。

赫本剪掉了她那一头乌黑的长发,就像多年前《罗马假日》里的安妮公主一样。她决定以全新的姿态投入到生活中去,热情洋溢地寻找自己新的幸福。

然而头发可以轻易剪掉,要想真正地甩掉烦恼却并不是那么容易的事。剪掉长发的赫本依然心情落寞,就像有什么东西从她心里被抽离了一般。有人说,要想忘掉一段感情,最好的办法就是开始一段新的感情。赫本急切地希望能重新开始一段婚姻,希望能用这种办法来摆脱心中的痛苦。

1968 年,赫本在朋友的邀请下前往美丽的希腊,开始了一场美好而浪漫的旅行。湿润的海风迎面吹来,将那些烦恼琐事都吹进了蔚蓝的大海，在美丽的风景中，赫本心中的创伤渐渐愈合。在游船上，赫本邂逅了她生命中的第二个男人——30 岁的安德烈·多蒂。多蒂是著名的心理学家，当时在罗马大学任教，为人幽默风趣，更重要的是，他是赫本忠实的粉丝，多年以来对赫本迷恋不已。当年《罗马假日》红遍整个世界，多蒂便迷上了那个优雅高贵的公主。

与多蒂在一起是非常轻松的，赫本不必像讨好费勒一样讨好他，反而是多蒂经常讲一些风趣的故事，把赫本逗得开怀大笑。那是一段轻松快乐的时光，赫本终于从婚姻破裂的阴霾中走了出来，看到了幸福的曙光。

这段感情迅速升温，短短三个月，两个人就开始认真地谈婚论嫁。不过，赫本的母亲再一次提出了反对意见，因为多蒂不仅在年龄上比赫本小 9 岁，还是个意大利人。要知道，意大利男人是出了名的负心薄情，母亲担心赫本再次陷入婚姻的泥潭，实在不愿意看到女儿重蹈覆辙。

不过，赫本的心意已决，尽管母亲反对，她还是义无反顾地嫁给了多蒂，开始了自己的新生活。

为了能做一个好妻子、好母亲，赫本将全部的精力都放在了家庭上，她不再关心片约和剧本，身为人人羡慕的影视明星的她，只想做一个称职的家庭主妇。她脱下好友纪梵希设计的精致服装，穿上了简单的牛仔裤与白衬衫。她像所有普通的小女人一样去逛街、玩乐，没有人认出她曾是银幕上人人景仰的影后。她开心地说："我没有助理，也不需要养狗；我不办舞会，也不办正式晚宴了。"

结婚 4 个月后，赫本惊喜地发现自己怀孕了。与费勒在一起时，她曾四度流产，只生下了肖恩一个孩子。因为有过那段痛苦的经历，这一次赫本格外小心。为了能保住胎儿，她回到了瑞士的宅邸，在那里安心待产。

然而令赫本万万没有想到的是，她那耐不住寂寞的丈夫竟然会在这段时间里恢复了以前花天酒地的状态，每天和一大群香艳的女人混在一起。一些好事的记者甚至拍下了他与那些女人亲昵的照片，将其登上了报纸的头条。

这对待产的赫本来说是个严重的打击，不过，这已经不是她第一次经历这种事情了。为了能保住孩子，她没有给出任何回应。1970年2月8日，赫本生下了卢卡·多蒂，随后带着孩子回到了罗马。

多蒂自觉愧对妻子，在赫本母子回来后收敛了许多，生活也渐渐平静下来。

然而一个人的本性可以掩饰，要想真正改变是非常困难的。这种平静的日子持续了没有多久，多蒂便故态复萌，再次与那些香艳的女人厮混在一起。媒体最喜欢用这种桃色新闻吸引人眼球，于是多蒂的丑闻成了媒体最热衷的报道内容。

婚姻成了赫本心中的梦魇，她多么希望能保住这段婚姻，然而事实永远出乎她的意料。当婚姻走到了无法挽回的地步，她终于选择了平静地放手。既然婚姻背叛了她，她也无需再为婚姻而牺牲自己的事业。1976年，已经息影9年的赫本重新回到了银幕上，出演了《罗宾汉与玛丽安》。

总是有那么一些温暖的相遇，无需刻意的安排与算计。罗伯特·沃尔德斯的出现，是对赫本那颗被婚姻伤得千疮百孔的心的最好慰藉。1980年的冬天，他们相识于好友家的书房。那时罗伯特的妻子已经去世，他一度以为这一生都不会再遇见像妻子那样与他心灵相通的人了。然而与赫本的相遇，却让他重温了与妻子在一起时的幸福。

与罗伯特在一起，让赫本有一种温暖的慰藉感。他仿佛是她灵魂的一部分，她心中的话还未及说出，他便已经了悟。这份迟来的相知，让赫本格外欣慰。赫本开心地告诉朋友，她终于找到了“精神上的双胞胎”，并希望能与他共度余生。

这份迟来的爱，成了赫本生命里最后的幸福，在以后的岁月中，罗伯特陪着她走遍了世界上最贫瘠的地方，与她一起为公益事业努力。他的臂膀是她最坚实的后盾，无论阳光风雨，他始终在她身边默默地守候着。

赫本将那所位于瑞士的宅邸称为“和平之邸”，那也是她最喜爱的居所。终于找到了自己的灵魂伴侣的赫本再次离开了舞台，将外界的纷纷扰扰通通关在和平之邸的大门外，与心爱的人过起了平静温馨的生活。

对于这个女婿，赫本的母亲是非常满意的。她非常喜欢罗伯特，也非常支持他与女儿的感情。童年时代，赫本曾饱受战争的折磨，那段贫困的岁月是她心中永远难忘的伤。因此，功成名就的她非常关心那些贫困儿童，并接受邀请成为联合国儿童基金会亲善大使，前往世界各个贫困的角落去看望那些可怜的孩子。

1989 年，赫本出演了她人生中的最后一部电影，在影片中饰演一位美丽的天使。而她自己，也正像影片中的形象一样，成了人们心中永远的天使。

如果美丽天使的脚步不那么匆忙，或许可以在人间多点停留。晚年的赫本热心于儿童公益事业，为那些可怜的孩子不停地忙碌奔走。1992 年 11 月，刚从索马里回来的她感到格外疲惫，身体状况大不如前。起初，她以为是感染了阿米巴病毒，便去位于洛杉矶的一家医院做了全身检查。然而检查结果却令所有人震惊——她竟患上了结肠癌。

赫本的病情非常严重，在切除了盲肠与结肠后，癌细胞又扩散到了她的胃。罗伯特与她的两个儿子一直守护在她身旁，她的管家甚至将她最喜爱的两只小狗也从瑞士带了过来。

赫本病重的消息不胫而走，无数人为她心痛不已。诺贝尔和平奖获得者泰瑞落修女得知消息后，要求所有的修女彻夜为赫本祷告，希望能让赫本的病情出现奇迹。

然而奇迹只是一种美好的愿望，赫本的病情日益严重。到 11 月底，医生宣布，她的病情已经到了末期，剩下的时日已经不多了。赫本决定不再接受化疗，用仅剩的宝贵时间陪伴家人。她希望回家，希望能看最后一眼家乡的雪。

临别前，许多好朋友为赫本饯行，纪梵希、派克等老朋友全部到场。他们不知道这一别，还是否有机会与赫本再见，这很有可能成为他们生命中的永别。

纪梵希特意为赫本安排了私人飞机，将身体虚弱的赫本送回了瑞士的家。

当那熟悉的一景一物映入眼帘，赫本感慨万千。她开心地告诉家人："我很高兴可以待在家里"，"终于又能看见我栽种的树了"。她喜欢花草，喜欢小狗，只要走得动，总要去花园里走走。然而狗仔队却时刻盯着她，为了能拍到她的照片，甚至还动用了直升飞机。即便是生命里最后的时光，狗仔队也不能让她安安静静地生活。

在那段时间里,纪梵希经常去探望她。他这一生,为赫本设计了各种漂亮的衣服,她也使他设计的衣服成为风靡世界的时尚潮流。他们是影视界与时尚界最好的搭档,也是一生中最亲密的朋友。圣诞节时,赫本送了一件深蓝色的毛衣给纪梵希,口中喃喃地说道:“你穿着这件衣服时,就可以想起我。”

她并不害怕死亡,只是放不下这人世间的许多眷念。1993 年 1 月 10 日,赫本在罗伯特的搀扶下最后一次来到花园。看着那片熟悉的土地,赫本告诉管家等春天来的时候要在哪里种什么花。说着那些话时,她仿佛已经看见了百花争艳的春天。

罗伯特鼓舞她说:“你一定可以看到花开的!”然而赫本深知自己的身体状况,对心爱的人只是暖暖一笑。她不希望自己最爱的人为她难过,即便是在生命里最后的几天,她依然对罗伯特说:“罗伯特,为我笑一下吧!”那一刻他真的笑了,然而心里却早已痛断肝肠。

1993 年 1 月 20 日下午 7 点,美丽的天使终于飞离了人间。这一生,她出演了多部影片,将每一个形象都诠释得淋漓尽致,银幕上留下了她永恒的音容笑貌,人们心里更永远留下了她的善良纯真。

第五章

海伦·凯勒：生命没有假如

人世间的命运有千种万种,从降临尘世的那一刻起,有许多事情便已经注定,是我们一生都无法改变的,比如出身,比如肤色,比如性别,比如健康。

不过,与那些可以掌控的事物相比,或许不能掌控的事物只占了命运的一小部分。很多时候,我们的人生需要我们自己来决定,在那些命运的十字路口,我们要做好抉择。

对于我们而言,“海伦·凯勒”不仅仅是一个名字,更是坚强的代名词。1880年6月27日,海伦·凯勒出生于美国亚拉巴马州北部一个叫作塔斯喀姆比亚的小城。

她的降生为这个温馨的家庭带来了无限欢乐。然而好景不长,当海伦·凯勒长到一岁半的时候,忽然患上了急性脑充血,尚在襁褓中的她被连日的高烧折磨得死去活来,最后昏迷不醒。

或许从那时起,她的身体里就激发出了一种坚强的品质,让幼小的她在病魔面前毫不屈服,勇敢地闯过了鬼门关。她终于睁开了眼睛,终于又回到了阳光明媚的人世间,然而她的眼前却是一片黑暗,耳中也是一片寂静。

她失去了视觉与听觉,从此一生都只能在黑暗与无声的世界中度过。好在她的声带还能发声,还能用嘴巴表达出内心的喜怒哀乐。不过,年幼的她由于失去听觉,导致她不能矫正发音的正误,在很长的一段时间里她说话都是含糊不清,直到后来遇见了她生命中最重要的人——安妮·莎莉文老师。

那是在1887年的3月3日,家人为海伦·凯勒请来了莎莉文老师。尽管海伦·凯勒看不见莎莉文老师的样子,也不能听见她说话的声音,但是与莎莉文老师在一起,她感觉到了一种从未有过的希望。

莎莉文老师教会了她认字,让她认识了生活中的许多事物,比如鲜花、水、太阳,等等。为了让她认识这些事物,莎莉文老师鼓励她去触摸它们,用皮肤来感受整个世界。莎莉文老师会带她晒太阳,让她感受太阳的温暖,带她去吹风,让她感知风的轻柔。

对于海伦·凯勒来说,莎莉文老师是她生命里最明亮的光芒。那时候的凯勒脾气十分暴躁,一场大病夺走了她的视觉与听觉,父母对她格外心疼,即便是她做错了事也不愿意责罚她。因此,年仅7岁的凯勒有点被宠坏了,在莎莉文老师刚来的日子里,她常常发脾气。不过,莎莉文老师非常有耐心,在摸清了凯勒的脾气后,为她量身定作了一系列的教学计划。

有一次莎莉文老师教到了"water"(水)一词,由于水在杯子里,凯勒总是把水和杯子混为一谈。莎莉文越是耐心地为她讲解,凯勒越是感到不耐烦,最后,焦躁的她竟摔碎了老师送给她的陶瓷洋娃娃。

即便是那一刻,莎莉文老师依然没有放弃凯勒。她带着凯勒来到了水井房边,将她的小手放在水管口下面。清凉的水珠一滴滴落到凯勒的手上,如同一个个俏皮的小精灵吻着她的肌肤。紧接着,莎莉文老师又在她的手心里写下了"water"一词,反复几次,凯勒终于记住了。

那是凯勒生命里最难忘的片断，多年以后当她回想起那件事时依然感慨万千："不知怎的，语言的秘密突然被揭开了，我终于知道水就是流过我手心的一种液体。"

凯勒虽然失聪又失明，但是并没有失去讲话的能力。不过，如果她的说话能力得不到良好的教育与诱导，她很可能丧失讲话能力。许多聋哑人听不见声音，但是嘴巴里却能发出含含糊糊的声音，就是因为其在失聪时并没有丧失语言能力，但是由于其没有得到良好的发音练习，日久天长，语言功能便退化了，只能咿咿呀呀地发出些声音。

为了能锻炼凯勒的说话能力，莎莉文老师想了很多办法，还帮凯勒找了郝博士，请郝博士来指点凯勒如何进行正确的发音。

郝博士教导凯勒用双手去感受别人说话时嘴型的变化，以此来模仿着对方的嘴型进行正确的发音。这是一个艰难的过程，不过，凯勒在老师的指导下还是做到了，那双手成了她探知世界的触角，也成了她跨越无声世界的桥梁。

凯勒终于学会了说话，这对凯勒的一生有着重要的意义。所有的艰难困苦，她都一样样去努力攻克，许多普通人用一分力就能做到的事，她往往要用十分力才能做到。不过没关系，只要前方有希望，无论多么艰难，她都会勇敢地闯过去。

莎莉文老师还教会了她手语和写字，从此文字成了她身体里的另一个灵魂，也成了她表达心情的另一种途径。

凯勒为自己的学习制定了四个步骤：

(1) 每天用三个小时自学。

(2) 用两个小时默记所学知识。

(3) 再用一个小时的时间将自己用三个小时所学的知识默写下来。

(4) 剩下的时间运用学过的知识练习写作。

很多人都曾为自己制订过学习计划,而且不止一个。然而遗憾的是,我们制订了那么多学习计划,却很少能完全坚持下来,大多数时候我们都是一时心血来潮,坚持不了几天就将计划抛诸脑后了。然而凯勒却将这个计划坚持了下来,她坚信自己一定能够把所有学到的知识记下来,使自己成为一个有用的人。她的大部分时间都用来刻苦学习,知识量大大增加,记忆能力也超越常人。到后来,她能用 9 个小时的时间读完一本 20 万字的书,并说出每个章节的大意,甚至还能把书中的精彩段落与自己的独到见解在 2 个小时之内写出来。

不要说一个残疾人,就算是一个身体健全的人也很少能做到这样。凯勒的名气渐渐传扬开来,人们对这个坚强而乐观的女孩钦佩不已。凯勒不仅学识渊博,更是写得一手好文章。在语言上,她不仅学会了英语,更学会了法语、德语、拉丁语以及希腊语,作为一个失去视觉和听觉的人,竟然能掌握 5 种语言,这简直是奇迹。

据说,当时就读于哈佛大学的一个博士生听说了凯勒的事迹后颇为不服,决定和她比试一番。在教员的监督下,他与凯勒进行了 3 轮比赛,结果每一场都是凯勒胜出。博士生终于心服口服,他摘下了自己的博士帽,将它恭恭敬敬地戴在了凯勒头上。

没有什么命运是上天注定的,人的命运永远掌握在自己手中。凯勒用自己的努力向世界证明了自己的价值,也成了千万人的人生楷模。

1894年的夏天,凯勒进入美国聋人语言教学促进会,并被安排到纽约赫马森聋人学校就读。繁华的纽约让她感受到了新世界的美好,虽双目不能看见光明,但在她心里已描摹出了最辽阔的世界。

在那段时间里,她拼命地学习德语,仅仅几个月的时间,她就已经能用流利的德语与别人沟通。不到一年的时间,她就读完了德文作品《威廉·退尔》。在法语学习上她也同样取得了优异的成绩,由于教她法语的老师不懂得手语字母,只好进行口授。尽管异常艰难,但凯勒还是坚持了下来,很快便掌握了法语,甚至将法语小说《被强迫的医生》读了两遍。

那是一段快乐的时光,每一天她都有新的收获,不仅在学识上有了突飞猛进的提高,更结识了许多新的朋友。与著名作家马克·吐温的相识,是她一生中重要的财富。他们建立了真挚的友谊,在文学上互相切磋,共同进步。大多时候,她会通过手心写字的方式与别人交流,手中的笔画,是她心灵的舞步,那些无声的动作里,跳动着世界上最美的音符。

与霍姆斯博士的友谊,也是在这段时间建立起来的。有一次,霍姆斯博士在为她朗读诗歌的时候,将一个小巧的奴隶塑像放在了凯勒手中,并深沉地说:“她是你思想的解放者。”

霍姆斯博士所说的“她”,指的就是莎莉文老师。

那一刻,凯勒脑海中翻涌起许许多多的过往的回忆。如果不是莎莉文老师,她将会永远生活在无声、无光又毫无色彩的世界里,她的人生将会只有黑白,生命的意义也荡然无存。莎莉文老师赋予了她的灵魂以生命,让她懂得了坚强的意义,即便是听不见、看不见,她依然可以勇敢地追求梦想。

多年以前,凯勒曾格外自信地告诉莎莉文老师:“有朝一日,我一定会去哈佛大学读书!”这是她多年以来的梦想,她也一直为这个梦想而奋斗着。终于,哈佛大学拉德克利夫女子学院决定以特殊方式安排凯勒进行入学考试。

考试进行了 9 个小时。她的试卷是特制的盲文试卷,开考后,凯勒熟练地用手摸索着那些凸起的字迹,然后用打字机迅速地将答案敲出来。最后,她顺利地通过了考试,英文和德文成绩还获得了 A。梦想多年的哈佛大学,终于向她敞开了大门,美好的大学生活,也由此拉开序幕。

在大学期间,凯勒的成绩一直名列前茅。她就像一块发光的金子,无论走到哪里,都能吸引人们的目光。她成了校园里的榜样人物,凯勒用自己的努力赢得了别人的尊重,更获得了自己的成功。

1904 的夏天,凯勒从哈佛大学毕业,两年后被任命为马萨诸塞州盲人委员会主席。每一天,她都要接待来访的盲人,并对那些信件进行一一回复。有时候,她还要到美国各地做巡回演讲,同时,她还致力于全美的聋盲人教育与医疗事业。虽然她的眼睛看不见阳光,但是她却把自己活成了太阳,为千千万万盲人带去了最明媚的阳光。

对于凯勒来说,文字是她的另一种生命。无论多忙,她从未停下手中的笔,用文字谱写了最动人的篇章。她前前后后写下了 14 部文学著作,如《我生活的故事》《石墙之歌》《走出黑暗》《乐观》,等等,她的每一部著作都洋溢着浓郁的乐观色彩,那些透着坚强的字句也成了千万人的座右铭。

在写作的路上,她也曾遇到过很多困难,不过每一次,她都勇敢地闯了过去。《老师》是她的最后一部作品,那是写给她最敬爱的老师安妮·莎莉文的。为了写这本书，她搜集了自己整整20年的笔记和信件。然而就在她即将完成这部作品的时候，一场突如其来的大火将那些书稿和资料烧毁了一大半，甚至还包括许多她心爱的书籍以及多年来各国朋友赠送给她的精致工艺品。

那场大火烧毁了很多东西，但是没能烧毁凯勒的信念。多少年来，她已经习惯了坚强，习惯了与所有困难斗争到底。她并没有因此心灰意冷。对她来说，莎莉文老师是给了她第二次生命的人，无论多么艰难，她都要完成这本书，将那些点滴的过往记录成永恒。

从此又是一场漫长的跋涉。10年以后，《老师》这本书终于面世。当莎莉文收到凯勒的这本书时，感动的眼泪溢满了她的眼眶。对她而言，凯勒是她永远的骄傲，凯勒终究没有辜负她的教诲，成了万众瞩目的成功者。

在世人眼中，凯勒是个不折不扣的女强人，却不知，她也有着寻常女人都有的细腻感情。她一生未嫁，但她心里永远装着一个不可能在一起的恋人。

36岁那年，已经誉满全球的凯勒依然单身。她热衷于事业，但是内心里也有对家庭的渴望。她不知道，这个世界上会不会有哪个男人不嫌弃她而爱上她，更不知道这一生能否有那么一个人，可以与她相依相伴，白首终生。

那年夏天，凯勒的秘书请假前往苏格兰探亲，莎莉文老师因为身体不适，也不能经常陪在她身边。因此，她只好请了一位临时秘书，以协助她完成日常工作。便是在这种情况下，她遇到了一生的至爱——彼得·费根。

那是一个傍晚，凯勒和莎莉文老师坐在门廊上等待彼得的到来。

空气有些沉闷,似乎正在酝酿着一场雨。而凯勒尚不知,她生命中最大的那场雨即将来临。

看着彼得远远地走过来,莎莉文老师迅速在凯勒手中写下了对他的第一印象:他的头发颜色很深,手指很长,一只手拿着棕色笔记本,另一只手夹着烟。他正在四处张望。

老师的描绘,已经让凯勒在心里有了一个大致的印象。随后,莎莉文老师继续写道:他穿着白色衬衣,将夹克随意地搭在肩上。天啊,他的眼睛是棕色的!

虽然看不见,但是凯勒的心里已经浮现出一个高大俊朗的男人形象。她似乎能感觉到他的气息正在一点点靠近,莫名地心里竟有一些悸动。

凯勒问莎莉文老师:“他帅吗?”莎莉文幽默地回答:“感谢上帝,幸好你看不见他,他帅得简直令人窒息。”

当彼得靠近她的时候,凯勒心中忽然生出一种从未有过的感觉,他像是一阵暖暖的风,又像是一束明媚的光,他的出现,给她黑暗的世界带来了最美好的风景。

他们礼貌性地握了手,然后开始交谈。凯勒将手放在彼得的喉结上,感受着他喉咙发出声音时的震动。虽然听不见,但是她却感受了他那磁性而有力的声音。

“凯勒小姐,很高兴见到你!”

“见到你我也很高兴!”这是他们交谈的第一句话,虽然简单,却在彼此的心中刻下了永恒的印象。

那一年彼得29岁,虽然比凯勒小9岁,但是他为人成熟稳重,非常可靠。凯勒对他非常认可,两个人的交谈也很愉快。从此,他们每天都形影不离地在一起工作，那些冗长的日升月落，似乎都被点缀上了绚丽的金光，他们彼此敬重，又彼此珍视。

在时光的滋养中，爱情悄然萌芽。已至中年的凯勒，似乎忽然回到了曾经的少女时代。与彼得在一起的每一寸时光，都像被蜜糖浸泡着一样。无论工作多么繁琐，他们都不觉辛苦，反而格外快乐。

然而就在凯勒沉浸在爱情的幸福中时，她最敬爱的莎莉文老师忽然患上了肺结核。为了能安心静养，海伦只好让莎莉文老师前往波多黎各。

从凯勒6岁开始，莎莉文老师便一直在她身边，从未离开过。而这一次，她们却不得不洒泪分别。临行前，凯勒紧紧地握着老师的手，久久不舍得放开。与莎莉文老师的离别，让凯勒心情格外沉重。第二天，她在写给莎莉文老师的信中这样说道："我不知道我怎样才能经受得住和你的分别。当我们向车站走去时，我突然感到非常寂寞，感到莫名其妙的恐惧。"

看着心爱的人如此难过，彼得心里也很不是滋味。他想着法子哄她开心，比如陪她在树林中散步，感受风的惬意；比如陪她在湖上泛舟，感受阳光的温暖。那些美好的过往在凯勒心中点滴积累，刻成了永生难忘的眷恋。

凯勒喜欢骑自行车，彼得知道后便经常骑着自行车带她出去玩。他们穿过大街小巷，清凉的风与暖暖的阳光洒落在他们的面颊，幸福像是迎着春光开放的花，在那一刻灿若云霞。

真正的爱是两个灵魂之间的彼此吸引，无关功名利禄，无关身世背景，甚至无关身体上的任何元素。那是最纯粹的爱，纵然千万人投来异样的目光，两个人依然可以坚定地牵着彼此的手，永远不放开。

一个清晨，凯勒像平时一样坐在书房里读书，门忽然开了。尽管凯勒听不见，但是她却感觉到了一种熟悉的气息，她能感觉到彼得正在向她走来，正在一点点靠近。在她伸出手的那一瞬间，一双有力的手将她的手紧紧握住。

彼得的手心里渗出了细密的汗珠，他的呼吸似乎有些急促，说不清是因为紧张，还是因为兴奋。

彼得似乎有什么话要说，紧张了好一会儿，终于在凯勒的手心里写下了他要说的话："海伦，我爱你，嫁给我吧！"

仅仅是一个瞬间，凯勒的心沸腾了。她简直不敢相信，幸福竟这样不期而至。然而她又想到了自己的状况——一个看不见、听不见的聋盲人，真的可以像其他人一样享受婚姻的幸福吗？

就在凯勒犹豫的时候，彼得有些着急了。他继续在凯勒手心里写道："我是真心爱你，爱你的善良、温柔、智慧与坚强，你是我见过的最美丽的女子。"

那些话如同璀璨的烟火，点亮了凯勒的天空。她觉得，能有这样一个人不嫌弃她的失聪、失明，是怎样一种福分？那一刻，她忽然想起伯尔医生曾对她说过的话："当一位青年来叩你心灵的门扉时，你不要迟疑，不要妄自菲薄，因为身患残疾就拒绝他。你虽然双目失明，两耳失聪，但这些并不是遗传性的，不会传给后代。你有爱人与被爱的权利！"

爱的权利，给了她爱的信念。凯勒终于决定冲破所有世俗的阻碍，义无反顾地与心爱的人在一起。她也紧紧地握住了彼得的手，热烈地回应了他深沉的爱。

彼得让她感受到了不同寻常的爱。那种温暖，那种快乐，是她生命里最特殊的幸福。这种幸福不同于父母所给予的疼爱,也不同于恩师所给予的关爱,更不同于千万人对她的崇拜,那是一种基于志同道合的人生理想而衍生出来的灵魂之爱,就像比翼双飞的鸟,因为彼此的扶持,而飞得更高、更远。

凯勒曾这样写道:“他的爱如同明媚的阳光,照亮了我的孤独与无助。”彼得的出现,为她灰色的爱情世界涂满了绚丽的色彩,她的人生也因此更加丰盈起来。他们开始筹划结婚,并向当地政府递交了结婚申请书。幸福计划紧锣密鼓地展开,然而他们却不知,等待他们的竟会是万劫不复的结果。

凯勒没有想到,她和彼得筹划结婚的事情竟被登上了报纸。这则消息不胫而走,迅速飞到了凯勒家人的耳朵里。一天早上,凯勒的母亲忽然推开门进来,将一张报纸摔在了桌上,然后拉着女儿的手,在她手心里怒气冲冲地写道:“你结婚的事情,为什么连我们都不知道?这么大的事,你怎么可以擅自决定?”

凯勒从来没有见过母亲生那么大的气,忽然间,她有些惊慌失措。因为实在害怕母亲的愤怒,她违心地否认了这件事。这是她第一次对母亲说谎,心中难免不安。

那张报纸的整个头版都在叙述他们的婚事,甚至还刊登了他们的结婚申请书。无论在哪一个年代,媒体永远是把利益放在第一位的,为了吸引读者的目光,他们甚至可以突破道德底线,完全不顾及他人的尊严与隐私。

凯勒的母亲告诉她:“你不可以结婚,更不可以和他结婚。你的声名与荣誉,都会被他利用,他不可能真正爱上你。结婚这么大的事情,他竟然没有事先征求我和莎莉文老师的意见,他这是在欺骗你!”

无论如何，母亲总是为了女儿好。她担心女儿被人欺骗、利用，作为过来人，她有必要帮女儿在婚姻问题上把关。

为了阻止这段恋情，母亲辞退了彼得，并悄悄地将女儿送到了她亚拉巴马州的妹妹家。一对甜蜜恋人，转眼间天各一方，巨大的痛苦如同毒虫般噬咬着两个人的心。凯勒以为，身为同龄人的妹妹会理解她的难处，但是妹妹的想法与母亲一样——彼得年轻帅气，怎么会爱上一个比自己大 9 岁又是个聋盲人的中年女人呢？他极有可能只是想利用凯勒的名誉，为自己带来利益。

几乎每个人都在反对这段恋情，但是凯勒依然坚持着自己的想法。她相信彼得，相信那份纯真的爱，相信他绝不会欺骗她。而此时，彼得也正在到处寻找凯勒，只要还有一丝希望，他就绝不会放弃。

1917 年 2 月 12 日，一封署名为"彼得"的信被送到了凯勒手上。彼得在信中告诉她，他正在离凯勒不远的萨利波小镇上，并希望能和她私奔，然后秘密领取结婚证。他已经做好了稳妥的安排，当天午夜，他将会在她家后院的那棵大树下等她。

这封信重新点燃了凯勒心中的希望。她决定追随彼得而去，毕竟遇到一个与自己真心相爱的人，也许一辈子只有一次，她不想错过他。她开始悄悄地收拾行李，然后耐心地等待夜晚的到来。

入夜，当别人都沉浸在睡梦之中时，凯勒悄悄地拖着行李走出了房门，然后来到了那棵大树下。夜凉如水，周遭一片寂静，想到马上就能见到心爱的人，凯勒不禁兴奋不已。时间一点一滴地流逝，她耐心而又焦灼地等待着。然而直到天亮，彼得都没有出现。最痛苦的事情不是从未有过希望，而是明明点燃了希望的火焰，却又眼睁睁地看着那火焰灭掉，而自己却无能为力。凯勒想起了亲人和朋友们的劝告，终于对这份自己以为坚贞不渝的爱情产生了动摇。她渐渐开始怀疑，或许母亲的话是对的，彼得只是在欺骗她、利用她而已。

从此，她再也没有见过彼得，那个曾让她爱得死去活来的男人，竟然如同蒸汽般从这世界消失了，而她也再没有向别人提起过彼得。爱情的禁果，给她刻下了永生的伤痛，从此她再也没有恋爱，终生未嫁。

然而这并不是故事的最终结局。多年以后，凯勒已经去世，她的妹妹才向媒体透露出一个惊人的秘密——那封邀约凯勒私奔的信件，其实是出自母亲之手，她希望借此让凯勒放弃彼得，不再沉陷于爱情的泥沼。

然而凯勒却不知，彼得为了她终身未娶，一直一个人生活在波多黎各的一个小镇上。因为那里是他们曾经约定的地方。他以为只要守候在那里，就一定会等到最心爱的人。然而直到生命枯竭，他都没有再见到她。

这段爱情令世人唏嘘。虽然没有得到圆满的结局，但是爱情的滋味却打开了凯勒心中的一道门，在以后的写作生涯里，她更加如鱼得水，那些压抑在心中的情感，都在文字中爆发。

海伦·凯勒的传奇故事感染了一代又一代人，她的坚强，她的乐观，她的勤奋，她的成功，她身上的每一种精神，都在激励着后世的人们勇往直前。1964 年，她荣获总统自由勋章，4 年后她与世长辞。没多久，她被评为“世界十大杰出妇女之一”，她的名字传遍了世界的每一个角落，给无数人带来了坚强与勇敢精神。

第六章

奥普拉：把伤疤揭在太阳下

这是一个熠熠生辉的名字——奥普拉·温弗瑞。今天提起奥普拉,我们心中总会闪现许多词汇:乐观、优雅、漂亮、女强人、坚强、勇敢……然而她成功的背后,总是隐藏着无尽的心酸。对于奥普拉来说,她的童年如一场噩梦。

1954 年 1 月 29 日,奥普拉出生在位于密西西比的科修斯科小镇。初降尘世的孩子总会得到父母的宠溺与疼爱,然而小奥普拉却没有。她出生的时候,父母还没有结婚,更要命的是,她出生没多久父母就劳燕分飞了,年幼的奥普拉只能与外祖母一起生活。

虽没有父母的关怀,外祖母却很疼爱她。老人家教她读书认字,还会为她讲《圣经》里的故事。那些美妙的情节,在她的想象中被无限放大。她会学着外祖母的样子,再把那些故事讲给别人听,她小小的模样却装成大人的样子,煞是惹人喜爱。耶稣复活的故事给她留下了极其深刻的印象,在听外祖母讲过几遍后,她已经能绘声绘色地复述整个故事,而那一年,她仅仅 3 岁。她甚至还在教堂里当众讲了这个故事,那也是她记忆中的第一次演讲。

在外祖母的影响下,小小的奥普拉学会了许多东西。在上幼儿园的第二天,她就大胆地写了一张字条给老师:“我觉得我不属于这里,因为我认识很多字了。”老师看过之后颇感惊奇。经过测验,发现她的确认得许多字,便安排她直接跳到了一年级。

那是她童年记忆里仅有的快乐时光。6 岁那年,她被母亲接到了位于美国威斯康星州的密尔沃基，从此与母亲一起生活。本以为终于可以感受到母爱的温暖，却没想到这才是噩梦的开始。她经常遭到亲戚的虐待，9 岁那年甚至被堂兄强奸。而这还仅仅是个开始，在以后的岁月里，她又多次遭遇了这种难以启齿的侮辱，甚至在 14 岁那年生下了一个孩子，不过孩子出生没多久便夭折了。

那些年的梦魇成了奥普拉心中永远挥之不去的阴影。多年以后，她曾在一次节目中谈到了那些不堪回首的往事："我几乎被毁掉了，这么多年来我一直告诉自己我已经痊愈了，但是没有。""我心里觉得特别羞耻，我在无意识中总是为那些男人的行为责备自己。"

生活在黑暗里的人，除了少数人依然在执着地寻找光明以外，大多数都会渐渐地堕落其中，与黑暗融为一体。少年时代的奥普拉很不幸地成了后者。她的脾气变得越来越古怪，甚至精神上愈加有些疯狂。有一次，她很想买一个眼镜，但是跟母亲要钱肯定是行不通的，于是她故意打翻了家具，把眼镜砸烂，把干净整洁的家搞得一团糟，像是被劫匪洗劫过一样，然后在这自编自导的"盗窃案"中偷偷拿走了母亲的钱包，去买了自己心仪的眼镜。

起初，母亲真的以为家里遭遇了强盗，然而后来她才发现，那竟然是女儿的"杰作"。气急败坏的她决定把奥普拉送进青少年管教所，让她去好好地改造。然而不巧的是，管教所里的床位刚好满员了，奥普拉得以逃过一劫。

对于母亲的责骂，奥普拉早已习以为常，尽管受到了母亲的惩罚，但是她却毫无悔改之意。她整天和一些不三不四的伙伴厮混在一起，抽烟、酗酒，甚至吸毒。

这样一个不良少女，几乎是看不到任何希望与未来的，然而命运总是难以捉摸,没有人知道在自己人生的哪一个路口,奇迹会忽然降临。

奥普拉的母亲头疼不已,她甚至有些讨厌这个女儿。14 岁那年,母亲终于对奥普拉忍无可忍,将她送到了她父亲那里。

对于奥普拉来说,在她 14 年的成长岁月里,父亲只是一个符号、一个词,她甚至连父亲长什么样子都不知道。与父亲的相见,是她生命里最重要的转折,如果不是父亲的严苛管教,或许她将会一直堕落下去,直到生命的尽头。多年以后,奥普拉依然对这个转折感慨不已:“父亲救了我的命,如果不是他当年对我的严格要求,我现在恐怕就是一个身后拖拉着一群孩子的家庭主妇了。”

父亲和继母对奥普拉的管教非常严格,这个不良少女终于被迫结束了那种荒唐的生活。在父亲家里,继母要求她每周必须背诵 20 个单词,如果背不完,就不能吃饭。父亲为她量身定作了一套教育大纲,在大纲的基础上引导她的成长。他为女儿准备了很多书,并要求她定期读完。另外,她必须每周写读书报告,将自己的学习心得一一记录下来。

在父亲的“高压政策”下,奥普拉终于彻底地革心洗面,从一名不良少女变成了一名优秀学生,还参加了学校的戏剧俱乐部,并多次在朗诵比赛中获奖。她似乎是天生的演讲明星,讲起话来总是头头是道,非常有说服力。在一次演讲比赛中,她以一篇《黑人 · 宪法 · 美国》勇夺桂冠,并赢得了 1000 美元的奖学金。

从那时起,奥普拉便发现了语言的神奇功能,也发现了潜藏在自己身上的演讲天赋。她喜欢那种被注视的感觉,喜欢那种将自己的想法酣畅淋漓地表达出来的感觉。在以后的日子里,她又参加了多次演讲比赛,各种奖项纷纷被她收入囊中。那些年的经历,为她多年以后的脱口秀打下了最初的积累,她用一张嘴战遍天下,名气也日益高涨。

1972 年,奥普拉进入了田纳西州州立大学,主修演讲和戏剧。

还未到学校,奥普拉的名字便传遍了整个校园。几乎全校的学生都知道,“铁嘴”奥普拉成了他们之中的一员。奥普拉不仅是个演讲明星,还是个社交明星,入学后,她很快就和同学们打成一片。

还是在读大一的时候,哥伦比亚广播公司(CBS)纳什维尔分部就曾两次找到奥普拉,希望她能前去工作。那时的奥普拉还是个不谙世事的姑娘,竟在同学们的无限羡慕中拒绝了 CBS 的邀请。所幸,她的老师知道后赶紧提醒她:“很多像你一样的人上大学的目的就是为了能在 CBS 拥有一席之地啊!”这时她才意识到,这个机会是多么珍贵。她赶紧联系了 CBS,并顺利地走进了 CBS 的大门。1973 年,刚刚大二的奥普拉成了纳什维尔 WTVF 电视台最年轻的主播。

大学毕业后,奥普拉前往巴尔的摩 WJZ 电视台,在那里和同事一起主持“六点钟新闻”节目。昔日演讲的积累,在此时发挥出了独特的效用。她用一种全新的充满感情的方式来播报新闻,与传统的刻板严肃的主持人形象迥然不同。不过,这种新事物并没有得到广泛的认可,她的特立独行遭到了排斥与批评,迫于压力,她只好离开“六点钟新闻”,转而主持一个早间谈话节目——“人们在说话”。

虽然奥普拉所尝试的主持新闻节目的风格没有得到认可,但是她已经受到了巴尔的摩 WJZ 电视台的特别关注。为了能让她的形象更好一些,她的顶头上司派她前往纽约,准备专门去做整容手术。不过遗憾的是,她的底子实在太差,美容师盯着她的脸端详了半天,最后望而却步，整容也就不了了之了。

不过，一个人成功与否，与其相貌的美与丑往往没有直接关系。虽然整容计划泡汤，但是这并不妨碍奥普拉追求梦想的信心。是金子在哪里都会发光，奥普拉主持"人们在说话"脱口秀节目后，该节目收视率迅速飙升，甚至超过了当年的脱口秀名嘴菲尔·当纳的节目。

奥普拉以她特殊的风格赢得了观众的一致好评，也给千万人带来了无尽欢乐。随着电视节目收视率的攀升，奥普拉也成了人人追捧的当红主持人。在巴尔的摩取得令人瞩目的成就后，她的制片人又有了更大胆的想法。他将奥普拉的节目录像带寄到了美国广播公司(ABC)芝加哥分部 WLS 电视台，这个举动大大地拓展了奥普拉的事业空间，该电视台管理层看过录像带后，立即向奥普拉发出了邀请函。

能够把自己喜欢做的事情变成工作，那便是最幸运的事。奥普拉热爱自己的工作，喜欢那种被人瞩目的感觉。曾有人问她每次为录节目准备多少问题，她的回答令人惊讶不已："我从来不准备问题，我只是坐在那里和人聊天。"

奥普拉认为，与人沟通最好的办法就是了解与倾听。她会认真地聆听对方的心声，用自己独特的洞察力去捕捉对方的特质。因此，她总是能提出极具针对性的问题，将那些看起来模模糊糊的问题一针见血地指出来。

这也正是她能得到 ABC 青睐的原因。来到 ABC 后，她不负众望，对"芝加哥早晨"节目进行了大刀阔斧的改革，取消那些不痛不痒的话题，增加人们最关心的社会热点以及富有争议的话题。

她的大胆改革为节目注入了新鲜的血液，收视率也迅速提高。

她敢于做别人不敢做的事，敢于以全新的视角来看待问题。许多媒体为了能吸引人目光，总是喜欢揭露别人的隐私，甚至以侮辱困境中的人为乐，这也是奥普拉的竞争对手们最常做的事情。然而奥普拉似乎故意要和他们唱反调，她在节目中的谈话思维没有从媒体的角度出发，而是从那些被采访的人身上出发，她会想办法安慰那些心灵受伤的人，鼓舞他们自信、乐观地生活下去，用自己激情昂扬的斗志去感染他们，给他们以希望，温暖他们冰冷的心。

事实证明，奥普拉是正确的。仅仅一个月，“芝加哥早晨”节目就吸引了无数观众，其收视率甚至与名嘴菲尔·当纳主持的脱口秀节目不相上下。这简直是个奇迹，人们无不对奥普拉刮目相看。

然而这还仅仅是个开始，迈向成功的道路是没有尽头的。三个月后，“芝加哥早晨”的收视率超过了菲尔·当纳的脱口秀节目，取代了其独领风骚的地位。奥普拉的名字与脱口秀节目紧紧地捆在了一起，以前人们提到脱口秀，第一个想起来的总是菲尔·当纳，但现在提到脱口秀，人们第一个想到的却是奥普拉。1985 年 9 月，“芝加哥早晨”正式更名为“奥普拉·温弗瑞脱口秀”，昔日的不良少女，竟成了全美国的知名主持人，她用自己独特的主持风格，给千万观众带来了欢乐，也实现了自己的人生价值。

当她成了万众瞩目的成功人物，她的成功之路也成了人们津津乐道的话题。经常有人问她是怎么获得成功的，她的回答也总是像主持节目那般爽朗风趣。她这样说道：“我采写新闻很不成功，差点儿被解雇。当时新闻部主任付给我的年薪是 2.2 万美元，他们认为这样太便宜我了，所以让我去主持早晨 5 点半开始的 5 分钟访谈节目。”

那便是她辉煌的起点。对于一个才华横溢的人来说,5 分钟足以将自己的才华展露出来。在美国传媒界,白人男性占据了大半天地,剩下的那一小部分又被白人女性占据了大半,作为一个黑人女性,奥普拉几乎没有任何与生俱来的优势。即便是这样,她还是杀出重围,成了美国传媒界最耀眼的那颗星。

奥普拉的身上仿佛有一种魔力,能让每一位嘉宾在她面前吐露心里话,甚至有时候会声泪俱下。与嘉宾在一起的时候,奥普拉总是把自己当成他们的好朋友,而不是媒体人。她会与他们亲切地拉家常,甚至会爆料自己的秘密,以此得到对方的信任,使对方撤掉心中的防备,与她开怀畅谈。她会与嘉宾一起哭、一起笑,与他们融入共同的喜怒悲欢。

在悲伤之外去劝慰一个人是很容易的,但是奥普拉总能站在嘉宾的情感角度,将嘉宾心中的戒备与不安全部瓦解。

奥普拉在事业上一帆风顺,交际上也算得上左右逢源。就在这个时候,一个改变她命运的重要人物出现了,这个人就是杰夫·杰克伯斯。那时候杰夫只是一名律师,也没有什么名气。但是他在经营事业上非常有头脑,他提醒奥普拉,如果一直为别人打工,无论自己怎样大红大紫,都算不上真正的成功。要想获得真正的成功,就必须组建自己的公司。

奥普拉听从了杰夫的建议,并与他一起创建了“哈普娱乐集团”(Harpo 是奥普拉名字 Oprah 的倒置),杰克担任公司总裁,奥普拉出任董事长,拥有 90%的股份。

从某种程度上讲,公司的成立才是奥普拉事业的真正开始。他们定期制作“奥普拉脱口秀”节目,然后将节目出售给各家电视台。

这样一样,奥普拉就不必再为别人打工,经济收入也迅速增长。

奥普拉与杰夫的合作堪称完美。杰夫善于经营管理,他将公司打理得井井有条,而奥普拉则是公司最大的摇钱树,到 2001 年,“奥普拉脱口秀”的营业额高达 3 亿美元。

1996 年,哈普集团又推出了“奥普拉读书会”节目。该节目一经播出,便受到了广泛的推崇与好评。这个节目还带动了图书市场的火爆,经过奥普拉推荐的书,每一本都成了万人争读的畅销书。

随着时间的推移,哈普集团涉猎的行业越来越多。2000 年,奥普拉强势进军杂志行业,推出了一本名为《O》的杂志。这本杂志花费了奥普拉大量的心血,每一张图片甚至每一个文字都经过她仔细地检查,即便是一个小小的标点符号她也绝不放过。

她拥有着女性特有的细腻,同时又具备男人一般的勇敢与担当。无论做什么,她总是事无巨细,每一个小小的细节都力求完美。而她这种认真的态度,也自然会得到最好的回报。月刊杂志《O》上市仅仅一年的时间,月发行量就已经达 250 万册,要知道,以往杂志要想达到这样的成绩,至少需要 5 年的时间。创造了电视收视率神话的奥普拉,竟又创造了一个杂志发行量神话。

奥普拉使许多女性找回信心与希望,鼓舞她们摆脱沮丧与困顿,重拾光明与理想。奥普拉的亲切形象深入人心,人们喜爱她、迷恋她,又能真真切切地感受到她的存在。记者采访了奥普拉的多名粉丝,36 岁的销售代表谢丽尔·皮尔斯是其中一个,她在做了子宫切除手术后,整个人都陷入了前所未有的绝望与灰暗之中,但是奥普拉的演讲与脱口秀节目让她重新燃起了对生活的信心。在评价奥普拉时她这样说道:“在我眼中,她跟我们一样都是普通人,当她与我交流时,我感到她就像我的一个好朋友。”

奥普拉的事业不仅仅局限在电视节目与杂志上,还涉猎了电影行业。她出演了斯皮尔伯格导演的电影《紫色》,在影片中饰演坚强勇敢的黑人女子索菲亚。她的出色表演让人眼前一亮,索菲亚的坚韧、勇敢、执着的特质被她淋漓尽致地演绎出来,虽然是配角,但是却让人过目难忘。那一年,奥斯卡和金球奖的评委不约而同地提名她为最佳女配角的候选人。要知道,多少影星演了一辈子电影,都只能对这两项大奖望洋兴叹,而奥普拉仅仅出演了一部电影,就能赢得两项大奖的候选提名,足见其令人震撼的实力。当然,最重要的原因还是她的认真与努力。

忙碌是一种沉甸甸的快乐。1998 年,哈普集团将著名作家莫里森的《爱人》拍成了电影,奥普拉身兼数职——既是制片人,又是女主角,既要忙于公司事务,还要忙于拍戏,并要做好管理安排。多年以来,她的事业一直顺风顺水,但是这一次,却碰触了有史以来最大的礁。电影《爱人》票房惨败,仅有的 2300 万票房还不及投资金额的一半。原以为可以再创佳绩的奥普拉,竟跌落到了事业的低谷,在那段时间里,奥普拉心情格外沮丧。巨大的压力如同一座山沉沉地压在她的肩膀上,她甚至觉得,好像全世界都在嘲笑她。

不过,她终归是坚强的。虽然电影失利,但是在电视领域里,她依然是首屈一指的名嘴。那一年,她获得了“全国电视艺术与科学学院终身成就奖”,能获得此奖的人大多都已是晚年,或是年逾古稀,或是年至耄耋,而此时的奥普拉才刚刚 44 岁。

奥普拉的节目广受欢迎,不仅仅是因为她过人的口才,更是因为她散发出的内在毅力与精神。她是个完美主义者,无论做什么事,总是要求自己做到最好。1988年,她的体重急剧飙升,竟然达到了212磅(约190斤)。肥胖给她带来了无尽的困扰,甚至让她几乎丢掉了自信。那年秋天的一期节目中,她忽然惊艳亮相——身着紧身牛仔裤,推着一辆装有67磅重(约60斤)的白色动物油脂的小推车,在观众的尖叫声中自信登场。

原来,她拼命减肥,终于减掉了整整67磅的脂肪,这使她终于找回了自信,那小推车上的白色动物油脂的重量,刚好是她减掉的脂肪重量。她以这种幽默的方式亮相,不仅赢得了满堂喝彩,也使那一期节目成了她职业生涯中收视率最高的一期。

除了那一期节目,她还有2004年的一期节目也给人留下了极其深刻的印象。在节目即将结束时,奥普拉忽然宣布:“请在场的观众摸摸自己坐席下藏的是什么?”当人们迟疑地将手伸到坐席下时,竟发现了一个大惊喜:一辆崭新的庞蒂克G6的钥匙!那时候,这款车的零售价是2.8万美元,而一掷千金的奥普拉竟一次送出了276辆。

奥普拉身上有一种独特魅力,她不仅带动了千千万万人向着她描绘的乐观方向前进,还在无形中引领了时尚潮流,出现在她身上的每一件东西,都成了人们争相尝试的事物。假如她今天在节目中穿了一件某品牌的黑色衬衫,明天同款衬衫就会脱销。她在节目中提到的衣服、护肤品等,只要经她一说,便会迅速畅销,甚至脱销。如果她提到了哪个旅游景点,这个景点很快就会迎来大量的游客。

尽管奥普拉已经是万人膜拜的偶像,但童年时代所经历过的噩梦依然在她心里,那是她永生都挥之不去的阴影。为了保护儿童,不让那些可怜的孩子和她一样遭遇不幸,她自费推动了保护儿童不受性侵犯的《全国儿童保护法案》,于1993年通过,因此该项法案又被称为“奥普拉法案”。

她还致力于公益事业,斥资 4000 万美元在南非建立学校,设立奖学金以资助贫困学生。虽然她自己没有生育孩子,但是她却成了千万孩子的母亲。她所做的公益事业使千万人受益,2005 年,《财富》杂志评价她是“美国历史上最伟大的黑人慈善家”。

奥普拉始终没有结婚。或者说,她早已嫁给了自己最心爱的事业,婚姻对她已经没有什么意义。30 岁出头时,她结识了男友斯特德曼·格拉汉姆。格拉汉姆长相俊朗,为人诚实可靠,奥普拉很快爱上了他。1992 年,奥普拉与格拉汉姆订婚,并决定次年结婚。然而随着时间的推移,奥普拉发现自己最爱的依然是事业,她不可能为了婚姻而放弃事业。没多久,奥普拉便毁婚了,格拉汉姆无法扭转这个倔强的女强人的心意,只能默默地陪着她,守候着她。多年来,他是她最好的伴侣,即便不能与她走进婚姻的殿堂,他依然爱她。

奥普拉的父亲谈及此事,不无感慨地说:“她不肯嫁给格拉汉姆,因为……她太自我了,不愿为了任何人放弃任何东西……”

知女莫若父,老人家的话可谓一语中的。每一种成功都是有代价的,我们羡慕奥普拉辉煌的人生,但是也该知道奥普拉的付出与牺牲。

正所谓“高处不胜寒”,身在功名之巅的奥普拉不仅仅接受着来自四面八方的赞誉,更承受着种种质疑与争议。她的家人曾表示,奥普拉把自己的童年渲染得太过夸张,事实上她的经历并没有她说的那么可怕。而奥普拉则抱怨说,她就像她家人的取款机,总是要不停地满足他们的索取欲望。她有个吸毒的妹妹,还有一个同性恋的弟弟。他们的存在总是让她感到难堪,因此她不惜重金封锁消息,不愿外人知道她的家庭秘密。她的每一个动作、每一句话都会引发社会上的激烈讨论,有人质疑,有人支持,也有人同情。甚至连她那广受欢迎的脱口秀节目,也成了一些人声讨的对象。美国著名专栏作家凯莉在《奥普拉传》中透露了一个令人难以置信的秘密:奥普拉的节目的观众都是经过挑选和彩排过的,有专人训练他们如何配合奥普拉欢呼,如何惊讶,如何目瞪口呆……而她在节目中千篇一律的"励志",也让人们感到疲倦,甚至麻木。有人说她是"心灵导师",也有人说她是"心灵麻醉师"。有一位上过她节目的黑人嘉宾回忆起录制节目的经历时,不禁颇为愤慨地说:"奥普拉,你下了节目,是回到家,双脚踏入豪宅。而我们呢?我们下了节目,发现自己仍然一无所有。"

成功路上免不了质疑与争议,只要坚定地向着自己认定的方向走,就无谓风雨,无谓险阻。奥普拉建立了自己的传媒帝国,成了这个帝国里万人瞩目的女王,世人赞美也好,诟病也罢,无论如何,她成功的光芒是无人可挡的。

奥普拉曾表示不会涉足政界,但是在不同的时期,人的心态也会不同。在2000年的一期节目里,她首次邀请了两位总统候选人——当时的副总统阿尔·戈尔和州长乔治·布什。当时两个人正在疯狂地角逐总统宝座,两位候选人之间弥漫着浓烈的火药味。节目播出后,媒体的头条这样写道:通往白宫的路途经奥普拉。两年后,已经当选总统的乔治·布什准备进攻伊拉克,在出击之前,他再次成了奥普拉节目上的嘉宾。在节目录制现场,奥普拉明确地支持布什总统,当有观众站起来表示质疑时,她直接打断了对方的话:"那些武器的存在已经成为事实,不用再讨论。"虽然她的言论为布什总统带来了一批支持者,但是也引发了许多反战人士的不满。美国发动的这场战争不仅给伊拉克人民带来了极大的伤害,同时也对本国造成了不必要的损失。5年后,当事实证明了美国的错误判断时,一些媒体讥讽奥普拉为“布什的拉拉队长”。在2008年的总统大选中,作为黑人女性的她坚定地站在了黑人总统候选人奥巴马这一边,并身体力行地为奥巴马竞选站台、募集款项。她为奥巴马赢取了至少100万张选票,她的支持大大地增强了奥巴马的竞争力,在大选结果揭晓时,奥巴马最终成了美国历史上首任黑人总统。

她的成功是无可复制的神话,即便是讨厌她的评论家也不得不承认:“不管她多肥,但她真的让人难以抗拒。”如今,已过花甲之年的奥普拉依然魅力不减,尽管她不够漂亮,但是她却用自己的方式,活出了她精彩的人生。

第七章

杜拉斯：疲惫生活里的英雄梦想

著名诗人波德莱尔曾写过这样的诗句：苍白的雏菊，你我不都像秋季太阳已是迟暮？哦，如此洁白而冷冷的玛格丽特！这也是玛格丽特·杜拉斯最爱的诗句。在法语发音中，雏菊与玛格丽特的发音相同，因此，她非常喜欢自己的名字，对雏菊更是情有独钟。

杜拉斯说："我是一朵花。我身体的各个部分都在阳光下爆裂，我的手指脱离了我的手掌，我的双腿脱离了我的肚子，直至我的发根，我的头颅。我感觉初生时的疲惫，终于降临于世的骄傲的疲惫。"她的名字里，似乎包含了某种宿命，令人忍不住神驰遐思。

1914 年 4 月 4 日，杜拉斯出生于越南胡志明市的嘉定区。她是家里的第三个孩子，父亲亨利·多纳迪厄与母亲玛丽·勒格朗都是法国人，夫妻俩为女儿取名"玛格丽特·多纳迪厄"。

彼时，越南还是法国的殖民地。杜拉斯的父母先后从法国来到越南的胡志明市，并在那里从事教育工作。对于母亲去越南的初衷，杜拉斯在自己的书中这样写道："受了宣传广告和皮埃尔·洛蒂的书的诱惑，怀着探险之心，急不可待地来到了殖民地。"政治上的大环境，决定了许多人的命运，而小小的杜拉斯，就是其中一个。

在法国征服了越南后，大批的法国人涌入越南，他们来自不同的地方，相聚于越南那片土地之上，开始执着地追寻梦想，其中便包括杜拉斯的父母。然而生命里的许多变化往往毫无征兆，在杜拉斯出生不久，她的父亲亨利就一病不起，不得不回到法国去疗养。越南潮湿闷热，痢疾、疟疾等疾病都是非常常见的，加之当时的医疗水平有限，即使一些小小的疾病也会危及人的生命。而法国的医疗条件要好很多，因此，在杜拉斯的整个童年时代，父亲都很少陪伴她。在杜拉斯的印象里，父亲总是往返于越南与法国之间，要么在越南忙于工作，要么回法国疗养。

幼年的杜拉斯也曾与家人一起回过一次法国，大概一年多时间，父亲的病情有所好转，她又跟随父母回到了越南。

越南的夏天漫长而又燥热。1919 年的夏天，杜拉斯跟随家人前往中国云南度假。他们从河内出发，乘坐一列燃煤动力火车抵达了昆明。那时的交通非常不便，路也崎岖难行，经过了漫长的三天三夜，他们才到达目的地。那一年杜拉斯刚刚五岁，看着满眼的美丽风光不禁格外好奇。在那里，她第一次看见了澜沧江，浩瀚的江水从中国流到越南，那便是湄公河。

为了能节省些开支，也为了能更亲密地感受当地的民风，亨利没有让家人入住旅馆，而是租住了一套民房。当时的旧中国，很多女孩子依然承受着裹脚的陋习，她们的小脚被一条裹脚布紧紧缠绕，直至变得畸形。

那些小脚女孩在杜拉斯心中留下了刻骨铭心的印象，直到很多年后回想起来，她依然记忆犹新。她多么希望自己能有力量去解救她们，让她们找回属于自己的自由。或许，她的女权意识也是在那时候开始萌芽，并在以后的漫长岁月里慢慢生长，直到有一天成为参天大树。

结束度假后，杜拉斯与家人回到了越南。6 岁那年，她的父亲亨利被调往柬埔寨任职，而她则与母亲留在河内生活。

母亲玛丽在河内贷款买了一所住宅,在那里开办了私人学校。玛丽招收了几个寄宿生,都是十二三岁的男孩子,有越南人,也有老挝人。

一天下午,一个寄宿生遇到杜拉斯,便神秘兮兮地邀请她去一个“小小躲藏地”。一个6岁的小女孩,几乎还不知道“危险”是何物,竟真的满心好奇地跟着去了。

男孩子带她到了湖边的一座小木屋里。接下来,令杜拉斯永生难忘的一幕发生了——男孩子握着她的手,竟慢慢地伸进了自己的衣服里,并将一个温热的物体放进了她的手心。那是男孩子尚未发育成熟的生殖器,那种温度,那种形状,令杜拉斯永生难忘。

多年以后,杜拉斯回忆说:“记忆是清晰的,我被人接触过,那似乎就是受到污辱,有失名誉。我才4岁(杜拉斯刻意地将自己的年龄说小了两岁),他11岁半,还没有到青春期。”

这个秘密成了小杜拉斯的一个心结。一颗幼小的心,如何能承担这份秘密的重量呢?最后,她终于将这件事原原本本地告诉了母亲,并隐约期待着能从母亲那里获得某种指引。

母亲对此事非常震惊。她近乎以命令的方式告诉女儿:“不要再去想它,永远不要去想。”

第二天,杜拉斯发现母亲将那个男孩子赶走了,他再也没有出现在寄宿学校里。仿佛什么都没有发生过,那个秘密成了杜拉斯心中永远的结,直到多年以后,她才在自己的笔下将这段尘封的往事缓缓写出。

那次铭心刻骨的经历,诱发了杜拉斯身体里最原始的情欲。她慢慢地变得成熟,慢慢地懂得了人世间的许多苦辣酸甜。

一年以后，杜拉斯跟随母亲离开了河内，来到了柬埔寨的首都金边。然而令人心痛的是，一家人还没有团聚多久，亨利就因病去世了。金边，成了杜拉斯心中永远的伤心地。那一年，杜拉斯年仅 7 岁。

为了能继承丈夫的遗产，玛丽不得不暂时离开金边回到法国，而杜拉斯也得以第二次回到法国。在法国的普拉提耶，亨利留下了一所房子。而与她共同争夺这所房子的，还有亨利的前妻与他们的两个孩子。

考虑到亨利的那两个孩子也需要养育，多纳迪厄家族迟迟不肯修改普拉提耶的房契，不愿将庄园归于玛丽名下。而玛丽，自然要与他们抗争到底，直至向法院提起了诉讼……

杜拉斯看着大人们之间的争执，总是百思不解。她那双天真的眼睛里，所看见的皆是简单而美好的事物："灶台上的柳条筐里李子的味道、德罗河清澈的水和种满水田芥的池塘……"

那一年杜拉斯 8 岁，她喜欢别人亲切地叫她"内内"，村庄里的人也喜欢这样称呼她。伊维特·巴罗是她最好的玩伴，她有着清秀可爱的面容，经常穿着条绒大衣和高帮皮靴。在伊维特的印象里，杜拉斯"是一个很有个性的女孩，不淘气，很有自己的想法"。她们很合得来，伊维特认为，这"可能因为我比较好说话吧"。

1924 年的夏天，玛丽花了两年的时间终于将遗产问题解决了。丈夫去世，她实在不愿意一个人孤单地生活在异地他乡，因此，她向法国的相关部门提出了申请，要求留在国内。然而遗憾的是，她的申请并没有得到批准。为了能留下来，玛丽甚至谎称自己患上了殖民地的传染病，然而经过军医会诊，这个谎言不攻自破。另外，可恶的军医还在她的结论书上写道："多纳迪厄夫人可以适应殖民地的生活。"

无奈之下，玛丽只好再度离开法国，回到了越南的胡志明市。而她能做的，只是尽自己最大的努力将长子皮埃尔送到巴黎，并托人照看，让他在那里接受最好的教育。次子保尔与女儿杜拉斯，则跟随她留在了越南。

看到熟悉的风景与街市，杜拉斯竟莫名地有一种归宿感。没多久，玛丽的工作调到了距离胡志明市130多公里的永隆。永隆位于湄公河畔，那里气候湿热，常常雾气缭绕，但这也不失为一种独特的风景。

杜拉斯很喜欢那个地方，在那里，她完成了从童年到青春的过渡，那些美丽的自然风光，随着阳光雨露一点点地渗透到了她的心里，给予了她最初的文学灵感。

杜拉斯与小哥哥保尔感情非常好。他们有着共同好恶——比如都喜欢吃芒果，喜欢喝中国汤，喜欢吃熏肉和腊鱼；他们都不喜欢母亲给的肉和苹果，因为那些来自诺曼底的青苹果会让他们想起法国，想起罪恶的殖民地计划。

在越南，年轻姑娘们经常称呼自己的恋人为"小哥哥"，这也是杜拉斯对保尔的亲密称呼，两人除了有一层血缘亲情以外，还有一种隐秘的暧昧。

随着年龄的增长，他们的身体渐渐发育，如同破土而出的幼苗，在阳光下好奇地探索着未知的世界。身体的秘密，让正处于发育期的兄妹对"性"愈发好奇。这种好奇越来越强烈，直到他们忍不住偷尝了禁果。

后来,杜拉斯回忆说:“我们一起去河边的森林中打猎。总是我们两个人。后来有一次,事情发生了。他来到我的床上。我们兄妹之间彼此似乎是陌生的。我还很小,也许只有七八岁。他来了一次,以后每天晚上都来……我们还在一起睡觉……傍晚常去森林或在船上。在沙沥时,我们找了一间空教室……”

那种原始而神秘的快感,让兄妹俩忘了险恶,甚至羞耻。性的体验,成了杜拉斯灵感的源泉,那些特殊的经历,为她日后的创作沉淀了生命的精华。

兄妹俩的秘密维持了好几年,直到他们的大哥皮埃尔从法国回来。

对于杜拉斯来说,大哥皮埃尔仿佛是一个灾难。他回来没多久,就发现了弟弟与妹妹之间的惊人秘密。有了这个把柄,他愈发疯狂地欺负弟弟,保尔变得越来越软弱,经常愁容满面。

杜拉斯憎恨大哥,甚至经常对他说:“你真是该死!”而这种恨,恰恰是源于她对小哥哥的爱。对小哥哥爱得越深,她对大哥的恨也越深。

1928 年,14 岁的杜拉斯被母亲送到了胡志明的沙瑟卢·洛巴国立中学。玛丽希望女儿能好好地完成学业,将来成为一名教师。这是她为女儿量身定做的职业规划,但是对于杜拉斯来说,另一种职业却已经在她的心里萌芽,那就是作家。

母亲对她的想法不屑一顾,颇为轻蔑地问道:“你想写什么?”杜拉斯认真地回答说:“写所有的东西。”

在母亲看来,她的想法过于天真,而且毫无价值。因此,在她还不能经济独立的时候,只能顺从母亲的意愿。不过,她的梦想并没有因此而泯灭。有两个人物形象始终在她的心里无法抹去,一个是在湄公河流浪的女乞丐,另一个是美艳神秘的总督夫人。这两个有着天壤之别的人物形象令她痴迷,甚至疯狂。她的笔就像离弦的箭,一旦开弓,便永不回头。

在学校里,她几乎没有朋友。经历孤独,是每一个成功者的必修课。母亲将她安排在政府寄宿公寓里,因为那样可以享受奖学金。寄宿公寓里的灯泡是挂在树上的,每到夜晚,整座楼都灯火通明。学生们没有统一的作息时间,大家打牌的打牌,唱歌的唱歌,有时候也要看管理员的脸色。而杜拉斯显然不太合群,她成了同学们与管理员眼中的怪物。不过,杜拉斯并不在乎这些,她在自己的小小世界里勾勒着梦想,为文学创作开辟了最初的金色殿堂。

时光若细水流长,将成长的痕迹悄悄淹没在无声的细浪中。16岁那年,杜拉斯遇见了一个中国男人胡陶乐(音译),他帮助她家渡过了难关,也成了她生命里的第一个难忘的情人,直到50年以后,她才将这段感情公之于世,人们不禁为之神往,也为之叹惋。

时光将杜拉斯变成了一个明艳动人的姑娘。18岁那年,杜拉斯离开越南,正式回到祖国——法国,并在巴黎大学攻读法律、数学、政治学。不过,她的梦想依然是成为一名作家。在那里,几乎整个学校都知道这个漂亮风流的女学生。

大学毕业后,杜拉斯开始在法国政府殖民地部当秘书。她终于实现了经济独立,而梦想也不必再被母亲束缚。写作,成了她生活中最快乐的事情。

她的一生中有过许多情人,就像男人善于在女人身上寻找创作灵感一样,杜拉斯也很善于在男人们身上寻找创作的灵光。1939

年,她与罗贝尔·昂泰尔姆走进了婚姻的殿堂,而罗贝尔·昂泰尔姆是她前一任情人的挚友。

1942年,她结识了被她称作“美男子”的迪奥尼斯·马斯科洛,两人坠入爱河。然而在接下来的十年里,迪奥尼斯与罗贝尔却先后离开了她。不过,她的身边从来不缺乏情人,直到她年逾古稀也依然充满着对爱情与情欲的向往。70岁时,她认识了26岁的大学生杨·安德烈亚。杨·安德烈亚有着瘦高的身材,是个同性恋,性格内敛而害羞。他成了杜拉斯生命里最后的情人,被她养在家里。虽然年龄有很大悬殊,但是杜拉斯并不在乎这些。她曾经对最亲密的朋友说道:“真奇怪,你考虑年龄,我从来不想它,年龄不重要。”

每当杜拉斯带着这个小伙子出行时,总会被记者追问:“这该是您最后一次爱情了吧?”杜拉斯则笑着回答说:“我怎么知道呢?”直到1996年3月3日,81岁的杜拉斯在杨·安德烈亚的守护中安详地离开了人世,人们才确定那果真是她最后的爱情。

中国的张爱玲、法国的杜拉斯以及日本的村上春树是文学界里公认的时尚元素,法国人更是以杜拉斯为骄傲。她的作品内容丰富,体裁多样,具有新颖独特的风格。著名作家王小波生前曾高度评价杜拉斯说:“现代小说的最高成就者是卡尔维诺、君特·格拉斯、莫迪亚诺,还有玛格丽特·杜拉斯。”

杜拉斯在自己的生命中从未停止手中的笔,就像从未停止对绝对爱情的探寻一样。劳尔·阿德莱尔在为杜拉斯写传记时认为,描述杜拉斯很难——温柔还是暴躁?天才还是自恋狂?而杜拉斯自己则给出了最令人信服的答案:“我是作家,其他的都尽可忘掉。”

她用一生的光阴去书写传奇,也用自己的行动创造了真实的传奇。她的一生,就是一部耐人寻味的书。除了在文学上的巨大成就,她在电影与戏剧上也取得了卓越的成就。1958 年,著名导演亚兰勒纳邀请她为他的第一部剧情长片《广岛之恋》撰写电影剧本。这部影片一经放映,便引起了整个法国乃至世界的轰动,而杜拉斯的名字也随之传遍全球,她的传奇开始受到越来越多人关注。

1961 年杜拉斯为亨利·科尔皮的影片写了剧本《长别离》,再一次取得圆满成功。在之后的几年里,她出版了三部戏剧集,甚至从 1965 年开始自己作起了导演。1983 年,杜拉斯获得了法兰西学院的戏剧大奖,并成为法国重要的电影流派"左岸派"的代表人物之一。

1984 年,已经 70 岁的杜拉斯发表了她最为著名的小说《情人》,立即轰动了整个文坛。这部作品不仅获得了海明威奖,还被评为"当年用英语发表的最佳小说"。

在这部富有异国情调的作品中,杜拉斯异常坦率地回忆与描述了自己 16 岁时与一个中国人的恋爱故事。美好的过往,如同老电影般将时光的指针回拨了数十年。《情人》被翻译成了四十多种语言文字,销量有数百万册之多。她获得了龚古尔文学奖,并成为世界上最负盛名的法语作家。

在晚年时光里,文字成了她最好的伴侣。她生前的最后一部作品有着一个预言般的名字:《这是全部》。她将全部的文学精粹留给世人后,安详地闭上了眼睛,结束了传奇而丰富的一生。

斯人已逝,而文字长留。那些沉淀于岁月里的故事,被时光雕琢成了最动人的传说。她留给世人的笔墨,是文学界永远的瑰宝。

第八章

简·奥斯汀：傲慢与偏见

在近几百年中,欧洲文坛上出现了一大批优秀的女作家,她们用女性独有的细腻视角审视着这个世界,以真情为笔墨,书写了一个个荡气回肠的故事。而简·奥斯汀,便是其中之一。

奥斯汀生活在 18 世纪末到 19 世纪前期的英国。彼时,英国乃至整个欧洲正发生着政治、经济、文化等一系列的变革,人们的生活与思想也深受影响。如果用三件典型事件来对这段历史进行一个简单概述的话,那就是启蒙运动、法国大革命和拿破仑战争。奥斯汀的出众自然有其自身的原因,同时也离不开社会环境的影响。

1775 年 12 月,奥斯汀出生于英国汉普郡的史蒂文顿。她的祖辈们早期是商人,通过经商逐渐跨入了贵族阶层。她的父亲乔治·奥斯汀拥有着上流社会的身份,因此,奥斯汀从出生的那一刻起,就遗传了父辈的高贵。乔治·奥斯汀 9 岁的时候,父母便先后去世,是叔叔给了他慈父般的关怀,将他养大成人。他懂得感恩,从某种意义上讲,他的这段经历赋予了女儿一种慈悲之心,这成了奥斯汀文学创作中重要的情感基调。

奥斯汀的母亲卡桑德拉·李是个秀外慧中的女人。她漂亮而聪慧,又颇具幽默感,每当她写信的时候,总会不自觉地流露出极佳的文采。母亲的蕙质兰心,在奥斯汀身上得到了很好的遗传。奥斯汀本有过人的天赋,而这些优越的家庭条件,仿佛完全是为了培养一位伟大作家而准备的。

奥斯汀有一个与她关系非常亲密的姐姐,还有五个兄弟。他们对奥斯汀的文学作品中的形象创造产生了重要的影响,尤其是几个兄弟,对于奥斯汀的写作与作品的出版起到了关键性的作用。

卡桑德拉·伊丽莎白不仅是奥斯汀的姐姐,更是她一生的挚友,乃至精神世界的支柱。她们年龄相差不大,在奥斯汀短暂的生命里,姐妹俩几乎从未分开过。年少时,她们一起被送到寄宿学校去学习,无论在哪里,姐妹俩总是形影不离。她们俩一生都住在同一间卧室,感情非常要好。不过,在性格上她们并不完全相同:卡桑德拉性格冷淡沉静,为人处世总是谨小慎微。而奥斯汀的性格要外向一些,她热情洋溢,敢作敢为。她们的母亲曾说,如果有人要砍姐姐的头,简·奥斯汀一定会替姐姐去受这个苦。在奥斯汀去世后,能够为人们提供关于奥斯汀的信息最多的人便是卡桑德拉,她几乎比妹妹自己还要了解妹妹。

奥斯汀的长兄詹姆斯·奥斯汀年轻时曾在牛津圣约翰学院读书,并创建了一份名为《徘徊者》的报纸,报上刊载的大多是讨论《旁观者》上有关大学的内容,其中有很多优秀的文章是由他本人亲自撰写的。他有着广泛的阅读兴趣,在文学上的造诣颇深,能写作精致的散文与诗歌。大哥的这些特质,对奥斯汀的文学理念构成了直接的影响。

在所有兄弟中,奥斯汀最喜欢的是三哥亨利·托马斯。他对奥斯汀的一生产生了深远的影响,尽管作为牧师的他不像其他兄弟那么出色。但在父亲眼中,亨利是最有才华的,他的口才非常棒,而且有着英俊的外表,无论何时,他总能保持乐观的态度。为了帮助妹妹出版作品,他四处奔走,无论是她在世时还是去世后。

二哥爱德华·李也与奥斯汀的写作有着重要关系。爱德华为人宽厚而幽默,待人永远那么和蔼可亲,身边的人都非常喜欢他。幼年时,爱德华被家里过继给了表亲奈特先生,长大后继承了奈特家的两处产业,年收入高达一万英镑。虽然没有与亲兄妹们一起长大,但是成年后他们一直生活在一起。在他们的父亲去世后,他兄妹们的生活越来越拮据,奥斯汀与姐姐及母亲的年收入仅有 210 磅,生活捉襟见肘。见兄妹们生活艰难,爱德华责无旁贷地承担起了照顾他们的责任,每年给奥斯汀母女三人 100 英镑,及其他三个生活较困难的兄弟每人 50 英镑。

奥斯汀在心里感激二哥,但也正是这样的经历,让她懂得了金钱在社会生活中的重要性,这使她能够更为理性地看待金钱。当她的作品出版后获得的稿酬时,她感到一种莫大的快乐。

除了这三位对奥斯汀的写作与生活有着重要影响的哥哥以外,她还有两位在海军中供职的弟弟:弗朗西斯·威廉和查尔斯·约翰。虽然他们在奥斯汀的生活中没有产生什么直接的影响,但是他们的职业经历却成了奥斯汀作品最直接的素材来源。在奥斯汀的笔下,我们时常能感受到她对海军的亲切感情,那是源于她浓厚的姐弟情。尤其是在《曼斯菲尔德庄园》和《劝导》这两部作品中,她所描述的海员们几乎个个完美无缺,他们的身上,寄托着奥斯汀对弟弟的无限关怀与对海军的崇敬与热爱。

这五个兄弟对奥斯汀生活中的物质层面与精神层面均形成了重要影响,这一切如同一张网,结成了她心里最初的文学雏形。

这个家庭是一个小而有凝聚力的圈子,在这个圈子里面,简·奥斯汀从家人间充满热情和活力的谈话、亲密的关系中找到了快乐、责任和智慧。给她的创作思想萌芽和成熟提供了一个很好的环境。让她得以在这样一个环境中,从容而冷静地观察那个阶级中的人与事。随着她的几个兄弟成家立业,这个圈子在逐渐扩大,她的交往圈也扩大了,因此,她的眼界更宽广,看得更多,思想也变得更深刻。除了家庭的影响,影响她思想的还有她所受的教育和阅读的书籍。

在那个年代,女人接受教育总是受到许多条条框框的束缚。奥斯汀在学校接受教育的时间很短,不过,她有着超强的自学能力。对她而言,真正接受对她的文学创作有影响的教育,是在她从学校返回家中之后才开始的。她的家人都很喜欢读书,在这样一个文化氛围浓厚的环境中,她不知不觉也受到了影响,她的阅读兴趣越来越浓厚,也越来越广泛。

奥斯汀一家人几乎每天都会聚在一起读书,或大声朗读,或小声默读。书籍打开了世界的天窗,奥斯汀在书海中如饥似渴地汲取着自己所需要的营养,她的文学底蕴随之形成。她家里有大量的藏书,这为她读书提供了最便利的条件。她涉猎广泛,从读作家作品,到通俗文学,再到历史、地理、政治等,各个领域均有涉猎。

12岁那年,奥斯汀第一次去肯特拜访她的一位舅公。舅公家非常富有,后来奥斯汀曾多次前去拜访。生活本身就是一部读不完的书,年少时的许多经历,也随着时光一点点融化,形成了奥斯汀笔下世界的色彩之一。

由于父亲在郊区任职,奥斯汀与家人们在那个安静的地方生活了25年。那是她最快乐的时光,每天品读着各种书籍,闲暇时便与哥哥、弟弟们出去打猎,有了兴致,大家便评一番天地,论一通古今。在那段时间里,奥斯汀完成了早期的三部小说的创作,分别是《诺桑觉寺》《理智与情感》以及《最初的印象》。写完之后,她将手稿拿给父亲看,父亲觉得女儿写得还不错,便试着将手稿寄给了伦敦的一家出版商。时间一天天过去,那些稿子却石沉大海,杳无音信。

不过,奥斯汀是个积极乐观的姑娘,虽然有些失望,但是这并没有影响到她对文学的热爱与对创作的坚持。

月有阴晴圆缺,人有悲欢离合。当奥斯汀坚持着文学创作的时候,生活也在悄无声息地发生着变化。1801 年,她随着家人离开了那片安静的郊区,搬到了巴思的格林公园大楼。巴思是一座商业化气息浓厚的城市,虽然有车水马龙的繁华,但是却少了山水田园的清新幽静。1805 年 2 月,奥斯汀的父亲与世长辞,这给了奥斯汀沉重一击。几个月后,她与母亲和姐姐搬到了南安普敦。几年后,母女三人才在爱德华的帮助下搬到了位于汉普郡的临时居所乔顿大屋附近。

经历了那些年不安定的生活,奥斯汀的文笔愈发成熟起来。在物质上,她的生活条件与家境状况一直在走下坡路,捉襟见肘的日子,让她切身体会到了金钱的重要性,更懂得了贫穷的含义。但是在精神上,她的思想觉悟与精神境界却升华不止,那些艰难的岁月成就了她的生花妙笔,通过现实的打磨,令她的艺术气质愈发成熟。

长大后的奥斯汀出落得亭亭玉立,如同一朵袅娜的兰花,在她才华的光芒之下愈发明媚动人。她身材苗条,一双明亮的眼睛里有着浅褐色的瞳仁,棕色的头发在脸颊旁自然地形成了漂亮的小卷。她还拥有甜美的嗓音,无论是唱歌还是说话,总是甜美动听。她善于弹钢琴,喜欢在那些黑白键上奏出天籁般的旋律,跳动的音符里,沉淀着她对生活的无限热爱。

这样一位秀外慧中的女子,自然会受到人们的关注,更会受到许多爱慕者的热烈追求。在18世纪90年代后期的欧洲,社交舞会与旅行十分流行,这也成了奥斯汀生活的一部分。在各种舞会与旅行中,奥斯汀结识了许多新朋友,也包括她一生的挚爱。

那个幸运的年轻人叫作汤姆·勒弗伊。他有着英俊的外表,与漂亮的奥斯汀站在一起显得非常般配。更重要的是,他也像奥斯汀一样有着深厚的文化底蕴。

他们的恋情,简直是《傲慢与偏见》的现实版。书中的达西先生便是现实里的汤姆·勒弗伊,不过达西有钱、独立,不需要依赖他人。书中的伊丽莎白,便是现实中的奥斯汀自己,不过伊丽莎白没有家庭上的诸多羁绊,她是奥斯汀想象中的自己。于是,书中的主人公虽历经波折,但最终走到了一起,而现实中的汤姆·勒弗伊与奥斯汀,明明深爱彼此却无法结成连理,只能成为最好的朋友。

汤姆虽然很有才华,但是家里经济条件较差,没有足够的钱与奥斯汀举行婚礼。更重要的是,他的家人希望他能娶一个富贵人家的女儿。而奥斯汀的家人同样不支持他们的爱情,他们也希望奥斯汀能嫁给一个有钱人,从此过上富裕的生活。

由于双方家庭的反对,他们的爱情梦想最终被现实击碎了。汤姆按照家里的要求娶了一个富贵人家的女子,后来还成了爱尔兰高等法院的王室庭庭长。然而,奥斯汀却是他终身的至爱,直到晚年,他依然对她念念不忘,不断地和侄子诉说他多么爱简·奥斯汀。为了纪念这位心爱的女子,他为长女取了与她相同的名字——简。

对于奥斯汀来说,那段恋情是她爱的开始,也是爱的终结。因为心里住下了一个人,便再也没有其他空间去爱别人。虽然身边不乏追求者,但是奥斯汀再也没有恋爱。她在给姐姐卡桑德拉的信中这样写道:“终于,这一天还是到来了,我将与汤姆·勒弗伊告别。而当你收到这封信时,一切都已结束。一想到这些,我不禁泪流。”

爱情随风去,但是奥斯汀始终记得汤姆对自己的鼓励。他告诉她,她拥有着令人艳羡的才华,他鼓励她在写作中追求自己的梦想,永远不要放弃。虽然爱情的梦想最终破碎,但是那份铭心刻骨的温存,却给了奥斯汀永生的力量。情家不幸诗家幸,她将那种悲愤紧握手中,一点一滴汇入笔端,化作了人世间永远流传的动人故事。

她终身未嫁,将全部的情感用来写作。她也曾有嫁入豪门的机会,但是她最终拒绝了,因为她始终认为:婚姻只能因为爱情。奥斯汀始终坚守着这份执着的信念,虽然孤独了一生,但是自己的心却充实。如果她按照家人的意愿嫁给一个有钱人,或许会成为一个普普通通的贵族太太,但世界文学史上,简·奥斯汀这个名字也将不会出现。

与残酷的现实抗衡,坚守心中的信念总是要付出代价的。而奥斯汀的代价,就是反复咀嚼贫穷的痛苦,有时候甚至还要与饥饿抗争。幸好有哥哥的接济,否则她几乎不知道该怎样生存下去。

奥斯汀的母亲有着贵族的身份,她的老曾祖父是位勋爵,曾是女王伊丽莎白一世时期的伦敦市长。拥有着这样高贵的血统的母亲,如果后代们不融入高雅的上流社会,那将会被人们鄙视甚至耻笑。奥斯汀的家里只雇得起一个厨子,没有女仆为他们洗衣缝衣,姐妹俩的舞裙和袜子都是自己一针针缝制而成的。一件外衣,她们缝缝补补,往往要穿上两三年。有时候为了参加舞会,她们只能去借两件体面的舞裙。

在这些生活阅历的基础上,她创作了后期的几部小说,如《曼斯菲尔德》《爱玛》《劝导》等。在创作这些作品的时候，奥斯汀非常低调，似乎有意避人耳目。生活的残酷让这个原本纯真的姑娘看清了现实，她担心自己的作品得不到读者的认可，所以她越是写下去，越是感到焦虑。

她给自己施加了太多的压力。当心中的抑郁无法排遣时，便容易积郁成疾。奥斯汀病了，身体越来越糟糕。1817 年 3 月，离家在外的卡桑德拉忽然收到妹妹奥斯汀的来信，才惊悉妹妹病重的消息。她慌忙回家，从此一直守护在妹妹身边。

病中的奥斯汀这样写道："我唯有以泪洗面，祈求上苍保佑我的姐姐及所有家人，以报答他们的深情关切。"

1817 年 5 月 14 日，奥斯汀病情恶化，家人赶紧将她送到温彻斯特求医。然而由于当时的医疗水平有限，这位才华横溢的姑娘终究没能战胜病魔。7 月 18 日，奥斯汀安详地闭上了眼睛，结束了她短暂而丰盈的一生。

斯人已逝，而文墨永存。许多年过去了，奥斯汀的小说依然为人们所津津乐道。在 19 世纪初期，那些庸俗无聊的"伤感小说"如同发霉的稻谷般充斥着英国文坛，而奥斯汀的小说却像是从那些发霉稻谷中发出了新芽，长出了青翠的嫩叶，开出了清香绚丽的花。她将目光投放在当时尚未受到资本主义工业革命冲击的乡村中产阶级上，以一支生花妙笔，描摹了那些日常生活中的故事与美丽宁静的田园风光。她的小说为英国文坛注入了新鲜血液，如同一场飓风般吹破了当时盛行的假浪漫主义潮流。

虽然奥斯汀的小说在广度与深度上有限，但是却改变了当时小说创作中的庸俗风气，在英国小说的发展史上有着重要的承前启后的作用，也正是因此，她被誉为地位“可与莎士比亚平起平坐”的作家。

在她的著名小说《傲慢与偏见》被拍成电视剧后，“简·奥斯汀”这个名字再度席卷了整个英国。之后，她的小说被一部部搬上银幕，几乎每一部都取得了成功。而奥斯汀本人的故事，也成了许多编剧青睐的题材。

光阴浩瀚，将许多冗长的历史故事悄悄掩去。奥斯汀在有限的生命里，为人们留下了宝贵的财富，那些动人的故事，是世界文学史上永远的瑰宝。

第九章

玛丽莲·梦露：不爱我的我不爱

她是迷倒众生的性感女神,明星的荣光在她周身闪耀,使人们几乎忘记了,她也是一个平凡的女孩,有着所有平凡女孩共有的喜怒悲欢。

她的笑容里藏匿着神秘的符号,从她降临尘世的那一刻起,许多谜团便注定了永远没有答案。比如她的父亲,没有人知道她的父亲究竟是何许人,甚至连她自己都不知道。1962 年,也就是玛丽莲·梦露在世的最后一年,她在一张官方表格的“父亲”一栏中填写了“不详”一词,没有人知道那简单的文字沉淀着多少辛酸与泪水。

梦露的出生证上的父亲一栏填写的是“马丁·爱德华·莫滕森”,那是她母亲的格拉迪斯·巴克尔·梦露的第二任丈夫,一个加利福尼亚人。他们于 1924 年相识,很快便走进了婚姻的殿堂,但是第二年就离了婚。不过,他们的离婚协议直到 1928 年才得到批准,而玛丽莲·梦露出生于 1926 年,那时候她的母亲与马丁·爱德华·莫滕森在法律名义上依然是夫妻,但是梦露的生父到底是谁,却一直是个谜团。

梦露曾向记者表示,她真正的父亲曾与母亲同住一栋楼,但是在她出生的时候,父亲离开了家,再也没有回来。

“父亲”本是一个温暖的词,但是对于梦露来说,却成了锋利的剑。她在没有父爱的家庭里长大,父亲永远存在于她的幻想中。她的母亲格拉迪斯·巴克尔·梦露的家族有严重的精神病史,她的外曾祖父因精神病而上吊自杀,她的外祖父也因精神病而被关进了疯人院,她的外祖母 51 岁时便在精神病的折磨下早早离开了人间。梦露甚至记得,外祖母在被送入精神病医院之前曾企图掐死她,那样惊悚的经历造成了她心中永远无法抹去的阴影。不幸的是,梦露的母亲也遗传了家族的精神疾病,因此梦露一度担忧自己是否也会遗传这种可怕的疾病。

幼年的梦露被母亲寄养在博朗代家中,与外祖母家相距不远。虽然爱享乐的母亲没有怎么照看小梦露,但是她会定期支付女儿的生活费。每次母亲去付钱,都对小梦露冷冰冰的,她似乎从来没有表现出一个母亲的慈爱,甚至不会向她微笑,更不会亲吻她。

1933 年,梦露患上了百日咳,作为母亲的格拉迪斯终于将她接回了家。母亲的态度终于有所转变,甚至买下了更大更漂亮的房子,和女儿一起居住。然而小小的梦露还没来得及好好感受母爱的温暖,家族遗传的精神病就在格拉迪斯身上发作了。多年以后,梦露回忆起那段可怕的经历时说:"很久以后我的耳边还回响着她在楼梯上发出的恐惧的声音,她被强制带出家门——这个她曾努力为我营造的家——时的喊叫声。"

刚刚有所回归的母爱,被这突如其来的疾病再次冷却。在那以后的几年里,格拉迪斯时而正常,时而癫狂,精神病医院成了她长年累月居住的地方。1938 年,格拉迪斯试图从医院逃跑,在被人们控制住后转移到了旧金山附近的一家医院。梦露曾去那里看望母亲,但是面对女儿,母亲却什么也没说,只在梦露离开时嘟囔了一句:"你一定是个漂亮姑娘。"

在母亲被送进精神病院后,格拉迪斯的同事格蕾丝·麦基收养了梦露。格蕾丝非常喜欢这个漂亮的小姑娘,并打算精心栽培她,让她成为一名电影明星。然而好景不长,格蕾丝再婚后,她的丈夫觉得抚养别人的孩子费钱又费力,极力要求赶走梦露。

1935 年 9 月,9 岁的梦露被送进了好莱坞的孤儿之家,编号为 3463。被送走的那一天,梦露悲伤地哭诉:“求求你们,不要让我到那去,我不是孤儿,我母亲没有死,她只是生病了,住在医院里,她不能亲自照顾我,求你们不要让我住进孤儿院里。”然而,她的哀求没有任何作用,尽管格蕾丝不愿意,但是她无法扭转丈夫的心意。

在那段时间里,无边的恐惧将梦露的心吞没,在以后的一生中,被抛弃的痛楚与恐惧一直萦绕着她,她不知道这世上还有谁值得依靠和信赖,不知道谁的笑容背后,会藏着伤人的利剑。

在梦露被送进孤儿院后,格蕾丝尽可能多地去陪伴梦露,有时候还带她去看电影。

格蕾丝一直希望能把梦露培养成优秀的电影演员,这是她的心愿,也是对梦露的深切寄托。她引导着梦露向电影演员的方向发展,希望有一天可以在影院银幕上看见她的面庞。格蕾丝教她如何使用香粉、口红,教她如何把自己打扮得更漂亮。

1937 年,格蕾丝把梦露接出了孤儿院,送到自己的姨母安娜·劳尔家寄养。

那时安娜已经是个满头银发的老人,非常和蔼慈祥。虽然不是梦露最好的谈话伙伴,但却是她最亲爱的人,她叫她“安娜阿姨”,稚气的声音里终于有了丝丝温暖。后来,梦露回忆起那段时光时这样说道:“她改变了我的全部生活。她是世界上我第一个真正爱戴的人,而且她也爱我。她从未让我伤心,一次也没有过。她不会做这种事情,她是善和爱的化身。”

那时梦露在爱默生・约尼奥尔高级中学读七年级。或许是因为过早地经历了太多的人生中的苦辣酸甜,刚刚 12 岁的梦露颇为早熟,无论是性格上,还是身体上。当别的女孩身体还是扁平状态时,她的身体上就已经出现了曲线。同龄的同学常常好奇地盯着她看,课间休息时,还时常有六七个男生向她挤过来。

性感女神的魅力,已然在那个青涩的年纪里散发了青春的微光。渐渐地,一些大胆的男生开始追求她,向她表露自己的爱慕之情。虽然她的成绩一般,但是却成了许多男生心中默默爱慕的女神。

1941 年,安娜阿姨的身体日渐衰弱,格蕾丝只好再次把梦露带回家,然而仅仅在 4 个月后,她和丈夫就又决定移居美国东海岸,梦露再次面临无家可归的凄凉境地。为了让梦露有一个归宿,格蕾丝想到了一个“绝妙”的办法:让梦露结婚。

于是在格蕾丝的安排下,还未满 16 岁的梦露便结束了自己的少女时代,成了一名家庭主妇。那个幸运的男人叫爱泽尔・多尔蒂,1944 年,结婚两年多的多尔蒂应征入伍,梦露搬到了婆婆家,并在一家无线电工厂找了一份工作,负责检查降落伞和喷漆。同时她的命运正在悄无声息地转变着,仿佛一切都是上帝安排好的。一次,摄影师戴维・康纳沃应邀为《美国人》杂志拍摄一些能鼓舞战士士气的漂亮姑娘照片,正巧来到了梦露所在的工厂。尽管那时梦露穿着肥大的工作服,脸上甚至还沾着油污,但是一种天然的气质却让她看起来格外靓丽,仅仅是看了一眼,戴维就被她深深地吸引了。

在镜头前,梦露表现得落落大方,毫不扭捏,这更让戴维感到惊喜。在拍了几张她在生产线上工作的照片后,戴维又让她换上了紧身的红毛衣，继续拍了一些照片。

那些照片成了梦露最早刊登在报刊上的照片。从那以后，梦露成了一名业余模特，戴维支付她每小时 5 美元的酬劳。这笔可观的收入对梦露来说有着巨大的吸引力，要知道，她每天要在工厂工作 10 小时，一周的薪水才 20 美元。

做模特让梦露看到了事业的曙光。1945 年 8 月，她怀着美好的梦想与二十多个年龄相仿的姑娘进入了布鲁布克模特培训班。她希望能拥有属于自己的事业，用自己的力量撑起一片天空。

她有着傲人的身材与妩媚的容貌。成为专业模特后，她迅速在这个行业走红，照片频繁出现在《贵族》《先生》《窥视》等杂志上。仅仅在 1946 年的一年时间里，她就四次出现在了《欢笑》杂志的封面上。照片上的她有时穿泳装，有时穿短裤和超短背心。她毫不介意向世人展露她那性感火辣的身材，一时间，她成了无数男人痴迷的梦中情人。

不过，梦露并不是十分喜欢模特这份工作。她甚至觉得这份工作很可笑，“你必须一动不动，面露微笑，好像正在度过一段美好的时光，而实际上，你只能风餐露宿。我知道自己不该这么说，但有时候我根本笑不出来，那样傻笑让我看起来古怪又愚蠢。可是他们却觉得那样很好，我必须保持微笑，这样才能使照片上的姑娘看起来非常开心。”

对于梦露来说，做封面女郎并不是她追求的目标。她的梦想，是走上银幕，去演绎自己所喜爱的角色。

有一些梦想，只要你坚持着，就可能会有奇迹出现。1946 年，梦露的愿望终于得到了初步的实现。那一年，雷电华电影公司(RKO)

的老板霍华德·休斯受伤住院，这个赫赫有名的百万富翁平生只爱三件事：飞行、电影、漂亮姑娘。那一次受伤，也是缘于一次飞行事故。在医院中，百无聊赖的他随手翻了翻《窈笑》《欢笑》等杂志，这些杂志上的一个漂亮女模特引起了他的注意，这个姑娘，就是玛丽莲·梦露。

当时，休斯立即要求助手去邀请梦露前来试镜。助手联系上了梦露的代理人，梦露一生的命运，也由此出现了翻天覆地的变化。

试镜的过程中，梦露根据摄影师的要求自然地摆出了一系列的动作——走过来、坐下、点烟、掐掉烟、向前走、向窗外看。那一天，她穿了一件缀着小亮片的长袍，妩媚的身姿如一朵散发着淡淡香味的玫瑰，令见者无不陶醉。一周后，20 世纪福克斯制片厂的创建人达里尔·扎纳克看过了这组试拍的样片后非常满意，梦露顺利地被聘为福克斯公司的合同演员，每星期有 75 美元的酬劳。那是多少女演员梦寐以求的，要知道，20 世纪福克斯是世界上最好的电影制片厂。也是从那时候起，她开始用“玛丽莲·梦露”这个名字，而此前她的名字是诺玛·简·多尔蒂。同时，她与第一任丈夫离了婚，那些过早失去的少女时光，仿佛一夜之间又回来了。

在那段时间里，她一面当着模特，一面拼命地学习表演、唱歌和跳舞。她的目标非常明确——像格蕾丝所期待的那样成为一个有名的影星，就像她自己所说的那样：“我幻想成为一名好演员，但我有自知之明，知道自己不过是个三流角色，缺乏天分。就好像我外面穿得尊贵华丽，而里面穿的却是一件蹩脚廉价的衣服。但是上帝呀，我是多么想学习，想改变，想提高，我什么也不需要，既不要男人，也不要金钱，甚至不要爱情。我只求自己有演戏的能力。”

通往成功的路难免坎坷，每一个筑梦人，都要为实现心中的梦付出现实的代价。梦露在进入 20 世纪福克斯电影制片厂后，制片厂安排梦露前往演员实验戏剧学校学习。当你非常在意一件事的时候，便会不自觉地变得紧张，或许是因为太在意，梦露虽然非常认真，但她的表演总让人觉得不自然。加之她太年轻，校长觉得她不会有发展前途。因此在合同期满一年后，制片厂决定解雇她。

这对于刚刚燃起梦想火焰的梦露来说是一个巨大的打击。不过，她并没有灰心，她相信自己一定能实现自己心中的梦，无论有多少苦难，她都会坚持走下去。她一面做模特赚学费，一面继续在演员实验戏剧学校里学习，努力把自己变得更优秀，更引人注目。1948 年的春天，她与哥伦比亚制片厂签订了为期六个月的短暂合同，并于当年的 10 月为公司拍摄了歌舞剧《歌舞团的女人们》。在剧中，她饰演一个出身贫寒的女孩，从一贫如洗逐渐成为大明星。这样一个角色，仿佛也是对她自身命运的某种暗示。在以后的岁月里，这个角色一直鼓舞着她，让她在无数次失落与失望中有了希望。

这是梦露首次在公开演出中看到了自己的形象。影片上映的那个晚上，她穿了一件大外套，戴了一副墨镜去到影院，没有人认出这个姑娘就是银幕上的那个女孩。虽然这部影片质量并不高，但是梦露通过这部影片首次得到了外界的认可。当时，《电影先驱》杂志对梦露进行了这样的评价："该片引人注目的是漂亮的梦露小姐，她楚楚动人，歌声优美动听，看起来她的前途无量。"

与哥伦比亚制片厂的合同到期后，梦露又成了失业人员，每天为工作而奔波着。她做过魔术师的助手，当过挂历上的裸体模特。当多年以后梦露的灿烂笑容传遍了整个世界的时候，没有人知道这个性感女郎曾经历了多少不为人知的心酸。

有一天,梦露听说马克斯兄弟公司正在拍摄《爱之欢乐》,片中需要一个步态性感的女郎饰演一个无声的角色,她决定去碰碰运气。

她的自身条件刚好符合制片方的要求,便非常顺利地拿下了这个角色。不仅如此,影片导演格劳乔·马克斯还对她刮目相看,为了加大影响,他们把梦露描述成好莱坞经历独特的"孤儿",并带着她到全国各地进行宣传。也就是在那个时候,梦露第一次去到了纽约。

繁华的大城市令她大开眼界,也更加坚定了她心中追求的目标。从纽约回到洛杉矶后,梦露遇见了生命里的另一个贵人——约翰尼·海德。

那时候海德已经 53 岁,身高 1.62 米。这样一个其貌不扬的小个子男人,却是美国当时最有影响力的代理商之一。53 岁的他已经是个百万富翁,他善于驾驭和提拔人才,为人公正耿直,深得人们喜爱。然而遗憾的是,在梦露遇见他时,他已经被医生宣告只剩下 18 个月的生命。他患有严重的心脏病,但是这并不妨碍他精神矍铄地生活。他谈吐风趣,几乎不会有人相信那时他已病入膏肓。

梦露的美丽性感,深深地吸引了海德。虽然他们之间有着巨大的年龄鸿沟,但是爱情不会因年龄而却步。对于梦露来说,海德是她在人生低谷时邂逅的阳光,因为他,她才终于结束了那种困顿窘迫的生活。在海德的安排下,梦露进行了一次美容手术,除掉了颈上的两颗多余的小黑痣。然后又请了专业的理发师定期为她设计发型。为了避免不必要的麻烦,海德还说服梦露做了结扎手术。

海德被梦露深深地吸引着。为了能把自己的全部献给她,他甚至结束了自己苦心经营了 20 年的婚姻。海德在贝弗利山的棕榈北道购置了一幢富丽堂皇的豪宅,作为自己与甜蜜恋人的安乐窝。另外,他还不断地把梦露介绍给各界名流,并帮她拿到了《柏油丛林》中的一个角色。而这仅仅是一个开始,海德很快又帮助梦露说服了20世纪福克斯制片厂,让他们再次签约梦露。新合约中许诺:梦露每周可以获得500美元的报酬。

随后,梦露又在海德的帮助下在《罪有应得》和《家乡的故事》中饰演了两个小角色。她梦想已久的事业之门终于打开了,而海德,是她永生难忘的恩人。

然而命运似乎总是和她开着玩笑,总是在她刚刚尝到幸福滋味的时候又给她当头一棒。就在她为20世纪福克斯公司的《青春常驻》一片试装的时候,海德心脏病突发,被火速送进了医院。

1950年12月18日,海德与世长辞,梦露悲痛欲绝。据说,在海德临终的时候依然呼唤着梦露的名字,而海德的孩子们却恨透了梦露,他们痛骂她是拆散别人家庭的人。他们占领了海德为她购置的宅邸,拿走了海德为她购买的各种珠宝、华服,并要求她马上搬走自己的东西。

梦露沉浸在无限的悲痛之中,根本没有心情去面对他们的责难。尽管海德的家人一再要求她远离海德的葬礼,但她还是身着黑色丧服出现在了葬礼上。悲痛几乎让她失去了理智,她扑倒在棺材上,呼喊着海德的名字,恳求他醒过来。那一幕给人们留下了深刻的印象,有人同情她,也有人认为她愚蠢之极。无论别人的评价如何,那是她用心送他的最后一程,从此黄泉碧落,相会唯有梦中。

梦露从来没有那样伤心过,她甚至第一次想到了自杀。对于她来说,海德不仅是她的恋人,也是她的恩人。他将自己全部的爱都给了她，为了她甚至不惜与妻子离婚。无论世人怎样评价他们这段恋情，对于梦露来说，海德都是在这世界上第一个用真心待她的男人，他不求回报，只为能让她开心、幸福。与海德在一起的那段时光，是她生命里最珍视的时刻。

海德走了，但是他为她开启的事业大门依然敞开着。然而人红是非多，当梦露终于在演艺圈崭露头角，一些好事者便开始扒起了梦露的往事。在拍摄《夜阑人未静》时，梦露曾经为一个挂历拍摄的裸照忽然疯传开来。那张照片出自摄影师汤姆·凯利之手，当时穷困潦倒的梦露为了赚取 50 美元的酬金，接受了摄影师凯利的邀请。但是她万万没想到，几年过去，这张照片竟然被好事者翻了出来，并大做文章。

制片厂接到了一个男人的匿名电话，威胁他们说如果得不到 1 万美元，就要把那些裸照曝光。那时《夜阑人未静》即将公映，如果爆出裸照事件，一定会对影片造成极其恶劣的影响，甚至有可能遭到禁映。梦露拍摄过裸照的消息不胫而走，瞬间传遍了美国。制片方要求梦露对这一切都矢口否认，但是梦露却始终坐立难安。最后，她找到了好朋友弗兰克，请他帮忙想想办法。弗兰克告诉她："别无他法，只有先将事情和盘托出，再设法挽回舆论。"弗兰克是《生活》画刊的电影记者，为了帮助梦露，他策划了一期特别内容——以梦露的近照作为封面，并在报道中配了一小幅梦露的裸照，同时附上照片说明："为了糊口，她甚至当过日历裸体模特。"报道中揭露了梦露拍摄裸照时的艰难处境，那时的她食不果腹，为了生存只好以这种方式来换取收入。

这一期内容引起了极大的轰动，几乎每一家媒体都希望得到梦露的裸照。舆论上对梦露的批评明显减轻了许多,更多的是同情。

一切事物都有其双面性。裸照事件一度成为梦露的噩梦,但是也在某种程度上提高了她的知名度,一时间各大报纸的头条都在谈论梦露,她的坦白与真诚更赢得了人们的钦佩与叹服。

成名后的梦露成了20世纪福克斯的一棵摇钱树,尽管她为老板赚到了数百万美元,但是她依然拿着每周500美元的薪水。虽然后来有所增加,但是那点薪水还不及她为公司赚到的九牛一毛。

随着一部部优秀影片的面世,梦露的知名度也越来越高。她愈发渴望摆脱对20世纪福克斯制片厂的依赖,如果时间能够倒流,她绝不会和他们签下长达七年的合约。

1952年,梦露邂逅了她生命里的第二任丈夫——棒球明星迪马吉奥。然而仅仅两年,他们的婚姻就破裂了。工作上的烦恼与家庭中的烦恼一起袭来,让她一度精神崩溃。不过,她早已习惯了坚强,习惯了一个人面对所有困难。她开始为自己筹划,准备做一番属于自己的事业。

1955年1月初,她的好友米尔顿·格林在纽约举行了一次专门招待新闻界人士的鸡尾酒会。那一天,梦露穿着纯白貂皮大衣现身,并宣布自己正式组建了自己的股份有限公司,起名为“玛丽莲·梦露制片中心”(MMP),由她本人出任总裁,拥有51%的股份,米尔顿·格林出任副总裁,拥有49%的股份。

她还表示,不打算再和20世纪福克斯制片厂续签合同,她骄傲地向人们宣布:“我现在有了一个制片中心,我要成为一个女制片人。”

在格林的帮助下,梦露终于摆脱了福克斯的压榨,开始了真正属于自己的事业生涯。与此同时,梦露也收获了生命里的第三次婚姻。仿佛是一种宿命的轮回,她与阿瑟·米勒相恋的时候,米勒已经是有妇之夫,但是为了能与心爱的人在一起,米勒最终与妻子离了婚,并与梦露走进了婚姻的殿堂。1956 年 7 月,他们举行了犹太风俗的婚礼。梦露以为,她渴盼已久的幸福终于降临了,然而没想到这又是一场婚姻的噩梦。在经历过两次流产后,他们的婚姻于 1961 年走向了终结。

1960 年,梦露凭借《热情似火》获得了金球奖音乐及喜剧类最佳女演员,她在影片中的出色表演给很多人都留下了深刻的印象。两年后,她又获得了“世界最佳女演员”的殊荣。她的多部作品渐渐地享誉世界,各个国家、各个民族的人都在期待着她的新作。那些年所承受过的苦,终于成了历史,荣耀的光环在她周身笼罩着,她成了所有男人魂牵梦绕的性感偶像。

与约翰·肯尼迪的缘分始于 1954 年。在初次见面后,梦露开始和肯尼迪断断续续地约会,但是感情不温不火,两人始终保持着朋友状态。1959 年,他们的联系渐渐多了起来,梦露甚至得到了肯尼迪的私人电话号码,可以随时和他说一些悄悄话。有时候,梦露也会在心里有一些小小的幻想,希望肯尼迪能离婚,正式娶她为妻。这样一来,她就可以成为美国的第一夫人了,这可是多少女人想都不敢想的。

1962 年 5 月 19 日是肯尼迪总统的 45 岁生日,那一天,梦露不惜重金定制了一件肉色长袍,上面缀满了超大的仿制钻石,这身衣服将她玲珑有致的身材完美地凸显出来,性感中又带着妖娆,令人们迷醉不已。在麦迪逊广场公园,人们为肯尼迪总统举行了生日晚会,在晚会的最后一个环节,梦露出场了,她用最真诚最妩媚的歌声为肯尼迪唱了一首《祝你生日快乐》。那一刻,千万人为她欢呼、为她倾倒,而她却只为一个人引吭高歌。

晚会结束后,梦露与肯尼迪在一起单独待了几个小时,那也是他们最后一次约会。

1962 年 8 月 15 日,年仅 36 岁的梦露突然被发现死在了洛杉矶布莱登木寓所的卧室里。1963 年 11 月 22 日,肯尼迪总统突然遇刺身亡。直到今天,他们的死因依然是个未解之谜,有人怀疑,梦露的死亡是因为卷入了政治斗争,因为她曾写过一本日记,里面记录了大量与肯尼迪总统有关的信息,在她去世后,那本日记也不翼而飞了。也有人认为,她只是突发精神疾病,服用大量的安眠药自杀身亡。

无论真相如何,这个美丽性感的女子都给世人留下了永远的遗憾。斯人已逝,而她的音容笑貌却刻录在影片中,在人世间留下了永恒的美丽痕迹。

第十章

张爱玲：孤独是心灵的猎手

她是个传奇女子,许多年过去,她的故事依然为人们所津津乐道。她笔下的那些故事,在时间的洗刷中成了永远的绝唱,她书中人物的喜怒悲欢,仿佛隐含着世间每一个人的心事。

张爱玲,一个才华横溢又令人忍不住扼腕叹息的女子,她用自己独特的笔,书写了一场别具一格的人生。她的衣服永远是那样富有个性,有一次她去印刷厂校稿,几乎整个印刷厂的工人都停下了手中的工作,怔怔地看着这个衣着古怪的女子。然而就是这样一个古怪的女子,却成了千万人迷恋的偶像,直到今天,许多热爱写作的人依然把她当作自己的榜样,努力模仿着她的文风。

拨开岁月的烟云,让我们一起回到 1921 年的上海。那一年的 9 月 30 日,一个女婴出生在一幢别致的洋房里,小小的她看起来没有什么特别之处,但就是这样,一段传奇,从那一天起有了一个起点。

张爱玲生于名门,她的祖父张佩纶是清朝同治年间的进士,1883 年任都察院左副都御史。当年法国入侵越南,觊觎中国南疆,张佩纶连番上奏了数十篇奏疏,力主抗法。1884 年中法战争爆发,张佩纶被派往福建会办海防。然而遗憾的是,由于张佩纶贻误战机使马尾港不战而败,造成了历史上著名的"马尾战事",张佩纶也因此被革职充军。在那段时间里,张佩纶写下了《管子注》二十四卷、《庄子古义》十卷,直到 1888 年,他才期满释归,并成了李鸿章的幕僚。

张爱玲遗传了祖父身上的文化基因,一生都爱文如命。张爱玲的母亲曾接受过西方文化的熏陶,她追求时尚、喜欢漂亮,是个才貌双全的女子。

家庭在张爱玲身上留下了深刻的烙印。她曾说:“我生下来就是一个写小说的人。”或许冥冥之中,她注定将与文字结下不解之缘。她的身世、经历,仿佛是刻意要把她打造成一个作家,许多她人生中的苦辣酸甜,都化作了她笔下的大千世界。

张家是名门望族,而张爱玲又是家中长女,自然格外受到重视。她周岁生日那天,张家的老老少少、主仆妻妾都欢聚一堂,为张爱玲准备“抓周”。大家早早地准备好了东西——有笔墨,有刀剑,有金银,有华服……那时候的张爱玲是家里人的掌上明珠,她还不懂得人生的艰难困苦,也不懂得人世的复杂多变,然而命运却像是早就注定一般,小小的爱玲对那些令人眼花缭乱的东西似乎毫无兴趣,唯独对一个小金镑爱不释手。

或许在冥冥之中,小爱玲已经认定了金镑才是她生活的根本,许多华美而复杂的东西,都可以用那一枚小小的金镑来换取。

2 岁那年,张爱玲随同家人从上海搬到了天津。从烟雨迷蒙的江南,到四季分明的北方,这些幼年的经历烙印在张爱玲的心里,塑造着她的个性,也构成了她生命里的一部分。由于是家中长女,她自然会受到家人的无限宠爱,甚至有点被宠坏了。有时候,她的脾气非常古怪,即便是最亲近的人也难以捉摸。有时候她也会脾气大作,比如拼命地用手抓扯抱她的女佣,比如故意摔烂东西……

即便是这样,家里人依旧宠爱她。在天津的家里,小小的她看见了很多陈旧的家具,而在那些古色古香的房间中,也零零落落地摆放着一些西洋物品和书本。她的母亲喜爱西洋文化,因此在很小的时候,张爱玲就幸运地接触到了西洋事物,并也像母亲那样对它们产生了浓厚的兴趣。

书香如蝶,在张爱玲的成长路上一路飘散。在那些书籍中,小小的她遇见了一个大大的自己,她在那些书籍中读着属于自己的未来,汲取自己所需要的知识营养。

3岁那年,张爱玲已经能背诵唐诗,文字在她的骨血里生根发芽,那是她一生的灵魂。7岁那年,当别的孩子还在玩耍的时候,她已经能写小说,而且颇具文采。随着年龄稍长,她读起了那些大部头的书——《红楼梦》《西游记》《三国演义》等,那些书成了她的珍宝,常常看过一遍后她还觉得意犹未尽,总要再读一遍方才过瘾。

张家是名门望族,家中有不少仆人,那些仆人给张爱玲留下了深刻的印象。他们对小爱玲关怀有加,小爱玲对他们也有着一种特殊的亲切感情。她喜欢给他们取别号,每一个称呼,都有她独特的道理。

她讨厌大人们重男轻女的论调,每当听见有人说重男轻女的话,她总要极力反驳。她爱美,喜欢打扮自己,每每看见母亲换上漂亮的新衣服,总要仰头细看,大眼睛里流露出十分羡慕的神情。小小的她甚至为自己订下了一系列“宏伟”的目标——8岁要梳爱司头,10岁要穿高跟鞋,16岁可以吃粽子汤团,吃一切难以消化的东西……

8岁那年,张爱玲与家人一起搬回了上海。他们的新家是一座花园洋房,里面有很多漂亮的花木,还养了一条可爱的小狗。一些社会名流经常到张家拜访,看着大人们来来回回奔忙,小小的张爱玲在自己的世界里编织着属于自己的故事。

母亲对张爱玲有着深刻的影响。她接受过西方教育,也希望能把女儿培养成西方文化影响下的名媛淑女。她教女儿读书、绘画，教她弹钢琴、学英文，小爱玲一切都在向着名媛淑女的方向发展。那是一段美好的记忆，然而人世间的许多美好都是短暂的。

张爱玲的父母离婚了，给了她深刻影响的母亲只身去了法国。

其实，小小的张爱玲早就感觉到了父母之间的不和谐，在天津的时候，父亲甚至在外面娶了个姨太，还大张旗鼓地带回了家。虽然回到上海后父亲收敛了许多，也赶走了那位姨太，但是父母性格上的矛盾难以磨合，即便他们渴望和谐生活，却总是无法说服自己的心。张爱玲的父亲是个传统甚至固执的男人，对那些令人眼花缭乱的西洋事物毫无兴趣。母亲离开后，这个家一下子变成了传统的旧式家庭，再也没有那些鲜活的西洋文化气息。

生活形态的急剧变化，让张爱玲感到难以适应。一种极度的苦闷从她心里生长出来，她常常依窗而望，在心中勾勒着美好的未来："中学毕业后到英国去读大学，有一个时期我想学卡通影片，尽量把中国画的作风介绍到美国去。我要比林语堂还出风头，我要穿最别致的衣服，周游世界，在上海有自己的房子，过一种干脆利落的生活。"

每一个作家，首先都是一个幻想家。爱幻想的张爱玲很小的时候就开始了写作生涯，7 岁那年，她写了一篇描述家庭伦理悲剧的小说，内容是关于一个小康之家发生的姑嫂相斗相杀的故事。不过这篇小说写到了一半，她又有了新的思路，便将这篇小说搁置，另起炉灶写了一篇历史小说。那时候她已经看过很多书，在小说的开篇就用大人的语气写道："话说隋末唐初时候……"

亲戚们对张爱玲的小说大加赞叹，纷纷竖起大拇指说道："写起

'隋唐演义'了！"

大人们的肯定是对她最好的鼓励。张爱玲喜欢那个轰轰烈烈的年代，提起笔时，仿佛自己也穿越了千年时空，回到了她笔下的历史世界。9岁那年，她开始向报社投稿，稿件里既有文章，也有画作。她第一次得到稿费是她的一副漫画刊登在了英文《大英晚报》上，得到了5元钱稿费。

大人们对她赞赏有加，建议她用那5元钱稿费买一些书本作为纪念。但是爱美的她并没有买书本，而是买了一支小号的丹琪唇膏。

对于热爱文字的人来说，笔下的世界往往是其心情与经历的写照。十几岁的时候，张爱玲因为家庭的变故心情极度压抑，写下了一篇《理想中的理想村》，将自己的美好梦想寄托其中。

那时她就读于上海圣玛利亚女校，她的国文老师汪宏声是一位颇有些国教之道的教育家。当时的教会学校普遍轻视国文，但是汪宏声先生依然重视国文训练，尤其是作文。

老师的教育对学生往往有着一生的影响。在老师的教诲下，张爱玲的写作水平大为提高。在汪宏声先生看到她的第一篇作文《看云》的时候，就发现了这个学生才华出众，并对她极力赞许。

不过，张爱玲虽有才华，但是颇为懒惰，每当老师问她作业完成情况时，她常常双手一摊，然后搪塞说："我忘了。"她是个有个性的女子，只有喜欢的事情，她才积极去做。在这段时间，她在校刊《国光》上发表了小说《牛》和历史小说《霸王别姬》，还发表了一些零零散散的书评和论文。她喜欢读张恨水的通俗小说，甚至常常为此与喜欢读张资平小说的同学展开激烈的辩论。

14岁那年，她写了一部长篇的章回体小说《摩登红楼梦》，由于受到鸳鸯蝴蝶派小说的影响，这部书有着鲜明的鸳鸯蝴蝶派特色。书的回目是父亲代拟的，每当父亲心情好时，父女俩总要先交谈一番，父亲的见识与学识，对于少年时代的张爱玲产生了较为深刻的影响，这也逐渐构成了她日后创作的基调。

1937 年，张爱玲中学毕业，母亲也从法国回来了。张爱玲心里更倾向于西洋文化，她向父亲提出了出国留学的请求。然而，这件事却像是一颗炸弹，将父女俩的关系炸成了碎片，父亲不仅不同意张爱玲的请求，还与后母一起教训起她来。

有一次，后母因为一件小事扬起手要打张爱玲，张爱玲进行了反抗，结果遭到了父亲的毒打，并被监禁在一间空房子里。

自从母亲离开这个家，张爱玲便时常嗅到一股腐朽落后的味道，她多么渴望那些鲜活的西洋气息，多么希望能像母亲那样做一个自由、时尚的女子。在那间空屋子里，她躺在冰凉的床上，望着窗外淡青色的天空与朦胧的月光，心里百转千回，许多可怕的画面开始浮现在她脑海。她渐渐觉得，这个家已经不属于她了，她的人生路，也不该属于这个腐旧的地方。她决定逃离，永远地离开这里，去寻找属于自己的人生。

在一个隆冬之夜，张爱玲逃离了父亲的家。带着无限激动与对未来的向往，她找到了母亲，从此与母亲生活在一起，再也没有回过父亲的家。

母亲很支持她出国留学的计划，并让她好好读书备考。经过一番苦读，张爱玲终于考取了伦敦大学(当时伦敦大学在上海举行招生考试)。不过后来由于战争的缘故，她未能去英国，转而就读于香港大学。

一种前所未有的自由，如同一阵清风向她迎面吹来。在大学校园里，她终于远离了家庭纠纷的是是非非。在这座陌生的城市里，她对所有新鲜事物都感到好奇。她的同学有很多是来自印度、马来西亚以及英国的，印度女孩莫黛成了她最好的朋友，她为莫黛取了一个中国名字：炎樱。两个女子志趣相投，常常一起看电影，一起吃冰激凌，一起参加舞会。

张爱玲曾说："一个人假如没有什么特长，最好是做得特别，可以引人注意。我认为与其做一个平庸的人过一辈子清闲生活，终其身，默默无闻，不如做一个特别的人，做点特别的事，大家都晓得有这么一个人，不管他人是好是坏，但名气总归有了。"因此，她为自己制定了一系列的学习规划，唯有这一点，是她与炎樱的不同之处。或许是过早地接触到了成年人之间的纠纷，过早地看到了世态炎凉，张爱玲颇为早熟。她甚至能揣摩每一个教授的心思，加上她的刻苦勤奋，使得她每一门功课都是第一名。有一位老师甚至说："教了十几年的书，没有给过别的学生似张爱玲这样高的分数。"

由于从小受到母亲的影响，张爱玲的英语非常棒。虽然还没有去过英国，但是她却能说一口流利而纯正的英式英语。她的英语成绩也是很好，甚至好过了中文。她的姑姑不禁赞叹说："真本事，随便什么英文书，她能拿起来就看，即使是一本物理或化学。"

张爱玲身边的很多同学都是富豪之女，对于她们，她往往冷眼相待，和她们极少有交集。因此在大多同学的印象中，她是个沉默寡言的姑娘。事实上，她只是不喜欢和志趣相异的人相处。

大三那年，香港战争爆发。战火纷飞，使许多无辜的人陷入无助与绝望之中，然而那些习惯了歌舞升平的富家子弟，对于战争几乎毫无概念。他们毫不关心战事,依然沉醉在自己的花花世界里醉生梦死。多年以后,当张爱玲回忆起那段岁月时她给出了一个精辟的比喻:“是像一个人坐在硬板上打瞌盹,虽然不舒服,而且没结没完地抱怨着,到底还是睡着了。”

众人皆醉我独醒,张爱玲并没有睡着。战火烧红了昔日的蓝天,她时刻清醒着且提醒着自己战争的恐怖。即便是在校园里,她也经常能听见炸弹爆炸声和枪击声。她常常将自己关在屋子里,在心惊肉跳中捧起书本,努力转移自己的注意力。她重读了《官场现形记》,忽然发现现实生活其实与书中的故事十分相似。她身边的一些同学耐不住寂寞,早早地结了婚,她曾目睹一对男女在空袭中却要借车子去领结婚证。看着身边的芸芸众生,张爱玲时常思考“生命到底是什么”,许多文字的灵感,便在那时如同泉水般涌现,凝结成了她笔下的动人故事。

大学期间的所见所闻为张爱玲日后的创作积累了大量的素材。1942 年,张爱玲从香港回到了上海。在返回上海的船上,她和炎樱一起想象着上海的繁华与美好。虽然此前她在那里居住过,但是那时候的她要么在家,要么在学校,几乎从未自由地深入到这个城市中,虽是家乡,却常常感到陌生。

那个年代的上海被人们称为“东方冒险家的乐园”。如今,已经长大成人的张爱玲终于有能力自由地生活在这座城市了,她迫不及待地想要拥抱这座城市,开启属于自己的自由人生。

刚刚回到上海的时候,张爱玲与姑姑一起住在上海静安寺路赫德路 192 号公寓的六楼。她开始为《泰晤士报》写剧评影评,为英文杂志《二十世纪》写英语文章,有时候也写一些关于中国传统文化的文章。她那高超的英文能力在此时派上了重要用场,那些流畅美丽的句子,甚至让一些以英文为母语的人都自叹弗如。文章为她换取了一定的生活费,她当时的写作不仅仅是为了爱好,更是为了生活。

她成了上海文坛一颗冉冉升起的新星。1943年的初春,张爱玲在黄岳渊先生的介绍下访问了刚在上海复刊的《紫罗兰》的主编周瘦鹃先生,并捧出了自己的两篇新作的中篇小说《沉香屑——第一炉香》和《沉香屑——第二炉香》。仅仅是看了两篇文章的名字,周瘦鹃先生就大感兴趣,读罢文章,更是连连叫好,当即决定两篇皆用。

这两篇小说刊出后,立即引起了上海文坛的轰动。张爱玲,一夜之间成了红遍上海的天才作家。在“第一炉香”中,她用唯美而古典的笔触讲述了这样一个故事:一个来自上海的漂亮女孩,善良却又充满着女性的虚荣,她在姑妈梁太太和浪荡公子——也是其心爱之人乔琪的诱惑下,为了进入外表华美实则混乱的香港社交圈而自甘堕落,从“良”至“娼”,最终毁灭。

在“第二炉香”中,张爱玲写了一个淑女因为性开化过晚而给一个英国绅士带来悲剧的传奇故事。这“两炉香”让她声名大噪,在接下来的一年中,她一发不可收拾,扶摇直上飞抵上海文坛的最顶端。她发表了小说《茉莉香片》《金锁记》《心经》《倾城之恋》《封锁》《琉璃瓦》《年青的时候》《红玫瑰与白玫瑰》等小说,每一部都成了脍炙人口的佳作,那些引人入胜的情节,那些瑰丽典雅的辞藻,为万千读者建起了一座灵魂的伊甸园。除了小说,她还发表了大量的散文、杂谈,如《到底是上海人》《洋人看京戏及其它》《更衣记》《道路以目》《必也正名乎?》《谈女人》《童言无忌》《炎樱语录》《姑姑语录》等。

她就像一颗闪耀的星,在大上海发出了令人炫目的光芒。她被人们认为是奇迹,而这份惊天动地的成功,也彻底改变了她的生活。

在她成名后,“张爱玲”成了人们热议的话题,社会各界对她予以极大肯定与赞许。《杂志》编辑部连连举办座谈会,讨论她的《传奇》有着怎样的艺术价值与魅力,并从结构、特色、氛围等多个方面对其进行了高度评价与赞美。张爱玲的社会活动也频繁起来,她经常参加女作家的座谈会,也经常受到各种艺术家欢迎会、讨论会的邀请。频繁的社会活动,让她收获了许多新友谊,一些文坛名人,渐渐走进了她的生活,与她同时期走红的苏青、潘柳黛等也成了她的好朋友。

一些报刊上,关于张爱玲的评价纷至沓来。1944 年 5 月,《杂志》上刊出了一篇《评张爱玲》的文章,署名是胡兰成。

在上海沦陷时,胡兰成曾任汪精卫伪政府的宣传部副部长,并担任着《中华日报》总主编一职。在他所写的这篇《评张爱玲》中,他高度评价了张爱玲:“张爱玲的小说和散文,也如同她的绘画,有一种古典的,同时又有一种热带的新鲜的气息,从生之虔诚的深处迸激出生之泼辣。……张爱玲是一枝新生的苗,寻求着阳光与空气,看来似乎是稚弱的,但因为没受过摧残,所以没有一点病态,在长长的严冬之后,春天的消息在萌动,这新鲜的苗带给了人间以健康与明朗的,不可摧毁的生命力。”

胡兰成的文章里,流露着对张爱玲的深深爱慕之意。与其说这是一篇评论文章,不如说是一篇爱的告白书。他对张爱玲展开了疯狂的攻势,他的幽默与才华很快赢得了张爱玲的芳心。而张爱玲却不知,这段恋爱,给她带来的痛苦要远远大过幸福。

胡兰成于 1906 年出生于浙江嵊县,21 岁时只身闯北京,并在当时的燕京大学副校长室做文书抄写工作,偶尔他也会去课堂上旁听几门功课。后来他又去过广西,在那里生活了几年后又辗转成了南京伪政府的宣传部副部长,仿佛是宿命,他与张爱玲相识了,一场令人扼腕的爱情也由此开始。

胡兰成比张爱玲大15岁,因为经历过许多人世沧桑,又颇有才华,因此总能读懂张爱玲的心思。有一次,他为张爱玲写了一首诗,字字句句都落在了张爱玲的心坎儿上,她欣然提笔,给他回复了八个字:因为懂得,所以慈悲。也是从那封信以后,他们的关系日渐亲密,两个人常常在一起畅谈文学,评古论今。

那时胡兰成在南京伪政府任职,不过每个月都要回上海住上八九天。每一次回到上海,他的第一件事不是回家,而是先去看望张爱玲。每每踏进她的房门,他总要自然地说一句:"我回来了。"

那是张爱玲最喜欢的一句话,简简单单的温暖,无需任何华美的修饰,她已足够幸福。数日不见,两个人总是有说不完的话,他们一直聊到黄昏,才依依不舍地分别。

当时的胡兰成早有家室,但是作为情场老手,他懂得怎样哄张爱玲开心,使这个涉世未深的姑娘越来越沉浸在对他的好奇与迷恋之中。不过,胡兰成的夫人却无法接受这样的事实,最终选择了与胡兰成离婚。

从此,胡兰成更加全身心地投入到对张爱玲的感情中。那时候的他,必然是深爱着张爱玲的,也渴望着能与她白头偕老,后来对她的辜负,只怕是连他自己都想不到的。

1944年,张爱玲与胡兰成签订婚约:胡兰成张爱玲签订终身,结为夫妇,愿使岁月静好,现世安稳。其中上两句是张爱玲所撰,后两句是胡兰成所写。婚礼上只有三个人——张爱玲与胡兰成,第三个人是作为他们媒证的好友炎樱。

结婚之后，他们经常在一起探讨文学艺术，一起品评诗词佳句。美景良辰，在张爱玲心中烙下了永生难忘的印痕，那份炙热的爱，让她一生难忘。

美好的爱情激发了张爱玲的想象力与创作力。有一次，胡兰成想要形容张爱玲行坐走路的姿态，但是苦思良久，总是没有合适的词句。张爱玲便代他言道："《金瓶梅》里写孟玉楼，行走时香风细细，坐下时淹然百媚。"胡兰成不禁拍手叫绝，尤其觉得"淹然"两字最妙，要张爱玲细说一番。张爱玲便娓娓道来："有人虽见怎样的好东西亦滴水不入，有人却像丝棉蘸了胭脂，即刻渗开得一塌糊涂。"

在那段时间里，张爱玲常常妙语连珠，即便是最简单的文字，经过她神奇的组合，都成了绝妙的语句。还有一次，他们谈到了好朋友苏青。张爱玲又给了一个绝妙的形容："苏青的美是一个俊字，有人说她世俗，其实她俊俏，她的世俗也好，她的脸好像喜事人家新蒸的雪白馒头上，上面点有胭脂。"

常常有人骂胡兰成是个大汉奸，然而就是这样一个人，却让一贯挑剔的张爱玲倾心不已，爱得死心塌地。1944 年，中国抗日战争节节胜利，沦陷区的上海眼看快要被收复，为汪伪政府做事的胡兰成预感到末日降临，便准备逃走。他深情款款地对张爱玲说："我必定逃得过，唯头两年里要改姓换名，将来与你虽隔了银河亦必定我得见。"张爱玲说道："那时你变姓名，可叫张牵，又或叫张招，天涯海角有我在牵你招你。"

然而那个张牵或张招却始终没有出现。胡兰成去了武汉，后来日本投降，他随之成了政府通缉的战犯。即便是在如此紧要的关头，他依然没改拈花惹草的毛病，频频与一名姓周的小护士往来，两个人关系非常暧昧。他与张爱玲之间的感情，也渐渐出现了裂痕，那些炽烈的爱渐渐蒙尘，再也无法回到昔日的甜蜜。

为了躲避政府的追捕，胡兰成改名为张嘉仪，避于温州。得知心爱人的住所后，张爱玲毅然前往温州，去看望胡兰成。然而那时胡兰成又有了新欢范秀美，两人同居于温州，而张爱玲的到来，似乎有些多余。

尽管胡兰成对张爱玲的到来颇有不快，但是他还是常常去她的住处看望她，甚至还要带上范秀美。然而张爱玲只当他们是好朋友，根本没有往别处想。她的心结，还在于胡兰成与护士小周，并要求胡兰成在她与小周之间做出抉择。

然而胡兰成既想在上海拥有张爱玲，又想在武汉拥有护士小周，更想在温州拥有范秀美，对于张爱玲的要求，他迟迟不允。张爱玲从未生气过，而这一次，却厉声责问他道："你与我结婚时，婚帖上写现世安稳，你却不给我安稳？"胡兰成敷衍着说，他与小周相见无期，又谈何抉择。张爱玲不禁悲叹："你到底是不肯。我想过，我若不得不离开你，亦不致寻短见，亦不能再爱别人，我将只是萎谢了。"

她经历过许多磨难，但是却从未感到如此绝望与伤心。在爱情的世界里，她真的就此萎谢了，然而文学的殿堂中，她却因此而开出了更绚丽的花。这场爱情毁了她，也成就了她。

后来，胡兰成与范秀美结了婚，之后他又逃亡到日本，又在日本娶了大汉奸胡世宝的遗孀余爱珍。

1945 年以后，张爱玲依然有新作面世，但是她思维上明显不如前两年那样文思泉涌。尽管她从未涉身政治，但是与大汉奸胡兰成的一段感情却使她受到了一定的牵连。感情上的挫伤，社会上的质疑，让她在文学创作巅峰期忽然跌落。在这段时间里，她的作品主要有《留情》《鸿鸾禧》《华丽缘》《多少恨》《相见欢》《浮花浪蕊》等，还用梁京为笔名在上海《亦报》上连载了长篇小说《十八春》。这些小说虽然在写作技巧上更见成熟，但是小说人物的传奇色彩明显减弱了。

1952 年，张爱玲再次来到香港，并供职于美国新闻署的香港办事机构。没多久，她为《今日世界》杂志所写的两篇长篇小说《秧歌》和《赤地之恋》问世，这是两篇思想偏激的反共作品，故事以新中国的农村为背景，描述土地改革运动后农民生活依然艰苦，还被逼给军属交钱拜年。这些故事完全是凭空捏造的，没有任何事实依据。这些脱离了现实的故事显得格外苍白，没有任何艺术生命力，也因此而成了张爱玲众多作品中少有的败笔。

张爱玲自己对这两部作品也是格外不满意的，但由于是在授权的情况下所写的，故事大纲已定，她几乎没有什么可以发挥的空间，只能按着既定的情节将故事丰满化。虽然作品不佳，但是张爱玲却因为这两部作品结识了胡适，并与其结下了深厚的友谊。或许，这也算是“失之东隅收之桑榆”吧。

1955 年的秋天，张爱玲移居美国纽约。初到美国时，她在救世军办的职业女子宿舍借居。救世军专门救济贫民的，因此投奔到那里的大多是一些穷困潦倒的流浪汉或寡居的太太。直到 1956 年 2 月，张爱玲得到了 Edward Marc Dowell Colony 的写作奖金，才搬到 Colony 所在的纽英伦州。

许是冥冥之中注定的缘分，张爱玲在那里遇见了她的第二个丈夫——赖雅(A. Fedinand Reyher)。赖雅比张爱玲大 30 岁，是美国颇有名气的剧作家。值得一提的是，赖雅先生的政治倾向恰好与胡兰成完全相反，他是个马克思主义的忠实信徒，在政治倾向上坚信马克思主义。这也正说明了张爱玲对政治毫无兴趣，她不会因为一个人的政治倾向如何而刻意亲近或疏远一个人，对她而言，只有心灵上的默契与灵魂中的共鸣才是她与人交往的准则。

1956 年 8 月，在与赖雅先生相识半年后，张爱玲与他走进了婚姻的殿堂。生活渐渐平静，她又提起笔，开始在文字的世界里勾勒新的故事。

1961 年的秋天，张爱玲来到台湾，准备搜集一些写作用的材料。然而刚到台湾没多久，一通从美国打来的长途电话便使她不得不取消计划。赖雅先生中风了，她在焦虑中赶紧回了家。

在之后的几年中，张爱玲一直无微不至地照顾着半瘫在床上的赖雅先生，直到 1967 年，赖雅先生去世。

时间如同流动的河水，转瞬即逝。1989 年上半年，年近古稀的张爱玲在外出时被一辆车撞倒，右肩骨裂。为了配合治疗，她每天坚持运动，恢复得很好。她的文章依然活跃在各大报刊上，人们常常期待着她的新作问世。每每看到文章下她的署名，人们总会有眼前一亮的感觉。

1995 年 9 月 8 日，那一天是中国传统的中秋节，一代才女张爱玲在洛杉矶西木区的公寓内孤单辞世，享年 74 岁。她就像一颗灿烂的流星，划过苍茫人世，划过文学的天空。多年过去，那颗星早已沉沉睡去，然而那份光亮，却依然闪现在人们心中，与那些绝妙的故事一起闪耀着，永不熄灭。

第十一章

三毛：荒漠盛开繁花

一场红尘痴恋，一场人世悲欢。她用最刻骨的文字诠释了人生与爱情，用最潇洒的姿态走遍了万水千山，做了许多人一世渴望却又一生都不曾尝试的事。

1945 年 3 月 26 日，三毛出生在重庆市黄桷桠。她的父亲陈嗣庆是浙江人，早年毕业于苏州东吴大学，抗战时期来到重庆。他为女儿取名“陈懋平”，希望女儿能勤勉学习，一生美好而平安。“懋”是按照家谱排的，而“平”字则寄托着父母亲最大的心愿。天下父母皆望子成龙、望女成凤，但是最期待的，还是子女能一生平安和顺。另外，“平”字还寄托了父亲的另一个心愿——和平。那时候八年的抗日战争终于走到了尾声，经历过硝烟战火，陈嗣庆希望女儿能生活在和平岁月里，永远不要再承受战乱之苦。

时间一天天过去，三毛渐渐到了学习写字的年纪。大多数人习字都是从自己的名字开始的，三毛也不例外。然而，“陈懋平”这个笔画复杂的名字却让她格外为难，每次写都觉得太过麻烦，于是她自作主张去掉了“懋”字，把名字改为“陈平”。父亲疼爱女儿，也只好顺水推舟为她改了名字，家中的其他孩子也跟着沾了光，去掉了那个难写的“懋”字。

“三毛”这个名字是她在 1974 年发表《沙漠中的饭店》时用的笔名。另外，她还有一个英文名字“Echo”。她是陈嗣庆夫妻的第二个女儿，她的姐姐叫陈田心，两个弟弟分别是陈圣、陈杰。

三毛出生半年后,日本宣布无条件投降,八年的抗日战争终于彻底结束。陈嗣庆带着家人,搬到了国民党政府的所在地南京,并在那里开起了一家律师事务所。那时的三毛还很小,记忆里只是有一些模模糊糊的印象。1949 年,他们举家迁到了台湾。

童年时代的三毛性格较为孤僻,不太喜欢和同龄的孩子玩,或者说,她对那些幼稚的游戏并不感兴趣。她喜欢安静的地方,而离家不远的一座坟场,竟成了她童年时代的乐园。她常常爬到坟头上玩泥巴,丝毫不觉得恐惧,反而越玩兴致越高。稍稍年长,她便经常带着书跑到坟场去读,在那个安静的地方酝酿文学上最初的灵感。

三毛的父母都信奉基督教,小三毛也成了一个虔诚的基督徒。有一次大人们正在吃饭,三毛不小心掉进了水缸里,当大人们闻声赶到时,三毛正大头朝下浸在水缸中,小脚丫胡乱地击打着水面。当她被家人救起时,竟像个大人一样说道:“感谢耶稣基督。”然后吐出一口水来,没有哭泣,更没有吵闹。

三毛 6 岁那年,母亲缪进兰教女心切,好说歹说让学校接收了三毛,虽然那时候她还没到入学年纪。三毛时常觉得,自己身上似乎有一种灵异天赋,这种神奇的能力多次在她的生活中出现,从小到大,不计其数。比如家里要来电话了,电话铃还没响的时候她就有感觉,于是提前守在电话旁。有一次,她和父亲去机场接一个朋友,那位客人刚从日本过来,两人一见面,非常亲切。而在一旁观看的三毛,却有了一种特殊的感觉,她悄悄地告诉父亲:这位叔叔家里刚死了人。陈嗣庆一听赶紧攥住了女儿的手,示意她不要胡说。然而客人到家后,没说几句话就潸然泪下,原来,他的儿子不幸去世了。那一刻陈嗣庆想到女儿刚说的话,不禁格外吃惊。

13岁那年，三毛忽然预言自己将来会嫁给一个西班牙人，因为她又有了特殊的心灵感应。多年以后，这个“预言”竟然真的成真了。

入学以后，三毛开始如饥似渴地读书。用她的话来说：“我成了十足的书奴。”其实在入学之前，她就已经有了一定的阅读基础，课本上的那些内容对她来说几乎毫无难度，有一次三毛甚至跑到老师那里告了课本一“状”：国文课本太浅，怎么能把小学生当傻瓜一样对待呢？

课内的东西已经不能满足三毛对知识的渴求了，各种课外读物成了她的新宠。最初，她知识爱读各种儿童读物，如《森林中的小屋》《农夫的孩子》《黄金时代》等，但是随着她阅读书目的增多，她对这些书渐渐也失去了兴趣，转而读起了大部头的书，如《三剑客》《基督山恩仇记》《简·爱》《傲慢与偏见》《呼啸山庄》《飘》《堂·吉诃德》等。这些国外名著，如同一股新鲜的血液融入了三毛的童年，尽管那时候她的年龄还小，但是书籍却大大地开阔了她的眼界，让她在书海中迅速成长起来。

过足了国外名著的瘾之后，三毛又读起了中国古典长篇小说。大量的阅读，使得她的阅读能力大大超过了同龄的孩子。五年级下学期，她读了曹雪芹的《红楼梦》，初读此书，三毛就完全被这本书吸引了。她甚至不再满足于课余时间的阅读，干脆将《红楼梦》带到了课堂上，偷偷藏在裙子下面，等老师转过去写板书的时候，她便如饥似渴地读上一段。

《红楼梦》对三毛产生了非常深刻的影响。读过这本书后，她做了这样一段总结：“当我初念到宝玉失踪，贾政泊舟在客地，当时，天下着茫茫的大雪，贾政写家书，正想到宝玉，突然见到岸边雪地上一个披猩猩大红氅、光着头、赤着脚的人向他倒身大拜下去，贾政连忙站起来要回礼，再一看，那人双手合十，面上似悲似喜，不正是宝玉吗，这时候突然来了一僧一道，挟着宝玉高歌而去——‘我所居兮，青埂之峰；我所游兮，鸿蒙太空；谁与我逝兮，吾谁与从？渺渺茫茫兮，归彼大荒！’”

“当我看完这一段时，我抬起头来，愣愣地望着前方同学的背，我待在那儿，忘了身在何处，心里的滋味，已不是流泪和感动所能形容，我痴痴地坐着、痴痴地听着，好似老师在很远的地方叫我的名字，可是我竟没有回答她。

“老师居然也没有骂我，上来摸摸我的前额，问我：‘是不是不舒服？’我默默地摇头，看着她，恍惚地对她一笑。那一刹那间，我顿然领悟，什么叫作‘境界’，我终于懂了。文学的美，终其一生，将是我追求的目标了。”

那一年三毛刚刚十一岁半，《红楼梦》在她的血液里种下了一颗文学的种子，并由此生根发芽，直到多年以后长成了中国文坛里的参天大树。

除了《红楼梦》，金庸的《射雕英雄传》和施耐庵的《水浒传》也对三毛产生了深刻影响。从小学六年级开始，三毛就成了一个不折不扣的金庸迷。金庸笔下的江湖让她迷恋不已，日久天长，她竟能对金庸笔下的每一个人物了如指掌，并能侃侃而谈。

初一那年，三毛第一次读了《水浒传》。书中人物的侠义肝胆与环环相扣的故事情节，都给她留下了深刻的印象。在三毛后来的文学创作中，《水浒传》的影子也时常出现。

除了读书，学生时代的三毛还有一个特殊的癖好——拾荒。放学的路上，她总是喜欢东张西望地搜寻着自己想要的“宝贝”。有时候她会捡到一颗漂亮的弹珠，有时候会捡到一枚大别针，有时候会捡到一颗狗的牙齿，幸运时，也会捡到一角钱……

拾荒，成了三毛最快乐的一件事。

有一次，她甚至将拾荒写进了自己的作文。每一次，她的作文都是班级里最好的，所以老师看都不用看就让她在班级里朗诵给同学们听。然而这一次，她的作文却让老师大失所望。她站起来骄傲地诵读着：

“我有一天长大了，希望做一个拾破烂的人，因为这种职业，不但可以呼吸新鲜的空气，同时又可以去小街小巷游走玩耍，一面工作，一面游戏，自由快乐得如同天上的飞鸟。更重要的是，人们常常不知不觉地将许多还可以利用的好东西当作垃圾丢掉，拾破烂的人最愉快的时刻就是将这些蒙尘的好东西再度发掘出来……”

没等三毛读完，老师就已经气得脸色发青，顺手抄起一块粉笔向她砸过去，怒骂道：“如果将来拾破烂，还要到学校读书干什么？”并要求三毛立即重写。

三毛从未遭到过老师这样严厉的呵斥，赶紧改变了自己的“人生理想”——当一名医生。老师看过这篇作文后，才满意地点点头。

尽管不被支持，但是三毛依然热衷于拾荒。那些被别人认为是垃圾的东西，在她的眼中却能释放异样的光芒。她善于发现别人所不曾发现的美好，她感到越是在平凡之处，越是能寻到不平凡的价值。有一次，她看到家中女工坐的木头墩，竟觉得那是一件精美绝伦的艺术品，于是赶紧找来一块空心砖给女工，然后小心翼翼地把木头墩搬到了自己的卧室，精心收藏起来，搞得女工满头雾水。还有一次,她看见大街上有几个壮汉正在锯树,锯完后将木料抬走了,只剩下一个硕大的树根,被孤零零地遗弃在那里。在三毛眼中,这块大树根无疑成了绝美的艺术品,她竟凭着自己瘦弱的小手,将这块沉重的树根搬回了家。

类似的事情数不胜数,在她的卧室里,那些四处捡来的东西几乎堆成了小山。

三毛将这个习惯保持了一生,多年以后,她与荷西生活在撒哈拉沙漠,两个人经常到处拾荒。三毛甚至说:"拾荒人眼底的垃圾场是一块世界上最美丽的花园。"她拾荒,倒不是因为多么贫穷,只是因为喜欢那种变废为宝的快乐。

学生时代的三毛爱书如命,也在书籍的世界里迅速地成长。在那个年代的台湾,小学校园里体罚学生是常有的事,在三毛的记忆中,她的小学墨守成规,犹如中世纪的教会。校园里的许多清规戒律约束着孩子们的童真,但越是在这种高压的环境下,三毛越是渴望冲破教条,做一些自己喜欢做的事。

10 岁那年,三毛第一次感觉到了青春的萌动。那一年的毕业班学生排练了一出话剧,名叫《牛伯伯打游击》,三毛的姐姐陈田心在剧中饰演女一号吴凤。三毛跑去礼堂看姐姐和同学们排练,刚好"剧组"缺少一个群众演员,三毛便被导演派过去扮演"匪兵乙"。

"匪兵乙"的戏份很简单:匪兵乙和匪兵甲先躲在一大片黑色布幔之后"埋伏"着,等到牛伯伯来"自投罗网",然后甲乙匪兵同时一跃而起,对牛伯伯大吼:"站住,哪里去!"

虽然只是一个小小的反面角色,三毛还是感到开心不已。和她饰演匪兵甲的是隔壁班的一个光头男生,两个人搭档排练,这让三毛心里渐渐萌生出一种悸动。

在校园里，男生与女生之间很少有机会单独接触，但是那次排戏，却让三毛体验到了前所未有的喜悦。她觉得："有一种神秘而又朦胧的喜悦充满了我的心。"即便很多年过去，三毛依然清晰记得那个男生的模样："他顶着一个凸凸凹凹的大光头，显然仔仔细细被剃头刀剃得发亮的头颅。布幔后面的他，总也有一圈淡青色的微光在顶上时隐时现。"

《牛伯伯打游击》演完了，但是三毛心中的悸动并没有随着话剧的结束而消失，反而越来越强烈。她的目光常常不由自主地掠过人群，在同学之间寻找那张熟悉的面孔。渐渐，同学们也发现了她的异样，一个寻常的日子里，几个男生起哄说她对"匪兵甲"有意思，这让三毛愤怒不已，小小的她觉得自己的爱情遭到了玷污，竟然像一头发怒的小狮子般冲过去和那些男生厮打起来。还有一次，她看到"牛伯伯"欺负"匪兵甲"，"牛伯伯"将"匪兵甲"骑在身下，抓起一把湿泥巴狠狠地拍到了"匪兵甲"的嘴巴里、鼻子上。看见心爱的人被人欺负，三毛难过极了，多年以后，她回忆起那时的心情说道："我几乎窒息过去，指甲掐在窗框上，快把木头掐出洞来了……"

那一点懵懂的少女心，让三毛越来越注重自己的外貌与衣着。她愈发爱美，有一次母亲要带着两个女儿参加同学会，特意为她们做了两条裙子。三毛知道后非常高兴，并正告母亲一定要给她做粉蓝色的。然而那时他们家并不宽裕，没有多余的钱去买布料，母亲就用家里现成的白布做了两条裙子，还精心地绣了两道紫色的荷花边。当三毛看见这条裙子后失望得大哭起来，她一面拒绝穿这条裙子，一面咒骂紫色是"死人色"。

学校的老师总是踩着高跟鞋,穿着贴身的精致旗袍,脸上永远化着最美的妆。而这些,让三毛十分向往,她渴盼着自己能快快长大,便能理所当然地打扮自己了。

她是那么渴望能快点长到 20 岁,甚至在作文里一字一句地写道:“想到二十岁是那么遥远,我猜我是活不到穿丝袜的年纪就要死了……”

对于那时的三毛来说,二十岁的确非常遥远。虽然后来她如愿以偿地长到了二十岁,但是这条漫长的成长路,却差一点就结束了她花一般的生命。

12 岁那年,三毛以优异的成绩考入了台湾最好的女子中学——台北省立第一女子中学。读了初中以后,她的数学成绩渐渐落后,在数学老师眼中,她甚至成了一个低能儿。

三毛是个要强的孩子,为了能提高数学成绩,她开始想各种办法。经过一番研究,她发现老师每次出考试题,都是从课本后面的习题里选出来的,以后每次临考,她都先把后面的习题琢磨透,然后反复背诵。她的记忆力惊人,一个晚上就能将那些题熟记于心。

接下来,三毛一连六次小考,数学都得了满分,她终于喜笑颜开,但是数学老师却是满腹狐疑。一天课间休息的时候,老师忽然叫住了三毛,把她带到了办公室,然后取出了一张早就准备好的数学卷子,限时十分钟,要求三毛当场做出来。

那是一张初三年级的卷子,对于刚刚初二的三毛来说难度很大。老师得到了想要的结果——三毛一道题也没做上,得了零分。

老师的脸上露出了得意的笑容,然后导演了一场三毛一生中最刻骨铭心的戏:她用蘸着浓墨的毛笔在三毛的眼眶四周画了两个大大的圆圈,并说道:"你爱吃鸭蛋,老师给你两个大鸭蛋。"

墨汁流进了三毛的嘴巴里,那一刻,同学们爆发出了惊天动地的笑声。而老师依然觉得不尽兴,竟然让三毛去教室外面,在大楼走廊里走上一圈再回去。几乎整个学校的学生都蜂拥而至,大家指着三毛的脸哈哈大笑,如同一群马蜂般围着三毛手舞足蹈。

那是三毛一生中遭遇过的最大侮辱。她不敢违背老师的命令,一步一步地走完了长长的走廊。回到教室后,一位好心的同学拖着她去洗了脸,然而墨汁可以洗掉,这份耻辱却成了三毛心里挥之不去的阴影。

那天晚上回家后,三毛躺在床上不停地流泪。她没有把这件事告诉家人,第二天依然像往常一样去上学。然而这件事在她的心中留下了巨大的创痛,当她再次踏入那个教室,仿佛全世界的人都在讥笑她。这种心理障碍越来越严重,第三天,三毛硬着头皮来到学校,当她在走廊里看见自己的教室时,竟一下子晕倒了。

尽管如此,三毛还是没有把这件事告诉父母。她越来越讨厌学校,甚至开始逃学。她常常一个人跑去墓地读书,喧嚣的世界,似乎也只有墓地最安静了。

纸包不住火,几个月后,学校将三毛逃学的事情通知了三毛的父亲陈嗣庆。父亲并没有责备女儿,当他知道了女儿所承受的委屈后,心里更多的是心疼。他为女儿办理了休学手续,把三毛留在家里。第二年,他试着把三毛送到另一个学校去读书,但是没几天,三毛又开始逃学。

让三毛继续上学已经不可能了,陈嗣庆夫妇决定让女儿继续休学,而这一休学,便休了七年之久。

那一场刻骨铭心的羞辱,使三毛患上了严重的自闭症。小小的她关闭了心扉,不爱说话,更不喜欢与人交流。她把自己关在卧室里,并强烈要求父亲给窗户外面加上铁栏,门上还加了锁。三毛高兴的时候才会把门窗打开,不高兴时,就统统关掉,把自己锁起来。

本该天真快乐的年纪里,三毛饱受着精神的折磨。一个深夜,她拨通了“生命线”的电话,对着冰冷的话筒呼喊道:“活不下去了,救我、救我、救我啊!”“生命线”耐心地劝她,但是三毛却觉得那些劝慰那么微弱,弱到被自己心灵的呐喊完全淹没了。

生命里的阳光,仿佛完全被黑暗吞噬了。在一个台风呼啸的深夜,三毛用刀片割破了自己左手腕的动脉,希望用肉体的死亡来换得灵魂的解脱。

当父母发现血泊中的三毛时吓坏了,赶紧将她送医抢救。幸好发现得及时,三毛在鬼门关前转了一圈,又被医生拉回了人间。

那是她第一次自杀,在以后的生命里,她还有两次自杀。第二次是在十年后,她的未婚夫猝死在她的怀里,而第二天,就是他们的结婚日。三毛在朋友家服毒自杀,所幸被抢救了过来,但是却留下了终身的胃病。第三次自杀是在台北最好的医院。她将自己缢死在卫生间里,一个人去了未知的世界,给家人与万千读者留下了巨大的痛苦与遗憾。

在三毛自闭的那段时间里,她成了亲戚朋友眼中的问题孩子。所幸,陈嗣庆夫妇对小女儿始终细致而耐心,他们不断地请心理医生开导三毛,让她从深深的自卑与恐惧中慢慢走出来。

三毛为自己取了一个英文名字——Echo。这是一个希腊神话中的女神的名字,意为“回声”。一个人说出来的话与回响在心里的话加起来是守恒的，当你说出来的话越多时，心里的话就越少，当你说出来的话越少的时候，心里的话就会积压越多。很显然，患上自闭症的三毛属于后者。她在心里编织着属于自己的小世界，在幻想中编排了无数场悲欢离合。

在那段时间里，书成了三毛最好的朋友。她疯狂地买书、读书，在书海中游走了整个世界。休学在家，学业却不能荒废，父母特意为她请了家教。除了文化课的学习，三毛还爱上了美术。为此，陈嗣庆夫妇特意为女儿请了绘画老师。在学画的那段时间里，三毛疯狂地迷恋上了毕加索。她能读懂毕加索的每一幅画作，感受画作背后的生命力与艺术气息。

文字是心灵最好的载体。在读过许多书刊后，三毛开始尝试着写作。17岁那年，她写了一篇《惑》，并在顾福生老师的帮助下发表在了《现代文学》杂志上。这篇文章的发表给了三毛巨大的鼓舞，多年以后她回忆说："我的文章，上了《现代文学》。对别人，这是一件小事，但对当年的我，却无意间种下了一生执着写作的那颗种子。"

对于三毛来说，顾福生不仅仅是她的绘画老师，更是她生命里最重要的人生导师。他将她从自闭的世界里一点点带出来，让她尝试着打开心扉，触摸温暖的阳光。三毛没有什么朋友，但是顾福生老师带着她结识了许多新朋友。他带她参加各种文化沙龙和舞会，感受外面世界的美好与快乐。渐渐地，三毛终于摆脱了自闭的噩梦，她不再害怕与人交流，也不再感到自卑。

有一次，好朋友陈秀美告诉她，台北华冈的文华学院已经开了一年，声誉还不错，她建议三毛去做一个选读生。三毛听后觉得有道理，当天便给学院校长张其昀(晓峰)写了一封求学信。在信中，她叙述了自己的失学与自学的经历,并在信尾诚恳地写道:“区区向学之志,请求成全。”

第二天,三毛就收到了张校长的回信,让她即刻到学校报到。于是,三毛顺利地成了文华学院第二届选读生。

那时候三毛已经发表了很多作品,在她去报到注册的时候,带去了很多自己发表的作品。张校长看过后很是高兴,他建议三毛选读文学或者艺术专业。不过,三毛经过深思熟虑,最终选择了哲学系。对此,三毛这样解释道:“之所以选择哲学是因为想知道人活着是为了什么。”

三毛的大学成绩属于中等偏上。她的好胜心很强,无论做什么,总是强迫自己做到最好。虽然有了更多的新朋友,但是她依然热衷于用文字来书写心情。

那一年三毛19岁,正是青春萌动的年纪。在大学校园里,她邂逅了一个名叫梁光明(笔名舒凡,现为台湾作家)的男生,并毫无防备地堕入了情网。梁光明是戏剧系二年级的学生,在读大学前曾当过兵,那时候已经出版了两本文集。他是大名鼎鼎的才子,也是众多女同学迷恋的对象。

一连好几个月,三毛都无法将目光从那个男生身上移开,她成了他的信徒,哪里有他的影子,她就飞奔到哪里。不过,陷入单恋的三毛迟迟没有找到与他搭讪的机会。

有一次,三毛刚得到一笔稿费,便在班级里请客,同学们都格外开心,一面喝着米酒,一面敲着桌子,还有人欢声高歌。正在热闹的时候,教室的门忽然开了,走进来的,竟然是才子梁光明。

那一刻三毛几乎窒息,看着心上人款款走来,她觉得,无论如何他都会和自己说句话,哪怕只是简单的一句“恭喜”。然而遗憾的是,梁光明和其他同学谈笑一番,喝了点酒就离开了,仿佛从始至终,他都没有看见三毛。

虽然失望,但是三毛相信他们之间一定是有缘分的。宴会散后,她一个人来到了操场上,竟意外地发现梁光明也在。

这一次,三毛决定主动出击,她不想让人生有遗憾,她像只蝴蝶般轻盈地飞了过去,站在梁光明的面前,四目相对,微笑无言。

三毛抬起右手,在梁光明的衬衫上拔出钢笔,然后慢慢地摊开了他的手掌,在他的掌心上写下了她家的电话号码。

因为兴奋与紧张,19 岁的三毛涨红了脸。写完最后一个数字,她交还了钢笔,然后转过身飞似的跑开了。而她的心里,却像是炸开了的蜜糖罐,满满的是甜蜜。

回到家,三毛一直守在电话旁。一整个下午,她都满怀期待地坐在那里,每一通电话响起,都会让她兴奋无比,然而一连接了好几个电话,都不是梁光明打来的。

时间一点一滴地流逝,太阳渐渐西沉。五点半,电话铃声再次响起。三毛满怀期待地接起电话,终于听见了心上人的声音。

梁光明约她晚上七点半在台北铁路车站门口相见,兴奋的三毛立即答应下来,并告诉他,她会早一点到。

美好的初恋,像一朵袅袅娜娜的鲜花在阳光下盛开。爱情,也让三毛学会了许多,成长了许多。她发现:“恋爱并不是小说中形容的空洞和不真实,许多观念的改变、生活的日渐踏实,对文学热烈的爱、对生命的尊重、未来的新信心、自我肯定、自我期许……都来自这份爱情中,由于对方高于我太多的思想而给予的潜移默化。”

然而学生时代的爱情能修成正果的并不多。随着毕业季的到来,三毛这段美好的初恋也画上了句号。为了摆脱失恋的阴影,三毛毅然离开故土,奔赴遥远的西班牙,准备在马德里大学哲学系进修两年。

西班牙的美好风光渐渐洗去了三毛的痛楚。她的人缘很好,大家也很喜欢这位黑头发黑眼睛的东方公主。在那里,她还结识了一个名叫“Jose Maria Quero”的西班牙男孩子,三毛将他的名字译作“荷西·马利安·葛罗”。

他们相识于一个圣诞夜。那一天,三毛在一位中国朋友家里过节,午夜十二点,朋友邻居们都互相庆祝干杯。这时候,荷西从楼上跑下来,向大家祝平安。

后来,三毛回忆起他们的初见时这样说道:“我第一次看见他时,触电了一般,心想,世界上怎么会有这么英俊的男孩子?如果有一天可以作为他的妻子,在虚荣心,也该是一种满足了。”

那一年荷西还不到十八岁,正在读高三。他爱上了三毛,爱得狂热而执着。然而三毛早已过了因美男子就满足爱情的年龄了,在短暂的“触电”后,就将这件事抛诸脑后了。

然而荷西却是认真的。他开始热情地邀约三毛,请她看电影,约她吃饭。他甚至认认真真地向三毛求婚,向她描述自己的心愿——拥有一幢小小的公寓,他在外面赚钱,让三毛在家里做饭给他吃。

荷西认真地告诉三毛,求她再等他六年,因为他要读四年大学,还要服两年兵役,等六年过去,他就娶她。

然而毕竟荷西还是个学生,三毛不想影响他的学习,经过一番慎重思考,她决定与荷西分开。她告诉他:“荷西,你才十八岁,我比你大得多,希望你不要再做这个梦了,从今天起,不要再来找我……因为六年的时间实在太长了,我不知道我会去哪里,我不会等你六年。你要听我的话,不可以来缠我……”

在三毛的坚持下,荷西只好与她分开。然而这颗爱情的种子,却早已在他心中萌芽生根,这一生的执着,已经无法从心中抹去。

与荷西分开后,三毛谈了不少男朋友,只是每一段恋情最后都无疾而终。1971 年,三毛来到了美国芝加哥城的伊利诺斯大学,一面学习一面工作。在那里,她又开始了新的恋情,然而最终还是分道扬镳。随后,三毛回了台北,当了一名德语老师。

几度漂泊辗转,三毛终于回到了家乡。陈嗣庆夫妇对于女儿的归来非常高兴,还特意给她买了新的脚踏车。时间悄然轮转,一转眼,三毛与荷西分开已近六年。

有一天三毛赋闲在家,一个西班牙朋友忽然来访。简单的寒暄之后,朋友说道:“三毛,你还记得西班牙,有一个名叫 Jose Maria Quero 的人吗?这个人托我带了一封信来。他说,如果 Echo 已经把他忘记了,就不要给她看了。”

三毛回答说没有忘,便把信接了过来。信里夹了一张照片,照片中的荷西早已褪去了少年的幼稚,长成了一个魁梧的青年。他穿着泳裤,在海滩上抓鱼,身后是一片蔚蓝色的大海。

在信上,荷西这样写道:“过了这么多年,也许你已经忘记了西班牙文。可是我要告诉你一个秘密,在我十八岁那个下雪的晚上,你告诉我,你不再见我了,你知道那个少年伏枕流了一夜的泪,想要自杀么?这么多年来,你还记得我吗?和你约的期限是六年。”

然而,三毛只是让送信的朋友捎去谢意,当年的六年之约,她并没有应承下来,因此她觉得自己没必要守这个承诺。在三毛看来,荷西始终是一个大男孩,她从未认真考虑过要把他当成自己一生所倚靠的男人。因此,她又恋爱了,这一次是和一个德国教师。

三毛是认真恋爱的,并与德国教师订好了婚期,将结婚的一切事务准备妥当。然而就在婚礼的前一天晚上,德国教师突发心脏病,猝死在了三毛怀里。

本来是要做新娘的人,竟遭遇这种从天而降的灾难。三毛再次想到了死,她吞下了大量的安眠药,希望用死亡来得到解脱。

或许这世间还有她未完成的事,三毛再次被抢救过来。没多久,她又去了西班牙,又去了那个曾医好她心伤的地方。在马德里,她尽情地玩乐,尽情地享受着美好的人生。那些伤心事如同岁月里的沙,被马德里的风一一吹散。

再见荷西,是在三毛的朋友家。朋友神秘兮兮地带着她到了客厅,然而让她把眼睛闭上。

接下来便发生了三毛永生难忘的一幕。闭上眼睛后,她听见有脚步声向她走来,她的朋友随后说她要出去了,但是依然让她闭着眼睛。忽然,一双有力的手从她身后将她拥住,然后把她抱起来转了好几圈。

那个人,就是荷西。

三毛兴奋地尖叫,那一刻,她的心真的融化了。六年前,他在她的心里种下了爱情的种子,六年后,这颗种子终于发了芽。

三毛的梦想是在撒哈拉有一个自己的小家,荷西知道后,义无反顾地去了撒哈拉沙漠,并在那里找到了一份工作。为了心爱的人,无论做什么他都不觉得辛苦,幸福如同三月暖阳,照亮了他们彼此的心，也照亮了他们共同的路。

他们一起在撒哈拉安了家。荷西送给三毛的结婚礼物非常特别，是一块完整的骆驼头骨。为了找一块这样的头骨，荷西在烈日下的沙漠里走了很久，才终于找到这样一块。他知道三毛不爱珠宝，也不爱钱财，却唯独喜欢这些特别的东西。

三毛如获至宝，不禁慨叹："荷西不愧是我的知音！"

其实，三毛去撒哈拉几乎没有人支持，只有了解女儿的父亲表示了理解与支持，还给她寄去了一大笔生活费。不过，荷西是个很要强的人，让三毛将那笔钱存到了银行。他要用自己的力量撑起这个家，为心爱的人负责。

为了多赚一点钱，荷西拼命地加班工作。虽然辛苦，但是他们却格外幸福。幼年的三毛热爱拾荒，很多人都无法理解，但是荷西却有着同样的爱好，两个人经常去垃圾场挑拣一些能用的东西回来，洗洗涮涮就成了家里的宝贝。

生活的积淀，给三毛带来了丰富的创作灵感。虽然她人在撒哈拉，但是名气却在国内日渐高涨。她还和荷西一起翻译了西班牙的漫画书《娃娃看天下》，书籍在港台出版后，很快就成了广受欢迎的畅销书。她的文字健康、爽朗，如同一束明净的阳光，照进了人们的心里。她被称为"台北的小太阳"，而这些，也成了父母最骄傲的事。

在撒哈拉沙漠，三毛与荷西生活了三年多，直到 1975 年 10 月，由于一些政治原因，他们不得不离开了这片深爱的沙漠。他们来到了加纳利岛，住在离城二十多里的海边社区。那个社区被人们称为"小瑞典"，岛上居住的大多是来自北欧的退休老人。那里非常荒僻，有时候在那走上两个多小时，竟然连个人影都看不到。

1976 年是三毛和荷西度过的最艰难的一年。那年年初,一场车祸降临到了三毛身上,仅有的一点积蓄都付了医疗费。此后,她的健康状况越来越不好,还患上了由子宫内膜异位引起的卵巢瘤,三毛将其称为“情绪性大出血”。

离开撒哈拉后,荷西陷入了失业的困境。尽管简历投出去许多份,但都是石沉大海,杳无音信。

贫穷与饥饿,成了他们那段时间里最可怕的梦魇。三毛的身体状况越来越差,如果再这样下去,只怕会有生命危险。万般无奈之下,三毛决定暂回台湾。这对荷西来说是一个不小的打击。男人的自尊心如同毒虫般噬咬着他的心,三毛离开后,他更加拼命地找工作。几经辗转,他与一家规模很小的德国潜水公司签订了合同,于 1977 年 1 月赴尼日利亚工作。

为了多赚些钱,荷西拼命地工作,有时候加班十几个小时,仅仅三个月,就瘦了二十斤。然而他的老板却是个卑鄙自私的人,不仅扣下了他们的薪水,还扣下了他们的护照。

在台湾休养了一段时间后,三毛的身体大有好转,便回到了加纳利岛。当她得知荷西遇到这种老板后,立即飞到尼日利亚,与荷西的老板展开舌战,帮丈夫要回了几千美金的薪水。而这些,只是荷西薪酬里很少的一部分。

三毛继续写作,所得稿酬也越来越多,那些困厄的岁月,终于成了历史。1977 年底,荷西在丹娜丽芙岛上找到了一份工作,两个人开始了美好的新生活。不过,这份恬淡的美好并没有维持多久,荷西的工作又换到了拉芭玛岛。

不知道为什么,三毛对这个地方非常排斥,总是隐隐约约地有一种不祥感。当飞机降落在荒凉的机场时，三毛看见了岛上两座火蓝的大山。那两座大山仿佛压在她的心里，让她有些喘不过气来。

有一天，台湾《读书人》杂志向三毛约稿，题目是《假如你只有三个月可活，你要怎么办》。对于这种题目，三毛并不觉得奇怪。她随口将题目告诉了荷西，没想到，荷西竟认真起来，很想知道妻子在临死前打算做些什么，并反复问三毛要不要写这篇文章。

当时三毛正在揉面，准备包饺子。她被荷西追问得烦了，用沾满面糊的手摸了摸丈夫的头发说道："傻子啊！我不肯死，因为我还要给你包饺子。"说罢，就继续揉面了。

然而荷西却神经兮兮地抱住了妻子的腰，久久不肯放开。三毛急了，骂了一句"你这人怎么这么讨厌……"说到一半，猛然回头，竟发现丈夫眼中满是泪水。

1979 年的秋天，三毛的父母来欧洲旅行，并看望女儿和女婿。陈嗣庆夫妇在拉芭玛岛小住了一个月，然后打算去英国旅行，三毛陪着父母同往。临行前，荷西送他们到了机场。他们乘坐小型螺旋桨飞机，当飞机徐徐上升的时候，荷西跳过花丛，一边向高处奔跑，一边向他们拼命地挥手道别。而他们谁也想不到，这一别，竟是永诀。

9 月 30 日，荷西像往常一样潜入海底，然而这一次下去，却再也没能上来。

当天，得知消息的三毛和父母火速赶回拉芭玛岛。

两天后，荷西的尸体被打捞上来。三毛失声痛哭，呼唤着心爱的人的名字，然而荷西却再也不能拥抱她。仿佛是听见了三毛的呼唤，荷西的眼睛里竟然流出汩汩的鲜血。

从此黄泉碧落，所有的爱与希望都灰飞烟灭。

陈嗣庆夫妇取消了旅欧计划,在安葬了荷西后陪着女儿回了台湾。

万念俱灰的三毛再一次想到了死亡。一次深夜,三毛在与父母的谈话中流露出了这个念头。父亲陈嗣庆听罢,语气几乎失去了控制,大声对三毛说道:“你讲这样无情的话,便是叫父亲生活在地狱里,因为你今天既然已经说了出来,使我,这个做父亲的人,日日生活在恐惧里,不晓得哪一天,我会突然失去我的女儿。如果你敢做出这样毁灭自己生命的事情,那么你便是我的仇人,我不但今生与你为仇,我世世代代要与你为仇,因为是——你,杀死了我最最心爱的女儿……”

那一刻三毛泪如雨下。然而,自杀的念头并没有就此在她心中消失。为了帮助三毛渡过难关,著名作家琼瑶与三毛长谈了七个小时。那是在琼瑶的家里,在没有得到三毛放弃轻生的承诺之前,琼瑶说什么都不肯放三毛走。后来三毛回忆说:“自从在一夕间家破人亡之后,不想吃饭菜,只能因为母亲的哀求,喝下不情愿的流汁。那时候,在跟你僵持了七个小时之后,体力崩溃了,我只想你放我回家,我觉得你太残忍,追得我点了一个轻微的头。”

除此外,琼瑶还要求三毛回家要做的第一件事,就是亲口对母亲说一遍:“我不自杀。”三毛到家后,琼瑶的电话马上打过去,追问她和母亲说了那句话没有,直到三毛痛哭着答应,她才放下了电话。

三毛终于明白:“在这世上有三个与我个人死亡牢牢相连的生命,那便是父亲、母亲,还有荷西,如果他们其中的任何一个还在世上,活着一日,我便不可以死,连神也不能将我带走,因为我不肯,而神也明白。”

1980年,三毛回到了加纳利岛,回到了她与荷西曾经的爱巢。然而物是人非,心爱的人早已长眠地下,昔日愈是温暖的所在,而今看来,愈是满眼的荒凉。她像一只受伤的小猫,一个人舔舐着伤口,感受着心爱之人余存在那里的气息。那年6月,她飞往拉芭玛岛为荷西扫墓。虽然时隔不到一年,但是三毛惊讶地发现,荷西的墓竟然已经发生了很大的变化,“墓木已拱,十字架旧得有若朽木,你的名字,也淡得看不出是谁了”。

三毛买来笔和淡棕色的亮光漆,将荷西的墓志铭一笔一划地重新写好,然后一遍又一遍地将十字架和木栅栏刷新。对三毛来说,每一次去看望荷西,都是一次痛彻心扉的经历。对心爱的人的怀念,占据了三毛的全部心思,她的心里再也容不下别人,因此对那些追求者,她总是冷眼相待。

1981年5月,三毛接到相关政府部门代表刘先生打来的电话,邀请她回台北参加1981年度广播电视“金钟奖”的颁奖典礼。

本来三毛是一口回绝的,但是那种来自故乡的呼唤,却让她忽然萌生了对归宿的渴望。她拨通了家里的电话,本来是要与母亲商议的,但是听见母亲的声音后,竟情不自禁地说道:“妈妈,我要回家了。”

那一年三毛38岁。已经步入中年的她,渐渐懂得了乡愁,心里对亲人的牵挂也越来越浓烈。

回到台北后不久,三毛又前往中南美洲进行了为时半年多的旅行。走遍万水千山,她心中的伤口渐渐愈合,但是却留下了永生永世的伤疤。

1982年9月,三毛开始在文华学院任教。她的学生有153人,但是每次她的课，人数都超过了两百人，许多慕名而来的学生挤满了教室。讲台上的她慷慨激昂，像一个魅力四射的小太阳。然而到了夜晚，她又变成了孤零零的自己，爱情的伤口始终在隐隐作痛。

她近乎疯狂地工作，希望能用忙碌来麻痹心中的隐痛。1984 年的夏天，她的健康状况无法再支撑她狂热的教学方式，三毛只好告别讲台，开始专心写作。她全身心地投入写作之中，谢绝与人交往，不听电话和不看报纸，有时候甚至连吃饭和睡觉都可以忽略。有一次，她坐在地上的没有靠背的垫子上写了整整七天七夜，写完后倒了下去一动不动，对母亲说道："送医院。"然后又嘿嘿地笑，问母亲："今天几号？"

她成了一个名副其实的工作狂，仿佛是要榨干自己的生命，将所有的心血都转化成文字。疯狂的写作让她的身体越来越吃不消，1986 年初，她不得不暂时放下笔，飞往美国西雅图进行短暂的休养。

名气越来越大的三毛频繁地接到各种活动邀请。1985 年，她应邀出席了新加坡"国际华文文艺营"和"新加坡华文文艺金狮文学奖大会"。在这些社会活动中，三毛结识了许多新朋友，包括作家秦牧、萧乾、姚雪垠等。

时间在忙碌中飞快流逝。1991 年 1 月 2 日下午，体弱多病的三毛住进了台北荣民总医院。这一次其病情是子宫内膜肥厚，影响荷尔蒙分泌。

三毛所住的是一套带有浴室卫生间的单人病房。进行病情检查的时候，三毛说了一句古怪的话："我已经拥有异常丰富的人生。"当时人们并没有觉得怎样，直到后来三毛自杀，人们才觉察到这句话背后的含义。

三毛的病并不严重,医院安排她五天后出院。

手术很顺利,然而身体上的疾病可以治疗,心灵上的创伤却永远无法磨灭。在医院里,三毛开始出现幻觉,她看到了很多挥舞着翅膀的小天使在身边飞来飞去。

1991 年 1 月 3 日晚上十一点多,医院夜班工作人员发现三毛房间的灯还亮着。三毛告诉工作人员,她的睡眠状况很不好,希望不要在夜间打扰她。

1 月 4 日早晨七点,清洁女工郑高毓推开了 A072 号病室,像往常一样准备打扫卫生。然而当她走进卫生间的时候,眼前的一幕让她惊呆了:病人在卫生间里,已经停止了呼吸。

三毛用一段咖啡色的长丝袜,自缢于浴室里吊点滴的挂钩上。经过法医鉴定,她的死亡时间为 1 月 4 日凌晨两点左右。警方断定,三毛的死亡属于自杀。

她就这样毅然决然地走了,将所有的遗憾与悲痛都留给了世人。陈嗣庆夫妇惊闻噩耗痛不欲生,那时三毛的母亲缪进兰身患癌症已经六年,女儿去世以后,她写下了一篇《哭爱女三毛》,字字血泪。

若是有天堂,三毛该与她最爱的荷西相逢了吧。人世倥偬,她走遍了人间的万水千山,踏过了滚滚红尘,决然离开。而在人世间却留下了她永远的印记。

第十二章

阮玲玉：如何说再见

她被称为中国的奥黛丽·赫本,她的一颦一笑,都如同一朵盛放的玫瑰般娇美。1910 年 4 月 26 日,阮玲玉出生于上海。彼时,现代化的气息已经在上海滩铺陈开来,闪亮的霓虹灯如同一个个璀璨的梦,点亮了这座繁华的城市。

阮玲玉的父亲阮用荣在一家英商开办的油栈里当工人,每天用血汗换来微薄的薪酬,勉强够一家人糊口。妻子何阿英比丈夫小 14 岁,虽然相貌算不得漂亮,但是格外贤惠。夫妻俩在上海的朱家木桥祥安里租了一间小屋,虽然日子清苦些,但是一家人其乐融融,非常温馨。

阮玲玉有一个姐姐,因为长期的营养不良,身体非常瘦弱。阮玲玉的出生,给这个贫困的家庭带来了喜悦,同时也带来了新的忧愁。

重男轻女观念在中国传统思想里根深蒂固,因此当阮玲玉出生的时候,家里人还是有那么一些失落的。夫妻俩期盼着能拥有一个儿子,但是第二个孩子出生了,依然是个女儿。

阮用荣为女儿取名"阮凤根",其实,这是他早就想好的名字,他的期待中,这个孩子本应该是个男孩的。尽管是女儿,但他还是对这个小家伙抱有深切的期望,或许将来有一天,女儿也可以像男孩子一样成就一番事业呢!后来,长大后的阮凤根走入了影坛,开始用"阮玲玉"作为自己的名字,而中国的电影史,也从此载入了一个精致的名字。

夫妻俩非常疼爱这一双女儿,她们也成了阮用荣最大的精神支柱。每天下班回家,他总要将两个宝贝女儿抱在怀中,逗她们开心。

六个月大时,阮玲玉忽然发起了高烧。到了午夜时分,她的小小身体抽搐不止,还伴随着间歇性的呕吐。夫妻俩吓坏了,一整夜守着女儿,不停地向神灵祷告,希望女儿能快快好起来。

天渐渐亮了,阮玲玉的脸颊上又出现了许多暗红色的丘疹。母亲何阿英顿感不妙,担心女儿是出了天花。这是一种急性传染性疾病,不仅对患者有生命威胁,更可怕的是会在人身上、脸上留下许多疤痕,让人容貌尽毁。几乎每一个出过天花的人,一辈子都要带着一张麻子脸,对于一个女孩来说,那该是怎样的一种不幸?

或许是阮用荣夫妻俩的祷告奏了效,抑或是阮玲玉与生俱来的使命不允许她留下一张麻子脸,几天之后,她的天花竟奇迹般地自愈了,而且脸上几乎没有留下什么疤痕,只在左颊上留下了一点点印痕,不仔细看根本看不出来。

阮用荣夫妻俩终于长舒了一口气,然而还没从这场灾难的阴影中完全走出来,又一场更大的灾难降临了——他们那一直柔弱多病的长女不幸夭折了。

从此,阮玲玉成了夫妻俩唯一的孩子,他们将全部的疼爱与期许,都放在了阮玲玉身上。

幼年的阮玲玉聪明伶俐,模样也十分可爱。阮用荣夫妻俩都是广东人,在家的时候就讲家乡的粤语。因此,很小的时候阮玲玉就能讲一口纯正的粤语。

1913 年,4 岁的阮玲玉跟着家人一起搬到了浦东的亚细亚火油栈工人住宅区。那是一片低矮的棚户区,虽然环境嘈杂,但是房间比以前租住的小屋宽敞了一些,更重要的是,阮用荣不必再在上下班的路上奔波,节省了不少时间和精力。阮用荣有了更多的时间陪伴女儿,每天晚饭后,他常常带着女儿在家附近散步。阮玲玉天生一副好嗓子,唱歌非常好听,与父亲在一起的时候,她常常唱一些家乡小调给父亲听,这更是让阮用荣开心得合不拢嘴。

听着女儿的歌声,阮用荣觉得女儿很有唱歌的天赋,如果能加以调教,一定会很有发展前途。然而因家中贫困潦倒,他根本没有多余的钱让女儿学习音乐。思来想去,他唯一能做的,就是带女儿去看一场歌剧。

那是阮玲玉童年时代最美好的回忆。在剧场中,年仅 5 岁的她看得津津有味,回到家后,竟然能将那些歌舞惟妙惟肖地表演出来,父亲阮用荣不禁暗暗称奇。

遗憾的是,这种美好的生活并没有维持多久,1915 年,亚细亚火油栈的外国老板决定拆除亚细亚工人住宅,阮用荣一家人被迫搬迁。几经辗转,他们最后在北四川路武昌路同仁里住了下来,从此,阮用荣又得在家和工厂之间往返奔波了。

那一年阮用荣 44 岁,长年累月的劳累让正当壮年的他疲惫不堪。油栈里的恶劣环境,加之长期的过度劳累,使阮用荣患上了肺病。起初他还没有太注意,但是病情越来越严重,直到他再也不能工作,只能卧病在床。

他是家里的顶梁柱,这一倒下,家里断了经济来源。焦虑的心情与病情一起折磨着他,在一个风雨交加的夜里,阮用荣停止了呼吸,带着对亲人的牵挂永远地离开了人世。

仿佛是天塌了下来,阮玲玉与母亲痛哭不已。好心的邻居闻声而来,他们对这对母女非常同情,凑钱买了一口薄皮棺材,将阮用荣葬在了广肇山庄坟地。

为了养家糊口,何阿英只能去做"娘姨"(上海人对佣人的称呼)。雇娘姨的都是有钱人,他们往往吝啬又挑剔,但是为了赚取那微薄的薪酬,做娘姨的只能忍气吞声。何阿英四处托人打听,好不容易找到一个住在法租界的洋官员雇主。尽管对方提出了很多苛刻的条件,她还是答应了下来,因为那时候家里已经揭不开锅了,即便对方提出一万个要求,她也只能咬牙答应。没过多久,何阿英又去了张家,成了张府的一名女佣。

张太太有四个儿子,长子慧冲、二儿子晴浦、三儿子惠民以及小儿子达民。这四兄弟后来或多或少地都与上海影坛有些联系,尤其是张慧冲和张达民名气最盛。

阮玉玲跟随母亲一起住进了张家大院。乖巧懂事的她看见母亲做工劳累,常常帮着母亲干活。她也在心底发誓:将来一定要好好报答母亲的养育之恩,让母亲过上幸福富裕的生活。

看到聪慧孝顺的阮玉玲,张家人都喜爱不已。也是在那时候,阮玲玉结识了四少爷张达民,只是那时候天真懵懂的她,根本不会想到这个少年在多年以后会带给她怎样的灾难。

何阿英饱尝生活的苦难,她无论如何也不愿意让女儿也像她一样成为一名女佣。而对于穷人来说,改变命运的唯一方式就是读书。

阮玉玲 8 岁那年,何阿英将她送进了张府附近的一家私塾。在那个年代,穷人家的孩子很少有机会读书,能够捧起书本,这对于阮玉玲来说何其幸运。

那时候她的名字还是"阮凤根",一个女孩子却叫着男孩子的名字终究不妥，母亲便为女儿改名“阮玉英”，这个名字里包含着何阿英的“英”字，这是母亲对她寄予的厚望。

阮玲玉很有学习的天赋，又肯用功读书，因此成绩非常优异，先生教的《三字经》《千字文》，她几乎能倒背如流。为了能供女儿读书，何阿英节衣缩食，一面辛苦地做工，一面为女儿攒学费。阮玉玲 9 岁那年，何阿英将她送入了上海的西式学校崇德女校。她依然保持着优异的成绩，每天装束整洁，颇受老师和同学的赞许。

在那段时间里，她结识了两位非常要好的朋友——谭瑞珍和梁碧如。她们均出身知识分子家庭，自幼受到良好的教育，待人亲切随和。她们没有因为阮玲玉的贫穷与出身而轻视她，而是对她愈发钦佩。她们三人成了校园里的姐妹花，总是形影不离，一面在学习上相互促进，一面在生活中彼此鼓励。

1922 年的一个周末，谭瑞珍请阮玲玉和梁碧如去夏令配克看电影《海誓》。夏令配克影戏园是一家由外商经营的电影院，专门播放外国电影，对中国电影向来不屑一顾。《海誓》是上海影戏公司拍摄的长故事片，本来夏令配克是不肯放映的，但是上海影戏的老板在气愤之下包下了这家影戏院，所以才难得地能在这里看到中国电影。

三个女孩非常兴奋，手挽手去了夏令配克。

影片讲述的是一个爱情故事，由殷明珠担任女主角。电影结束后，阮玲玉和两个朋友谈论起剧情来，随后话题又转移到了女主角的饰演者殷明珠。年少的她们为中国终于有了自己的电影女演员而高兴，在那以前，一提到电影演员，人们想到的几乎都是外国人。

殷明珠的成功，让阮玲玉意识到，要想在中国当一个女演员并不是遥不可及的奢望。或许有一天，她也可以在银幕上亮相，用精彩的演绎来诠释影片的剧情。

《海誓》让阮玲玉对电影产生了最初的向往。1924年底,《孤儿救祖记》掀起了新的国产电影热潮,阮玲玉和两个好朋友自然不肯错过这个机会,再次手牵着手跨入了影院。影片中,饰演女主角的王汉伦给阮玲玉留下了深刻的印象。在那个年代,演员被人们称为"戏子",若非生活所迫,少有人会心甘情愿地踏入这个行业。然而王汉伦不同,她是下定了决心要做演员的。她美丽、倔强,在生活的压力面前选择勇敢与坚强,为了演电影,她甚至不惜与家人决裂。得知她要去拍电影,她嫂子愤怒地说:"我们家里过去都不许戏子坐高板凳,如今你去做戏子,丢尽了祖宗的脸。"哥哥要把她送回苏州祠堂接受家礼责罚,而倔强的她却说:"好！我们脱离关系就互不相干了!"因此,她不再姓彭,而是取了老虎头上的"王"字作姓,取名汉伦。

王汉伦的成功,再一次给了阮玉玲启发。如果说《海誓》在她心中种下了一颗电影的种子,那么《孤儿救祖记》则让这颗种子发了芽。

16岁那年,阮玲玉已经出落得亭亭玉立,虽然不施粉黛,却从骨子里透出一股清新脱俗的美。那时她就读初中二年级,平时住校。为了避免女儿被别人说成是"佣人的女儿",也为了避免女儿受张家人的气,何阿英不肯让女儿到张家去。每天傍晚时分,何阿英会带着张太太的孙女去虹口的昆山花园玩耍,而读了一整天书的阮玉玲也会在那个时候出来散步,母女俩正好见面。那是她们每天最期待的时光,虽然短暂,却格外温暖。

那时候四少爷张达民已经22岁,作为一个富家子弟,他见识过很多富家千金,也见识过各种红巾翠袖。阮玲玉在外读书,一连好几年,他都没有再见过那个瘦弱的小姑娘。一个偶然的机会,他看到了何阿英与阮玲玉在一起温馨散步的样子。

他几乎不敢相信,几年的时间里,当年那个黄毛丫头竟然长成了绝色美人!他从未见过那样清秀的姑娘,眼睛里有淡淡的哀愁,面颊如玉,像一朵空谷幽兰,她的一颦一笑深深地印刻在了他的脑海里,再也无法抹去。

从此,张达民经常出现在阮玲玉与母亲相约见面的昆山公园。张达民也算是情场老手,很容易就俘获了一个16岁少女的心。因此,阮玲玉很快坠入了张达民的情网,甜蜜的恋情如火如荼地展开了。

那是一段恬静美好的时光。每天,阮玲玉做完功课后与恋人一起在花园的小径漫步,浓情蜜意洒满了一路。然而,两个人的身份有着天壤之别,在现实面前,阮玲玉颇感为难。她不知道这段"主仆"恋能否有结果,不知道张家人能否接受她这个出身卑微的姑娘。

恋爱后的张达民花销渐多,张太太越发觉得蹊跷,便留心观察,终于发现了儿子的秘密。在她看来,显然是贫贱的阮玲玉在勾引她的儿子,想要攀上张家这个高枝,而何阿英自然是他们的牵线人。想到此,张太太不禁大为恼火,干脆将何阿英赶出了张家。

丢了工作,没有了生活来源,又没了住处,站在张府的大门口,何阿英不知道该何去何从。正在她为难之际,张达民追了出来,让她先住到北四川路的鸿庆坊的一所房子里,之后再从长计议。

张达民回家后与母亲协商了几次,然而毫无进展不说,还挨了好几次骂。几天后,他来到鸿庆坊告诉何阿英,目前母亲还不能接受阮玲玉作为张家的儿媳,因此要举行正式的婚礼非常困难。他希望能先与阮玲玉同居,造成婚姻的既成事实,以后再明媒正娶。

何阿英听后非常失望。天下母亲,哪个愿意让自己的女儿受委屈呢？她很想替女儿回绝张达民,但是这关系到女儿的终身幸福,思前想后,她还是决定再听听女儿的想法。

阮玲玉几乎每晚都去鸿庆坊陪伴母亲。当晚,何阿英向女儿转述了张达民的意思,本以为女儿不会答应,但是女儿的态度却令她非常惊讶:"我愿意,你告诉达民,就照他的意思办。"

何阿英没想到女儿会答应得这么干脆,赶紧说道:"这是你的终身大事,可要考虑周详了,你不必担心家用开支和你的学费,我这就找工作去。"

然而阮玲玉接下来的话更让何阿英震惊:"这两天我一直在想,这个学还是不要上了。过了年我就 17 岁了,我不能让你为了我再去做佣人,我要赚钱奉养你。"

那一刻,何阿英感动得落泪。她第一次感觉到女儿长大了,然而想到女儿才 16 岁,又不尽格外心疼。

1925 年底,阮玲玉办理了退学手续。1926 年初,她与张达民开始了同居生活,甜蜜的爱情像是春日里的花,开得温暖,开得肆意,开得绚烂。

阮玲玉迅速完成了自己的角色转换,从一个青年学生变成了一个贤惠的妻子。何阿英也不再出去做佣人,而是留在家里照顾女儿和"女婿"的生活起居。

然而,张达民的父母始终不肯承认这桩婚姻。他们认为,儿子只是一时糊涂,过了这股新鲜劲儿,就罢了。他们每月给张达民一些零花钱,这些钱对于一个富家子弟出去玩乐是绰绰有余的,但是如果要养家糊口,却是捉襟见肘。知子莫若父母,他们坚信,过一段时间,儿子一定会“醒悟”的。

果不其然，张达民在与阮玲玉同居了一段时间后，“新婚”的兴奋劲儿就慢慢褪去了。每天，他拿着父母给的零花钱流连于赌场，输了钱就找阮玲玉母女发脾气，然后一连好几天都不露面。偶尔赢了，一时高兴才想起阮玲玉，才会兴冲冲地去找她。

同居了数月后，张达民完全断绝了对阮玲玉母女的生活供给。这时候，阮玲玉才意识到自己跟了一个什么样的人，才后悔当初的草率。恋爱的时候，人们往往只看到对方身上的优点，走入婚姻的殿堂后，才发现彼此身上各种各样的缺点。阮玲玉是个善解人意的人，尽管张达民已经暴露了作为富家子弟的浪荡本性，但是她依然不愿把他想得太坏。她相信张达民是真心爱她的，这样一个在糖罐里长大的公子哥儿，偶尔发发脾气也是正常的。

如果不是一场突如其来的变故，或许张达民与阮玲玉很快就会分道扬镳。但是接下来发生的事，却将这段孽缘又维系了许久。

张达民的父亲忽然中风去世了，留下了一大笔遗产，张太太知道那些外室一定会来抢夺财产，便吩咐下人：凡是有姨太太带着孩子前来吊唁的，一概逐出。为了避免夜长梦多，她决定给老爷办完丧事就把财产分给自己的四个儿子。

作为晚辈，阮玲玉应该去灵前吊唁，但是想到自己尴尬的身份，又想到张太太的厉害，她犹豫了。张达民虽然为父亲的去世而难过，但是想到马上就能分到一大笔钱，他又忍不住窃喜。但是，他是四个兄弟里唯一一个没有成家的，他又担心母亲以此为借口扣下他的那笔钱。他希望阮玲玉和自己一同去吊唁，因为他们已经有了婚姻之实，如果阮玲玉不去，必然会给他人留下话柄。

在张达民的劝说下,阮玲玉终于决定与他同往。彼时张府已经挂满了孝帏挽幛,天井里搭好了席棚,里面摆放着许多桌椅,供客人们休息。灵堂内挂着张老爷的遗像,供桌上摆满了贡品与香烛。

看到这样的景象,阮玲玉不禁悲从中来。她忽然想起自己父亲去世时的凄凉景象,与眼前所见相比,简直是天壤之别。她随着张达民走入灵堂,准备俯身下拜。

恰在此时,一个尖利的声音在她身后响起:"你是张家什么人?谁要你来磕头?"

那句话如同一把锋利的尖刀刺进了阮玲玉的心里,也刺破了她所有的尊严。接下来,张太太又骂了很多不堪入耳的话,而本应护着她的张达民竟一声不吭。阮玲玉气恨交加,愤然离开了张府。张达民刚想追出去,但是一转眼看见母亲铁青的脸,赶紧将迈出去的脚收了回来。

即便是受了这等奇耻大辱,阮玲玉依然对张达民抱有希望。几天后,张老爷的葬礼结束,张太太开始给四个儿子分遗产。她给自己留下了一份足以养老的钱财。其余的只分给了自己的四个儿子,其他姨娘则半分钱都没有得到。

在三个哥哥已经领到遗产后,接下来该是张达民了。然而此时,张达民却听见了他最怕听见的话:"达民,你既未成家,又没立业,这笔钱我暂时不能给你。若给了你,没个正当用途,你定会很快挥霍掉的。这笔钱先由为娘的代你保管,保证一分钱也不会少了你的,但得等你正式娶亲时再给你。当然你每月的零花钱我仍会按时给的,只是钱该用在什么地方,你该仔细掂量掂量才是。"

母亲的一番话如同晴天霹雳,让张达民非常失望。但是他也预料到了母亲会如此做,因此也想好了对策。他向母亲提出,虽然自己还未成家,但是立业已经迫在眉睫。他想用这笔钱开家公司或者办个实业,以后也好有个事业做。

张达民为母亲描绘了一幅壮丽的蓝图,张太太听得连连点头。但是如果把钱全给了他,又担心他不务正业,如果不给,又担心真的会影响了儿子的事业前程。

思前想后,张太太决定先给儿子一万元,如果他真的做出了点名堂,就把其余部分也给他。

虽然没能要到全部的财产,但是一万元对于张达民来说已经是一笔不小的数目。拿到钱后,他兴冲冲地来到了鸿庆坊,将事情的经过告诉了阮玲玉。一听张达民说要办个公司,她非常高兴,以为丈夫终于要认认真真地做点事了。然而张达民的回答,却让她分外失望:“所谓办公司那不过是要钱的借口,谁还当真去办。再说这区区一万元又能办个什么气派的公司,像我这样的人总不能去开杂货铺吧,你先别管那么多了,要紧的是咱们现在总算有点钱了,可以随心所欲地过段日子了。”

那一刻阮玲玉终于明白,张达民只是一个浪荡公子,根本不值得托付终生。她必须经济独立,拥有属于自己的事业,生活才能有希望。

从此,阮玲玉开始外出求职,每当报纸上有刊登招聘信息,她总要细心浏览,寻找适合自己的工作。或许是命运的际遇,恰在此时,《新闻报》上刊登了明星影片公司公开招聘女演员的消息。他们准备拍摄新片《挂名的夫妻》,公开招聘年轻漂亮并有志于电影事业的女士来饰演女主角。

阮玲玉早就对电影产生了浓厚的兴趣。她还记得与好友看电影的场景,还记得中国女演员殷明珠与王汉伦成功的励志故事。在当时,体面人家是绝不允许自家女儿去当电影演员的,但是这并不妨碍阮玲玉这样的女学生的影星梦。

1925 年的春天,阮玲玉来到了明星公司进行面试。那时明星公司打出招聘广告好几天了,但是前来应聘的女士寥寥无几,仅有的几位又缺乏演电影的资质,因此《挂名的夫妻》的导演卜万仓正愁眉不展。

在看到阮玲玉的那一霎,卜万仓顿觉眼前一亮。在进行了简短的交谈后,他敏锐地意识到,眼前的这个姑娘只要进入影坛,一定会红遍大江南北,成为第二个殷明珠。

阮玲玉被录取了。从此,她将正式走入中国影坛,在中国的电影史上留下浓墨重彩的一笔。

与阮玲玉演对手戏的是男演员名叫黄君甫。在明星公司的多部早期作品中,他大多担任一些诙谐的小配角,这一次拍摄《挂名的夫妻》,他第一次饰演主角。他的演技、悟性都稍差,这可苦了阮玲玉,好不容易酝酿出来的情绪常常会被他破坏掉,大家只好一次次地重拍。

虽然拍摄过程比较艰难,但最终还是成功杀青了。1927 年,《挂名的夫妻》正式上映,阮玲玉第一次出现在银幕上,她那俏丽的面容与精彩的演绎,给人们留下了深刻的印象。

在从影路上,她迈出了坚实的第一步,从此,她的命运将与电影紧紧系在一起。她成了明星公司的基本演员,当她在聘用合同上签字的一刻,她的心中充满了自豪与激动。她终于能自食其力了,终于能奉养母亲了。

明星公司每个月付给她 50 元的薪水,如有拍片还另外有津贴。这在当时已经算是高薪收入了,在拿到第一个月的工资时,她将 50 元钱全部交给了母亲。那一刻何阿英感动得热泪盈眶,看着窈窕娉婷的女儿,想到这么多年来的悉心栽培,她不禁感慨万千。

《挂名的夫妻》公映之时,阮玲玉刚好迎来了自己的 18 岁生日。她带着母亲坐在电影院里观看了自己的表演,看到银幕上女儿的甜美形象,何阿英非常欣慰。当电影落幕时,她的泪水已经沾湿了衣襟,那不仅仅是因电影中的人物感动,更是为饰演女主角的人物而感动。

张达民虽然不支持阮玲玉拍电影,但是自知愧对于她,毕竟自己已经很久没有给过她钱了,因此也没有多加阻拦。其实,供养阮玲玉母女并不需要他多少钱,之所以迟迟不肯拿钱给阮玲玉,是因为他在等着阮玲玉开口向自己要。他以为,通过金钱可以牢牢地控制她,让她一辈子对自己唯命是从。然而倔强如她,却宁愿自己谋生,也不肯张口向他要钱。

那时候张达民的哥哥张慧冲已经在的电影行业里做得风生水起,当他看到阮玲玉在《挂名的夫妻》中精彩的表演后非常开心,仿佛是发现了一颗隐匿于尘世的明珠。他带着妻子徐素娥兴冲冲地来到了鸿庆坊,极力邀请阮玲玉到他的公司去拍电影。

父亲去世后,张慧冲得到了一笔十多万元的遗产,经过一番深思熟虑,他决定退出明星公司,并用这笔钱自办电影公司。能否网罗到优秀的电影演员决定着他此次创业的成败,虽然那时他与妻子徐素娥已经在影坛站稳了脚根,但是孤木不成林,光靠他们两人的力量无法撑起一个电影公司,而阮玲玉的精彩演绎,则给了他们一个天大的惊喜。

张慧冲夫妻俩对阮玲玉给予了极高的评价,这对于一个刚出道的小姑娘来说是莫大的鼓舞。不过,阮玲玉婉拒了张慧冲夫妻的好意,明星公司对她有知遇之恩,何况已经签订了合同,她不想跳槽。

这个小插曲让阮玲玉信心倍增,她愈发坚信自己可以在中国影坛开辟一片自己的天空。

在拍完《挂名的夫妻》后,阮玲玉又拍摄了《血泪碑》,影片由当时赫赫有名的导演郑正秋执导。郑正秋待人随和,许多年轻的演员都很喜欢在他执导的影片中担任角色,大家亲切地称呼他为“郑老夫子”。拍摄《血泪碑》时已是初夏,天气愈发燥热起来,但是郑正秋依然穿着丝绵薄袄,因为他自幼体弱多病,加上长久以来工作的辛劳,他的身体更加虚弱。

这位誉满天下的大导演给阮玲玉留下了深刻的印象。尽管郑正秋身体不好,但是他格外认真,无论做什么都非常仔细。在他身上,阮玲玉看到了一位知名导演的大家风范,这对她以后的事业态度也有着重要影响。

在《血泪碑》后,阮玲玉又拍了郑正秋执导的《杨小真》(《北京杨贵妃》)。在拍摄这部电影期间,还发生了一个小插曲。一天晚上,阮玲玉离开片场后像往常一样回了家。刚到门口,一阵婴儿的啼哭声便从屋中传出,她感到非常奇怪,还以为是有客人带着婴儿来家里做客。然而进屋后,她并没有看到什么客人,只有母亲何阿英抱着一个小婴儿,正轻轻地拍着哄着。阮玲玉惊奇地问母亲道:“哟!哪里来的小毛头啊?”“是我捡来的。”母亲的声音里满是慈爱。

原来,何阿英在路上看到很多人围在一起,人群中传出撕心裂肺的婴儿的啼哭声。何阿英挤到人群中,便看到了这个可怜的小家伙。有人猜测,这大概是穷人家的孩子,因为养不起才丢到路边,更何况又是个小丫头。

何阿英见孩子可怜,又想到自己只有一个女儿,便决定领养这个孩子,这样一来,自己不仅多了一个女儿,阮玲玉又多了一个妹妹。

阮玲玉很喜欢这个孩子,不过,她希望自己能做这个孩子的妈妈,而不是姐姐。经过一番商议,母亲最终同意了女儿的请求。

阮玲玉为干女儿取名"小玉",取了自己名字中的一个"玉"字。仿佛是听懂了妈妈和婆婆的话,小玉不再哭泣,睁着一双乌溜溜的大眼睛笑了起来。

这个嗷嗷待哺的小家伙激发了阮玲玉心中强烈的责任感,看着终日流连于赌场的"丈夫",她愈发坚定了心中的信念。她要用自己的力量开辟一片天地,在中国影坛站稳脚跟。

拍完《血泪碑》,阮玲玉又马不停蹄地拍了《洛阳桥》。这是一部古装神话剧,片中角色也是阮玲玉非常喜欢的。然而略有遗憾的是,尽管阮玲玉投入了全部的精力去拍戏,但是她最初拍摄的几部剧都没有大红大紫。那几年,古装剧如同雨后春笋般迅速发展,很多电影公司都推出了各种各样的古装剧,要想在这么多影片中脱颖而出,是比较困难的。尤其是在《洛阳桥》拍摄的同一时期,场面宏大、制作精良的《美人计》与《杨贵妃》也在拍摄,三部影片几乎同时上映。推出《美人计》的大中华百合影片公司与推出《杨贵妃》的上海影戏公司均投入了大量的人力、物力与财力,许多同行与影评家们都纷纷叫好。然而即便如此,这两家公司还是出现了巨额亏损,而《洛阳桥》的境遇可想而知。

面临这种严峻的形势,明星公司开始苦思良策。在影视界中,“挖角”是各家影视公司竞争的常用手段,当一个演员走红时,常常会接到许多家公司的邀请。明星公司将目光落到了当时已经红透半边天的影星胡蝶身上,1928 年的春天,胡蝶果然走进了明星公司的大门。

那一天,张石川兴奋地向大家宣布:“从今天开始,胡蝶小姐正式加盟我们明星公司。”很多人都只是从银幕上见过胡蝶,现实生活中还是第一次见到胡蝶本人。胡蝶文雅谦逊,微笑的面庞上有两个浅浅的梨涡,大家都称她为“梨涡美人”。

在阮玲玉步入影坛以前,她就听说过胡蝶的大名,也曾多次在银幕上看见她美丽的形象。彬彬有礼的胡蝶给阮玲玉留下了非常好的印象,在有了几次接触后,她们开始了第一次也是唯一的一次合作,共同拍摄《白云塔》。

影片讲的是贫女凤子、富女绿姬与青年石斌之间的三角恋故事。石斌出身富裕的矿山主家庭,他不嫌弃凤子出身低微,深深地爱上了这个美丽善良的姑娘。后来心地歹毒的绿姬爱上了石斌,便想方设法拆散他们。凤子被逼得走投无路,准备跳白云塔自尽,但是被塔中老人所救。石斌家的矿山毁于天灾,爱慕虚荣的绿姬转而爱上了风流倜傥的红叶公子,并对石斌百般奚落。石斌万念俱灰,准备跳白云塔自尽,却与红叶公子相遇。红叶公子摘下帽子,乌黑的长发瞬间垂落,原来竟是女扮男装的凤子。这一幕刚好被绿姬看见,无地自容的她跳下了白云塔,凤子与石川几经波折,有情人终成眷属。

明星公司安排胡蝶饰演正派女主角凤子,而阮玲玉则饰演风流妖娆又心地歹毒的绿姬。这对阮玲玉来说简直是一种折磨,内心纯善的她无法深入体会这个角色,常常因表演不佳而遭到斥责。

拍摄《白云塔》的最大收获,是交下了胡蝶这个朋友。阮玲玉对“绿姬”这个角色一直掌握不好,常常遭到斥责,心情也一度十分低落。胡蝶非常同情阮玲玉,每当休息时,她便坐在阮玲玉旁边与她聊天,帮助她排忧解难。两个女孩子年龄相仿,又同是广东老乡,虽然出身不同,但是在性情上有许多相似的地方,因此十分投缘。

尽管明星公司对这部影片给予了深切期望,但是在那段古装剧的低迷期,这部制作精良的影片依然没有引起多大的反响。张石川显得有些焦虑,为了能找到新颖的题材,他煞费苦心。其他影视公司也面临着同样的问题,究竟下一个引爆市场的热门题材会是什么类型的,谁都不知道,大家都只能摸索着前进。

明星公司随后又拍摄了《梅林缘》,阮玲玉饰演女主角,与她演对手戏的是朱飞。那时朱飞已经颇有名气,在公司里难免会有些自满情绪。拍摄这部影片时,公司亏损得十分严重,张石川本就脾气暴躁,加之连日来的波折更使他的脾气如同炸药,稍稍点火就会轰然爆发。而朱飞的表现更是令他气恼,只要出了什么差错,张石川就会大发雷霆,将朱飞和阮玲玉一起痛骂。

阮玲玉常常无缘无故地成了被殃及的池鱼,心里非常委屈,但是也只能忍气吞声。又有一次,朱飞在拍片时胡言乱语,心情似乎格外亢奋,一连拍废了十多条胶片,这引得张石川勃然大怒,劈头盖脸地将朱飞痛骂了一顿,最后大家不欢而散。朱飞也非常气愤,竟一怒之下去理发店剃了光头,这样一来就没法继续拍戏了,那时的化妆技术不似今天,头发剃光了是没有办法补救的,朱飞饰演的是一个英俊的公子哥角色,光头无论如何是不行的。

朱飞本来只是想反击一下,没想到这让张石川十分震怒,干脆将他开除了。本来在明星公司一片光明的前途,也终被朱飞自己断送了。

在这场风波里,阮玲玉是最无辜的。开除朱飞后,《梅林缘》也随之停拍,而阮玲玉也被公司"冷藏"起来,不再让她饰演任何影片中的角色。

明星公司在经历了几番波折后,终于推出了一部震撼上海滩乃至全国的佳作《火烧红莲寺》,饰演女主角的夏佩珍也一夜间大红大紫。然而这部影片却与阮玲玉没有任何关系,她只是一个旁观者。影片的火爆与她的落寞形成了鲜明的对比,她不知道自己这种情形还要持续多久,亦或许,她在明星公司再也没有自己的位置了。

或许是一种命中的际遇,阮玲玉无意间发现大中华百合影片公司刊在报纸上的招聘信息。该公司由"大中华"与"百合"合并而来,由吴性栽出任董事长,朱瘦菊出任总经理。明星公司推出的《火烧红莲寺》引发了影视界的武侠热,很多公司都将目光放在了武侠片上,大中华百合公司也不例外。

阮玲玉经过一番深思熟虑后,写了一封言辞恳切的应聘信,并随信附上了自己的一张半身相片。

她的信与一大堆应聘信件混在一起,被堆到了大众化百合影片公司的办公桌上。总经理朱瘦菊与助手们一一拆阅信件,希望能在众多的应聘者中发现一个或几个可树之才。当阮玲玉的那封信与照片出现在众人面前时,大家都非常惊讶,随后又转成了惊喜,但很快又变成了怀疑。

朱瘦菊早就听说过阮玲玉,“人家已经在明星公司主演了好几部影片,干得好好的,怎么会到我们这儿来,一准是有人和我们开玩笑。”朱瘦菊说完,便将阮玲玉的信和照片扔到了一边。

在外人看来,阮玲玉在明星公司似乎地位很高,但是其中的境况,只有阮玲玉自己最清楚。在给大中华百合投了应聘信后,阮玲玉一直在期待着回信,但是时间一天天过去,那封信却石沉大海,杳无音信。机会是自己主动寻找的,光靠等待自然不行,阮玲玉决定亲自走一趟。

当她跨入朱瘦菊的办公室时,朱瘦菊非常惊讶,连忙起身打招呼:“这不是阮小姐吗?哪阵风把您给吹来了?”

阮玲玉半开玩笑答道:“看来朱先生是不欢迎我喽?”

“阮小姐这说的是哪里的话,只怕我们请你来还未见得能请来呢!”朱瘦菊这才想起前些天的那封应聘信,说不定真的是阮玲玉自己寄来的!

经过一番交谈,朱瘦菊才意识到自己错了,那封信果然出自阮玲玉之手。阮玲玉的诚心应聘让他分外惊喜,这对于阮玲玉来说,既是一次结束,也是一次新的开始。

随后,阮玲玉向明星公司递交了辞呈。张石川非常爽快地答应了她,或许他早就想开除阮玲玉了,只是碍于面子没有这么做而已,她主动提出辞职,这是最好不过的。

1929年,武侠片已经席卷了整个影坛,大中华百合影片公司也跟着这股风潮拍摄了多部武侠片,阮玲玉很快成了公司的台柱。她的片酬与待遇也比在明星公司时期高了很多,曾经贫困潦倒、郁郁不得志的生活终于成了历史。不过,在大中华百合影片公司拍摄的影片并没有多大艺术价值,阮玲玉心中的艺术梦想始终没有实现。

然而,衣食无忧并不代表着生活一帆风顺,婚姻始终是阮玲玉最苦恼的问题。与张达民同居许久,但他们始终没有举办婚礼,而且在生活习惯与性格上的距离越来越大,频繁的争吵让阮玲玉对这段感情渐渐失去了信心。争吵到最激烈的时候,她甚至提出了分手。但是每每此时,张达民又做出一副要痛改前非的样子,赌咒发誓说自己绝不再赌博,只要阮玲玉愿意和他好好过日子。

那时张达民已经将母亲给他的钱挥霍殆尽,不要说供养阮玲玉母女,就连养活自己都成了问题,反而需要阮玲玉频频接济。

昔日美好的爱情,早已荒芜在现实的沙漠里。张达民无赖一般地对她死缠烂打,令她对自己当初的草率决定悔恨不已。又一次,她与张达民爆发了激烈的争吵,并要求与张达民彻底分手。然而张达民却如同无赖,威胁她说:“我现在也想明白了,好便好,你要是有神通做出,姓张的绝不让你平安。”“你不要自以为出了名的女明星,要你出丑,很容易呢!”

阮玲玉不敢想象,如果与张达民分手,他会用怎样残忍的手段来报复自己。悲痛与无助如同洪水般在她心中泛滥,她无法想象这种日子还要过多久,或许自己一辈子都无法走出这感情的樊笼。她绝望了,或许只有死亡可以结束这一切。

万分悲痛之下,阮玲玉找到一瓶安眠药,就着茶水全部吞了下去,然后静静地躺倒床上,等待死神的来临。

当她再睁开眼睛时,已经在医院里,身边围着母亲、张达民和许多闻讯赶来的亲友。那一刻她明白,她又回到了这无奈的人间,以后的岁月里,她依然要面对无穷无尽的精神折磨。众人见她醒来,纷纷欢喜不已,但是阮玲玉却悲泣不已。

或许是经受了太多的委屈,上帝也开始可怜起这个无辜的姑娘。1929 年的冬天,阮玲玉被民新影片公司“借”过来,在《故都春梦》中饰演一位骄横艳丽的风尘女子燕燕。

当时民新影片公司的老板是黎民伟,电影剧本出自罗明佑与朱石麟之手。这部影片取材于发生在北京郊区的一个小学教师身上的真实故事,由孙瑜执导。对于阮玲玉的演艺生涯来说,这是一次重要的转折,她犹如一块璞玉,而孙瑜导演恰是那技艺精湛的雕刻师。

“燕燕”是个骄横的风尘女子,其角色特点与“绿姬”有些相似,因此,阮玲玉并不喜欢这个角色,在表演时也是按照以往的表演模式进行脸谱化程式化的表演。孙瑜导演看后连连喊停,并对阮玲玉进行了耐心的讲解,帮助她分析角色,启发她对角色的心理进行体验。“程式化的表演是肤浅而有害的,演员一旦落入程式化表演的窠臼,就不能塑造出真正的艺术形象来。”孙瑜导演如是说。而这些话,是阮玲玉从未听过的,即便是著名导演张石川、郑正秋也不曾对她这样说。

孙瑜导演的话让阮玲玉受到了启发。在孙瑜的指导下拍戏,她感受到了前所未有的愉快与充实。

《故都春梦》公映后,立即引发了全国范围的轰动。这是阮玲玉演艺生涯中的一座里程碑,在孙瑜的指导下,她的演技大为进步。她渐渐懂得,作为一个好演员,不仅仅要演好那些自己喜欢的角色,更要演好那些自己不喜欢的角色。紧随《故都春梦》的成功,阮玲玉又拍摄了《野草闲花》,影片依然由孙瑜执导。自此,罗明佑与黎民伟以及大中华百合影片公司的联合已成定局,一家实力雄厚的电影公司——联华影业公司渐渐在上海滩崛起，对于阮玲玉来说，一条辉煌璀璨的星路正在被悄然铺陈。

在那个武侠片风靡的时代，以“复兴国片”为主题的《故都春梦》犹如一缕春风吹遍了大江南北，令人耳目一新。紧随其后的《野草闲花》同样以“复兴国片”为主题，在这部影片公映时，恰逢明星公司的《火烧红莲寺》推出了第十五集，其他公司也正忙着推出各种各样的武侠片。而《野草闲花》如同千万绿叶中的一朵红花，令人眼前一亮，受到了广泛的欢迎与好评。

随着两部轰动影坛的作品的诞生，罗明佑树立了在中国影坛中举足轻重的地位，阮玲玉也成了人们争相追捧的偶像。然而，有谁能想到，在这万丈荣光的背后，却深藏着无尽的烦恼。阮玲玉在事业上取得了巨大的成功，但是婚姻却如同一个泥潭，令她苦恼不堪。

嗜赌成性的张达民频繁向阮玲玉勒索，昔日美好的爱情，竟成了如今可怕的梦魇。更过分的是，在一次争吵中，张达民竟动手打了阮玲玉的母亲何阿英。对于女儿来说，这比打在自己身上还要痛苦，阮玲玉对张达民的愤怒也达到了极点。当阮玲玉的钱被他勒索殆尽时，他又打起东西的主意，要求阮玲玉当掉东西换钱给他。这个善良的姑娘面对张达民无休止的勒索毫无办法，虽然她已经成了誉满四海的明星，但依然只是一个小女人，面对张达民这个无赖，她想不出办法能逃离他。在面对记者的采访时，阮玲玉这样说道：“他竟当我的面打起我的母亲来了，你说这还成什么呢？到这时，我俩的感情就无法再弥补了。但是，他是什么都会做的。他会恐吓，他会闹，他要起赌博的本钱来，眼见我把衣饰当了凑钱给他，他也不叫一声可惜。你想，我还有什么办法呢？”

人有时候太过善良，反而会伤害自己。阮玲玉对张达民的态度始终强硬不起来，这也导致了她最后的悲剧。

1932 年，国民政府成立了“电影检查会”，直属内政部和教育部，对电影市场上的许多影片进行严格审查，并查禁了武侠神怪片，曾红极一时的《火烧红莲寺》首当其冲，被勒令禁止。一时间，那些靠武侠片来卖座的电影公司进入了严冬期，他们不得不考虑革故鼎新，寻找新的题材。当初阮玲玉曾因自己不能在武侠片中饰演角色而难过，但是她却因祸得福，在联华影业公司收获了新的辉煌。当其他公司还在为题材而苦恼的时候，联华又推出了新作《三个摩登女性》，阮玲玉饰演片中的“周淑贞”一角。

1933 年元旦前夕，《三个摩登女性》公映，立即引发了整个影坛的轰动与关注，而阮玲玉也随之红透了半边天。在“周淑贞”这个角色里，阮玲玉跳出了以前的表演套路，以一个富有个性的劳动女性的形象亮相，不仅展现了她精湛的演技，更拓宽了她日后的演艺道路。

在阮玲玉努力为事业打拼的时候，张达民依然沉湎于玩乐、赌博之中，没钱花了，就跑到阮玲玉拍戏的片场伸手要钱。那是阮玲玉最苦恼的事，有时候刚刚酝酿好的感情，被张达民这一搅全给破坏了，如果是苦戏还好，如果是高兴的戏，她便无论如何也高兴不起来了，笑容里总是藏着无限的悲伤。

恰在此时，一个事业有成的中年男子闯进了阮玲玉的世界。那是在 1932 年底联华影业公司的聚会上，一个风度翩翩的中年男人也在聚会之中，林楚楚向阮玲玉热情地介绍道：“这位是上海茶界的大亨唐季珊先生，唐先生是以往我们民新公司的故交，当然也是今天联华公司的老朋友啦！”

阮玲玉曾与唐季珊有过一面之缘,而这一次才算正式相识。唐季珊也是广东人,算是阮玲玉的老乡。他在茶叶的经营上非常成功,不仅在广东、上海等地拥有多家茶叶公司,还把生意做到了美国,在美国开设了多家分公司。他善于经营事业,而婚姻也成了他事业的一部分。为了工作上的需要,他娶了一位富商的女儿为妻。以利益为出发点的婚姻自然谈不上美满,他常年在外经商,把妻子留在老家。因此,很多人都不知道他已经结婚的事实。大约是在 1925 年,他结识了著名影后张织云,两人陷入爱河。

在爱情里,女人往往是最认真的,张织云本来在影坛里有着大好的前程,却因为与唐季珊的相遇而白白断送。过了最初的新鲜劲儿后,唐季珊抛弃了张织云,并甩给她几万块钱作为“补偿”。然而,感情的伤痕如何能用金钱弥补呢?张织云经历了怎样残忍的精神折磨,只有她自己知道了。

唐季珊结识阮玲玉后,就像猎人看见了搜寻已久的猎物般兴奋不已。他立即对阮玲玉展开了疯狂的攻势,频繁到片场来给阮玲玉送花,并邀请她去跳舞。起初阮玲玉并没有什么特别的感觉,虽然算不上多么喜欢他,但至少不讨厌。而且,唐季珊总是彬彬有礼、温文尔雅,与他相处是一件轻松愉快的事。

唐季珊比张达民大将近 10 岁,无论是在事业上,还是在为人修养上都比张达民好很多。每次张达民去片场,总是伸手向阮玲玉要钱,而唐季珊每次出现在片场,总是手捧鲜花,风度翩翩。日久天长,阮玲玉对唐季珊也有了些好感。然而单纯如她,却忽略了张织云惨遭抛弃的悲剧。唐季珊的世界里没有爱情,只有事业和女人。她不知,他的狂热追求,只是为了满足自己的贪婪的欲望。

然而，要想开始新的生活，就必须与张达民做个了断。1933 年 4 月 14 日，阮玲玉与张达民展开了艰难的“谈判”。起初，张达民坚决拒绝与阮玲玉解除关系。阮玲玉知道，他的目的无非是为了钱，因此承诺他给予他一定的生活补贴。果然，这个办法非常奏效，张达民终于同意与阮玲玉解除关系，两个人由伍澄宇作证，在一张约据上签了字：

阮玲玉张达民脱离同居关系约据

立脱离关系约据人阮玲玉张达民（以下简称甲乙）

今双方曾一度发生恋爱同居关系，现为彼此免日后争执，订立脱离关系条件如下：

（一）双方自签约后，彼此各图自立，不相干涉，所有男婚女嫁亦各任自由，并声明以前并无婚姻关系。

（二）甲因生计较乙为优，并于脱离后如乙方生计果有困难情形，甲为念旧日恋爱之情，仍需酌量津贴，但每月至多一百元为限，以二年为期，期满乙不得再有何要求。

（三）前条甲之生计若不能继续维持时，乙不得以此为要求。

（四）乙之生计如若不要甲之津贴，以友谊将实在情形商告，不得有不实之事瞎欺甲方。

（五）双方为名誉保障起见，约定对本约不为登报。

（六）乙方对甲方之津贴依照第二条，若遇困难实甚，经甲方同意，按月之给付有时超过一百元以上，则陆续给付以满足二千四百元为额。

（七）双方以前手续，自立约之日后为清楚，以后不得有何项事件之主张。本约一式二纸，各执一纸为凭。

阮玲玉张达民伍澄宇民国二十二年四月

阮玲玉以为,这场噩梦终于可以结束了,她终于能开始新的生活了。然而她却不知,张达民依然在心里盘算着如何敲诈她,而唐季珊对她的感情,也并非完全出于真心。这两个人已经在她身上设下了无形的枷锁,一场震撼国人的悲剧,正在悄悄酝酿。

"脱离"了张达民的魔爪后,阮玲玉投入了新的"爱情"。那是一段前所未有的快乐时光,她得以全身心地投入到演艺事业中去。随着《三个摩登女性》引爆影坛,她又接连拍摄了《狂流》《城市之夜》《小玩意》《人生》《香雪海》《神女》等著名影片。

阮玲玉在事业上取得了巨大的成功,片酬也极其可观,这让唐季珊觉得自己有些不够气派。为了挣回些面子,也为了让阮玲玉高兴,1934 年 5 月,他在新闸路沁园村购置了一幢带小花园的三层楼的洋房,并让阮玲玉带着母亲何阿英与女儿小玉住进来。那时的阮玲玉何其开心,然而世事难料,在不久的以后,那幢漂亮的小别墅,竟会成为一座华丽的坟墓。

就像当初对张织云的热情随着时间的流逝而渐渐消退一样,唐季珊对阮玲玉也渐渐冷淡起来。他总是忙于生意和应酬,对阮玲玉也不再体贴入微,有时候遇到不顺心的事,还要拿阮玲玉来出气。他喜新厌旧的本性,渐渐暴露无遗。

本以为是一个新的开始,没想到又是一场噩梦的轮回。巨大的绝望如同毒虫般噬咬着阮玲玉的心,她孤独、无助,却没有人能够帮助她。她只好求助于神佛,虔诚地为自己祈祷。

即便是这样,阮玲玉依然能够忍受。她已经不再奢望幸福与爱情,只想过平平静静的日子,把全部精力都投放到事业上。然而即便是这样简单的愿望,都无法实现——张达民又开始了无赖的敲诈行为,竟公然污蔑阮玲玉偷盗他家财物,还将赃物送给唐季珊。

这一次,唐季珊终于按捺不住了,毕竟这损害到了自己的名誉。他也一纸诉状告到了法院,指责张达民虚构事实,妨害名誉。1935年1月10日,上海第一特区地方法院开庭审理了这起案件,从那天起,无辜的阮玲玉便被卷到了这场诉讼纷争中,她的生活再也无法安宁,直到她香消玉殒。

这场诉讼案争持了许久,很多报纸都对其进行了报道,其中不乏对阮玲玉的诋毁之词。流言蜚语,如同飞石流弹般向阮玲玉袭来,令她痛不欲生。张达民与唐季珊都在为自己的利益而争,却没有人顾及她的感受,更没有人为她遮风挡雨。为了能赢得这场诉讼,两个男人都使出了浑身解数,甚至不惜抖出阮玲玉的隐私,令她非常难堪。更为过分的是,张达民为了能赢得诉讼,竟与报刊记者串通一气,指责唐季珊趁自己不在家时与阮玲玉通奸。为了吸引人眼球,许多报纸都用上了“通奸”“诱奸”这样的字眼,无休止的攻击与谩骂一浪接着一浪向阮玲玉袭来,这个善良得有些懦弱的姑娘被逼到了绝境。

万念俱灰中,阮玲玉又一次想到了死亡,或许,只有结束自己的生命,才能换来彻底的解脱。这混沌人间,她再也不愿留恋。

暗自做了这个决定后,她竟莫名地轻松了许多。1935年3月7日,她所参演的《国风》的内外景戏基本拍完,但是导演朱石麟对外景戏的镜头不甚满意,决定第二天去苏州补拍一部分。阮玲玉知道,自己永远不可能去苏州了,但是又不愿意让朱石麟失望,因此向朱石麟请了假。当时,朱石麟一面准了假,还一面劝慰她不要把诉讼的事看得太重,忍一忍就过去了,并与阮玲玉相约10号在苏州见。

当天晚上,阮玲玉参加了联华影业公司的聚会。席间,她像往常一样谈笑风生。从外表上看丝毫看不出什么异样。临别时，她与每一个女演员热情拥抱吻别，大家还以为是她饮酒过多，根本没当回事，谁又能想到，那是阮玲玉与同事好友们的诀别。

深夜，阮玲玉一个人回到家里，唐季珊早已睡下。母亲为她煮了碗面，让她吃完再睡。

大概是凌晨一点多，阮玲玉拿出了三瓶安眠药，就着面条一口口吞落腹中。

窗外的世界一片寂静，没有人知道，一代明星将在这一夜陨落。吃完面和药，阮玲玉铺开纸，提笔写下了遗书：

我现在一死，人们一定以为我是畏罪。其实我何罪可畏，因为我对于张达民没有一样有对他不住的地方，别的姑且勿论，就拿我和他临别脱离同居的时候，还每月给他一百元。这不是空口说的话，是有凭据和收条的。可是他恩将仇报，以冤（怨）来报德，更加以外界不明，还以为我对他不住。唉，那有什么法子想呢！想之又想，惟有一死了之罢。唉，我一死何足惜，不过，还是怕人言可畏，人言可畏罢了。

阮玲玉绝笔二十四年（1935 年）三月七日晚午夜

写完这段后，她又续写了一段：

我不死，不能明我冤，我现在死了，总可以如他心愿：你虽不杀伯仁，伯仁由你而死。张达民我看你怎样逃得过这个舆论；你现在总可以不能再诬害唐季珊，因为你已经害死了我啊。

那一刻，阮玲玉对张达民的痛恨必然是达到了极点。他毁掉了她全部的幸福，毁掉了她大好的前程，更毁掉了她如花的生命。在写完这封遗书后，阮玲玉将其装入信封，并在信封上写道“请代付各报登之，阮托”。忽然，她又想到了母亲和女儿，想到了唐季珊，于是提笔又专门写了一封给唐季珊的遗书：

季珊：我真做梦也想不到这样快，就会和你死别，但是请你不要悲哀，因为天下无不散的筵席，请你千万节哀为要。我很对你不住，令你为我受罪。现在他虽这样百倍地诬害你我，但终会有水落石出的一日。天网恢恢，疏而不漏，我看他又怎样活着呢。鸟之将死，其鸣也悲，人之将死，其言也善。我死而有灵，将永远护佑你的。我死之后，请你拿我之余资，来养活我之母亲和囡囡，如果不够的话，请你费力罢！而且刻刻提防，免她老人家步我后尘。那是我所至望你的。你如果真的爱我，那就请你千万不要负我之所望才好。好了，有缘来生再会！另有公司欠我之人工，请向之收回，用来供养阿妈和阿囡，共二千另五十元，至要至要。还有一封信，如果外界知我自杀，即登报发表，如不知请不宣为要。

阮玲玉绝笔二十四年三月七日晚午夜

阮玲玉已经服下了大量的安眠药，写完两封遗书后已经精疲力竭。看看熟睡中的唐季珊，她不禁泪眼朦胧，身体渐渐瘫软下去，有气无力地问了一句：“你真的爱我吗？”

睡得迷迷糊糊的唐季珊随口应道：“我当然真的爱你。”

“你能给我一些最后的安慰吗？”她的声音越来越微弱，这让唐季珊猛然惊醒。当他发现阮玲玉服毒后，阮玲玉已经昏睡过去。

在阮玲玉性命攸关的时候，唐季珊想到的依然是个人名誉。他决定把阮玲玉送到日本人办的福民医院去，因为那家医院可以为病人保密。他不想让别人知道阮玲玉服毒的事情，否则将会影响到自己的名誉。

抵达偏僻的福民医院，已经是凌晨三点。到了那里他们才知道，那家医院晚间是不留医生值班的，只有一名翻译兼助手在那里，见送来的是中国病人，有些爱答不理的。唐季珊又辗转把阮玲玉送到了一家德国人开的医院，这家医院同样没有好的医生和医疗设备。唐季珊又打电话请来了陈达民、陈继尧兄弟来共同诊治。那时已经是清晨五点多，距离阮玲玉服毒已经过去了近四个小时。陈氏兄弟赶到后，才开始为阮玲玉洗胃、注射解毒药物，但是毫不奏效。唐季珊又将阮玲玉送到了蒲石路的中西疗养院，但这里的医生仍然没有办法救治。

到这时，唐季珊才意识到问题的严重性。他慌忙打电话给联华公司的黎民伟，请求他速请最好的医生救治阮玲玉的性命。

那时黎民伟刚刚起床准备洗漱，在听到这个消息后震惊不已，慌乱中将瓷质的牙粉罐盖子打得粉碎。那一刻，一种隐隐的不祥感笼罩他的心头。后来，他将那个没有盖子的牙粉罐改成了花瓶，一直摆放在办公桌的案头，以表达对阮玲玉的纪念。

几经辗转，阮玲玉中毒已深，医生们均束手无策。1935 年 3 月 8 日下午 6 时 38 分，阮玲玉永远地离开了纷纷扰扰的人间，给世人留下无限的沉痛与遗憾。

阮玲玉的自杀引起了社会上极大的震动，有一些影迷甚至无法接受她的死也选择了自杀。仅在 3 月 8 日当天，上海就有 5 名少女自杀，随后还有很多影迷也相继自杀，并留下了大同小异的遗书——“阮玲玉死了，我们活着还有什么意思?”

1935 年 3 月 14 日，阮玲玉的灵柩从万国殡仪馆移往闸北的联义山庄墓地，葬礼上阮玲玉生前的许多好友都到了，将近三百人。下午

1 时 10 分，孙瑜、蔡楚生、吴永刚、黎民伟、金焰等 12 位影坛大腕将阮玲玉的灵柩抬上了灵车。当天，闻讯而来送葬的人多达 30 万人，美国《纽约时报》驻沪记者见了这样壮大的场面不禁格外惊叹，特意做了“这是世界上最伟大的哀礼”的报道。

斯人已逝，只有那些珍贵的黑白影像常留人间。阮玲玉这短暂的一生，如同璀璨的流星划过天际，她留在人世间最后的笑容，化作人们心中永远的泪。

第十三章

胡蝶：往事并不如烟

1989 年 4 月 23 日，她因中风并发心脏病忽然在温哥华去世。临终前，她轻轻地说道："蝴蝶（胡蝶）要飞走了。"

她是中国影坛上一只翩翩起舞的蝴蝶，用她绚丽的翅膀，在中国影坛画下了浓墨重彩的一笔。胡蝶，即便她已翩然飞走，她的美丽依然绽放在人们心里。

1908 年，胡蝶出生于上海，父母为她取名胡瑞华（"胡蝶"为其后来拍电影时所取的艺名）。那一年，也是清朝光绪三十四年，光绪皇帝与慈禧太后相继去世，因此胡蝶的母亲说起女儿的生辰，常常说："这丫头就是老佛爷和皇上驾崩那年生的。"

胡蝶的父母都是广东人，由于父亲在京奉铁路上任职，所以才在上海生活。父亲为人宽厚，性格开朗，很有幽默感，这种性格也在胡蝶身上得到了良好的遗传。胡蝶是家中独女，自然是父母的掌上明珠。9 岁那年，她随家人回到了广东，并就读于广州培道学校，在那里度过了美好的少年时光。16 岁那年，她随同家人迁回上海，一生的辉煌事业，也悄然拉开序幕。

1924 年初，一部名为《孤儿救祖记》的电影在上海公映，引起了中国整个影坛的轰动，感动了千千万万的观众，包括年仅 16 岁的胡蝶。那时电影事业正在中国蓬勃发展，如同雨后春笋般有着无限的生命力与希望。自幼喜爱艺术的胡蝶，毅然决定要投身演艺事业，在影坛上打拼出一片属于自己的天地。她投考了由顾肯夫等人创办的中国第一家电影学校——上海中华电影学校,并成为该校的首届训练班的学员。

在学校期间,她系统地学习了戏剧、电影理论以及表演方面的课程,这些经历为她日后的演艺事业打下了良好的基础。

中华电影学校虽然只办了一届,但是从该校毕业的很多学生都为中国的电影事业做出了不同程度的贡献。在校园里,胡蝶结识了徐琴芳,两个女孩子一见如故,非常投缘,在一起总是有说不完的话。

虽然在中华电影学校学习的时间不长,但是那段时光却启发胡蝶有了一生的航向。多年以后,胡蝶这样说道:"在中华电影学校的时期虽然很短,却是我从事电影事业工作的开始。从这里我走向了这个万花筒式的银色世界,开始在舞台上也在人世上历尽酸甜苦辣,扮演各种不同的角色,有时竟也在感情上将人生与舞台合而为一了。"

从中华电影学校毕业后,胡蝶迎来了人生中的第一部电影——《战功》。这是大中华影片公司推出的一部电影,影片由徐欣夫执导,并由当时的著名影星张织云主演。影片讲的是两个富家子弟战后负伤归来,和情人与曾被遗弃的妻子重归于好的故事。

那时的胡蝶还只是一个初出茅庐的小姑娘,由于没有经验,也闹了不少笑话。比如有一个镜头,要拍摄她用手绢为张织云擦眼泪。为了避免镜片反光,当时张织云戴的是没有镜片的眼镜框。胡蝶拿起手绢,竟然穿过眼镜框擦了进去,急得导演大喊"NG"(No good)。

虽然在《战功》里的戏份很少,但是这部电影却开启了胡蝶的演艺道路。之后,她应邀主演了《秋扇怨》,与她同时参演的还有徐琴芳与林雪怀。

从某种意义上讲,《秋扇怨》才是胡蝶进军影坛的正式开始,因为这是她主演的第一部影片。那时候的电影都是默片,观众是听不见声音的,因此摄影棚中的人都各自说着各自的方言,只要面部表情与动作符合角色特点就可以了。尽管剧组的要求不高,但是胡蝶对自己的要求却非常高。她努力揣摩着角色的性格特点,出色地完成了在水银灯下的表演。

《秋扇怨》上映后广受欢迎,这对胡蝶来说也是一种莫大的鼓舞。她容貌甜美,身材玲珑有致,一举一动间散发着优雅的气息。这个漂亮的女孩子给人们留下了深刻的印象,那时的电影没有声音,但是人们却得以将全部的关注点放在她的容貌与演技上。日益繁华的上海滩,一颗影坛明星正冉冉升起,胡蝶,注定会在中国电影史上留下浓墨重彩的一笔。

在拍摄《秋扇怨》时,胡蝶与该片的男主角饰演者林雪怀相识,并逐步坠入爱河。对于一个涉世未深的小姑娘来说,爱情总是充满了美好与神秘,令她忍不住想要尝试一番。然而现实与想象总是存在着巨大的距离,当胡蝶对林雪怀的了解越来越深时,她才意识到当初的错误有多么严重。

1927 年 3 月 22 日,胡蝶与林雪怀在上海北四川路(四川北路)上新落成的月宫舞场举行了隆重的订婚仪式。那时的胡蝶以为自己是世上最幸福的女子,事业成功,爱情甜蜜,还有什么比这更让人兴奋呢？然而随着时间的流逝,恋爱初期的甜蜜渐渐褪去,露出了现实的苍凉与无奈。胡蝶在演艺事业上大放异彩,而林雪怀却频频受挫,本想通过经商来挽回一点薄面,但是却遭遇了惨痛的失败。

林雪怀常常流连于各种醉生梦死的场所,他习惯了花钱如流水。

在花光了自己的钱后,他竟大言不惭地向胡蝶要起钱来。林雪怀的堕落,令胡蝶无比失望,爱情就像倾覆的水,再也无法回到从前了。受不了林雪怀的百般纠缠,胡蝶不得不一纸诉状告到了上海地方法院,通过法律程序解除了与林雪怀的婚约。

1928 年,胡蝶应邀加入了明星影片公司。这是胡蝶最明智的选择,也是她走向事业巅峰的新起点。明星公司的郑正秋、张石川非常赏识她,并花了很多力气着重培养她。来到明星公司后,她拍的第一部电影是张石川的新片《白云塔》,饰演影片中的一号女主角,而阮玲玉则饰演二号女主角。这是她与阮玲玉的第一次也是唯一一次合作,也是由于这部电影,她与阮玲玉结下了深厚的友谊。

不过,那时候古装片已经在电影市场上泛滥,很多影片公司都推出了五花八门的古装片。那些烂俗的故事与情节,渐渐让观众感到乏味,古装片的市场越来越低迷。

在这种背景下,谁先找到了新的引人注意的素材,谁就能获得先机,如果食古不化、不知变通,就只能一败再败。因此,明星公司率先改革,推出了令人耳目一新的武侠片——《火烧红莲寺》。在这部影片中,胡蝶饰演开朗大方的美丽侠女红姑,潇洒之中又不失女儿家的娇美。红姑的形象随着电影《火烧红莲寺》走进了千家万户,而胡蝶也随之成了家喻户晓的明星。

《火烧红莲寺》启发了众多影片公司,大家纷纷效仿,并推出了五花八门的武侠片。由于该部影片大开影坛武打片泛滥的先河,后来舆论对该片多有指责。不过,胡蝶却随着这部影片一夕间红透大半个中国,无论后世人对《火烧红莲寺》的评价如何,都无法撼动胡蝶在中国影坛上的重要地位。

1930年对于中国电影史来说有着划时代的意义，那一年，中国第一部有声影片《歌女红牡丹》开始拍摄，并于1931年的3月15日在上海新光大戏院首映。胡蝶担任了该片的女主角，她在片中的精彩表演，赢得了人们的广泛好评与喝彩。

《歌女红牡丹》是中国首部有声电影，该片一经上映立即引发了上海乃至全国的轰动，甚至还招来了南洋片商竞购拷贝。中国电影史上掀起了新的狂澜，随后，胡蝶又相继主演了反映现实生活的《狂流》《姐妹花》《盐潮》等片。其中，尤以《姐妹花》最为经典。影片中，胡蝶以娴熟的演技将两个性格完全不同的双胞胎姐妹演绎得各具特色，一个人在同一部影片中塑造了两种截然不同的形象。该影片一经上映便引起了轰动，胡蝶的事业也随之走向了新的高峰。

正在胡蝶事业的高峰期，东北爆发了震惊中外的九一八事变，一时间，人们将怨恨都发泄到了张学良这位不抵抗敌军的将军的身上。当时，胡蝶正随剧组在北平拍摄《自由之花》《落霞孤鹜》以及《啼笑因缘》的外景，本来这件事与作为艺人的胡蝶毫无关系，但是发表于《时事新报》上的一首诗却将她也牵扯了进去。这首诗发表于1931年11月20日，作者是南国诗社著名诗人、广西大学校长马君武，标题为《哀沈阳·二首》：

赵四风流朱五狂，翩翩胡蝶正当行。
温柔乡是英雄冢，那管东师入沈阳。
告急军书夜半来，开场弦管又相催。
沈阳已陷休回顾，更抱佳人舞几回。

诗的开头出现了3位女子，一是赵四，即赵一荻，人称赵四小姐，后来与张学良结婚；二是朱五，即朱湄筠，是张学良秘书朱光沐的夫人;三是著名影星胡蝶。在诗的结尾处“更抱佳人舞几回”中的“佳人”显然是指胡蝶。

这首诗发表后立即引发了轰动,日本通讯社更是到处煽风点火,四处散布“九一八”之夜张学良与红粉佳人胡蝶欢歌共舞的谣言。

事实上,这只是日本人的阴毒伎俩而已。他们了解张学良的脾气,知道他断然不会投降日本,因此准备从他的私生活入手来搞臭他,至于胡蝶,只是一个倒霉的工具而已。遗憾的是国人不分青红皂白,一见这种花边新闻就气得暴跳如雷,大骂胡蝶是祸国殃民的“红颜祸水”。

这件事成了胡蝶一生的阴影,在她晚年的回忆录里,还曾感叹道:“该结束这段莫须有的公案了吧?”

所幸,流言蜚语的中伤并没有打倒胡蝶,她在观众心中的影响力并没有因此而减弱。那些喜欢她的影迷们依然狂热地仰慕着她,甚至有人对“跳舞”一事根本就不相信。1933 年的元旦,上海《明星日报》发起了一场大规模的评选电影皇后的活动。在今天,这类评选活动早已司空见惯,但是在那个年代,评选影后之事却是首创之举。因为此前不曾举办过,观众的参与度也不太高。半个月后,《明星日报》逐日将选票数字刊登在报纸上,并明确标出期限为一个月,准备在一个月后为获胜的影后举行盛大的加冕典礼。后来,由于天气缘故这场选举又延长了一个月。

随着时间的推移与报纸上投票数字的变化,参与者终于渐渐多了起来。尤其是当三个引人注目的名字出现在人们眼前时,大家的兴致终于被激发出来。这三个得票率最高的分别是明星公司的胡蝶、联华影业公司的阮玲玉以及天一影片公司的陈玉梅。她们的票数非常接近,竞争也越来越激烈。

人们紧张地等待着最后的投票结果。投票一直持续到了2月28日晚上10点,当晚,《明星日报》在上海北京路大加利莱社举行了盛大的影后选举揭晓仪式,上海各界名流及影迷将这里挤得水泄不通,大家都期待着自己所支持的明星能够获胜。主持人先将活动的基本情况向来宾做了介绍,然后在律师的监督下开始验票。那一刻,会场上竟出奇安静,仔细聆听,似乎能听见紧张的呼吸声。

主持人公布了最终的投票结果:胡蝶得21334票,陈玉梅得10020票,阮玲玉得7290票。胡蝶以巨大的优势摘下了影后的桂冠,获得了"电影皇后"的荣誉称号。

按照活动程序,接下来该是那场盛大的电影皇后加冕典礼了,这是多少人不能企及的荣耀。然而,向来不喜欢排场的胡蝶却一再推辞,说什么也不肯接受这场加冕典礼。在她的坚持下,加冕典礼只好取消了,但是庆祝活动还是要有的,最后大家决定将庆祝活动与"航空救国游艺茶舞大会"结合在一起举行。

3月28日下午2时,该活动在上海静安寺路大沪跳舞场开始了。下午5时,优雅大方的胡蝶如约出现在会场上,与人们热情互动。一时间,活动现场掀起了空前的高潮,几位社会名流依次致贺词,随后主持人将"电影皇后"证书授予胡蝶。该证书上这样写道:

盖闻彩凤衔来,云里颁蕊珠之榜;丹虬献出,河中呈镂玉之图。胜事既成,良辰斯遇,不有佳证,何伸雅怀?电影选举,久畅行于列邦;此次提倡,实中国之嚆矢。而女士名标螭首,身占鳌头,倏如上界之仙,合受人间之颂;声华熠尔,舆诵翕然,足征殊艺冠群,有水到渠成之妙。灵心绝世,是花开见佛之才,今日者裙展联翩,香云馥郁,莫不欢从掌起,喜共眉舒。盖无皇后不能树银幕之先声,非女士不克居金屏之独座也。且秦暴方强,鲁难未已,飞机救国,日相喧呼,积款乘时,借资号召。蒙女士现毫端之艳彩,色相示人,舒口角之春风,歌音餍众。玲珑肝胆,与朱家郭解相期;旖施光辉,岂小玉双成可比。红尘推戴,岂徒然哉!绣闼尊荣,从兹始矣。允垂嘉话,播世界于三千;竞仰芳姿,抚栏干兮十二。缅想昭阳昼永,日影方中;顿教歇浦名高,花枝常好。此呈首届电影皇后胡蝶女士。

《明星日报》的这项活动不仅扩大了胡蝶的影响力,同时也借影星的高人气为其带来了丰厚的经济效益。随后,英商中国肥皂公司也发起了一次名为"力士香皂电影明星竞选"的活动,胡蝶再一次名列第一名。第二年,中国福新烟草公司也效仿《明星日报》发起了"1934年中国电影皇后竞选"活动,胡蝶再次摘下桂冠。

一连三次当选,胡蝶的影响力与人气可见一斑。她成了人们公认的"老牌影后",越来越多的影迷们加入了追星的行列。胡蝶凭着姣好的容貌与精湛的演技博得了全国人民的喜爱,事业也随之进入了黄金时期。多年以后,胡蝶回忆起那段时光,在自己的回忆录中这样写道:"1933年另一件有趣的事是选举电影皇后,这是因美国电影女明星玛丽·皮克福特得了第二届奥斯卡最佳女演员金像奖后,就有'电影皇后'之誉。玛丽·皮克福特来沪访问后,《明星日报》也在每日报端附印选举票,把收到的选票放入特制的选举箱,并且郑重其事,当众开票,由于我的票数最多,就得了这个称号。几十年来这个像游戏之举的称号一直跟着我,这是观众对我的爱护,我却不敢妄自尊大。"

越是在受到万人追捧的时候,越需要谨小慎微,时刻注意自己的言行。1935年初,苏联在莫斯科举行了国际影展,中国电影界首次受到国际电影界的邀请。中国参展的四部影片中,《姊妹花》与《渔光曲》的女主角都是胡蝶,因此,胡蝶成了代表团中唯一的演员代表。

这是多少人求之不得的殊荣,作为中国第一位正式出国访问的女演员,胡蝶不仅实现了心中的明星梦,更为国人争了光。在影展结束后,胡蝶又去了柏林、巴黎、伦敦、罗马等地考察,感受了西欧国家的历史文化与时代气息。回国后,她应良友出版公司之约,撰写了一本《欧洲杂记》。

然而,人世间的许多悲欢都难以预料,就在胡蝶沉浸在事业成功的喜悦中时,她的家中忽然传来父亲身患癌症的消息。

从小到大,父亲是她最崇敬最爱戴的人。正是父亲的悉心栽培,才有了她辉煌的事业与人生。父亲留在人世的时间不多了,她在悲痛的同时,也希望父亲能不留下任何遗憾。而父亲最挂念的,就是她的终身大事。那时胡蝶与商人出身的潘有声已经相恋四年,当她被忘恩负义的林雪怀伤得体无完肤之后,是潘有声的有力臂膀为她撑起了新的蓝天,让她再一次相信了爱情,相信了希望。潘有声宽容体贴,让她找到了心灵的港湾,这四年来,她已经习惯了对他的依赖,加之为了完成父亲最后的希望,她决定与潘有声结婚。

1935年年底,他们在上海九江路的圣三一教堂里举行了一场盛大浪漫的婚礼。婚后的胡蝶生活渐渐稳定下来,便渐渐萌生了息影的想法。1936年,她只拍了两部电影。从前的那个工作狂,已经变成了一个温婉贤淑的太太。

国与家是一个整体,尤其是在那个战乱频生的年代。1937年,一场震惊中外的事变——卢沟桥事变爆发了,日本发起了全面侵华战争。

战火将明媚的蓝天烧成血色,曾经安居乐业的百姓被炮火逼得流离失所。1937 年 8 月,日军进攻上海,这座繁华的城市沦为了恐怖的战场。11 月,上海失守,许多大工厂、大公司随之也被日军占领,包括明星公司在上海枫林桥的总厂,从此,明星公司不复存在。

所幸,当时潘有声已经在香港发展事业,于是胡蝶带着家人随同他迁往香港避难。

当时的香港是英国统治,短时间内不会遭到战争的威胁。初到香港的那段时间里,胡蝶过得非常快乐。那时潘有声在洋行工作,每月都有着可观的收入。工作之余,他喜欢跑马、买马。他对马简直达到了痴迷的程度,胡蝶甚至有些嫉妒地说:“你爱马胜过爱你的妻子,对马比对妻子还好。”潘有声则抱住她,在她耳畔轻轻说道:“在我心里,你永远是第一位的。”

那是胡蝶心中最美好的回忆。然而繁华如斯的香港,终究没能避免被战火肆虐的厄运。1941 年 12 月 25 日,港九统治当局向日本华南派遣军总司令酒井隆中将投降。那一天被人们称为“黑色的圣诞”,从此,日军的铁蹄踏进了香港,几乎每一天都有日本侵略者烧杀淫掠的血腥消息传到胡蝶的耳朵里,惊惧与痛恨占据了她的心。尤其是影界姐妹的悲惨遭遇,更是让她心悸不已。恰在英国人投降日本的那一天,当红影星梅琦小姐正与“华南影帝”张瑛举行婚礼,残暴的日军竟在新郎面前扒下了新娘的婚纱……

胡蝶不敢想象,如果有一天自己落在日本人手里会遭受怎样的折磨。她痛恨日本人,痛恨那面太阳旗,日本人不仅毁了她最爱的上海,也毁了她最爱的事业。她把香港被日本正式侵占的那一天称为

“蝶耻日”，她终生铭记着那一天的痛与恨。

日军侵占香港后，一面对香港百姓凶残杀虐，一面宣传着其“大东亚共荣圈”“中日亲善”等谎言。为了达到其宣传目的，他们将目光落在中国各界名人身上，派出了一些熟知中国文化的“中国通”对中国各界名人进行拉拢利诱。

有一次，胡蝶去拜访了滞留香港的梅兰芳先生。一见到梅兰芳先生，胡蝶不禁大吃一惊。数年前去参加莫斯科的国际电影节时，她曾在轮船上见过梅兰芳，那时的梅兰芳潇洒俊逸，可短短几年的时光，梅兰芳竟消瘦了许多，最重要的是，他的唇上竟蓄起了浓黑的八字须。

原来，日本人逼梅兰芳去东京演唱《天女散花》，梅兰芳不仅严词拒绝，还蓄起了胡须，这样一来，他就不能去唱旦角了，日本人自然也不能再逼他去唱戏。

胡蝶对此早有耳闻。她钦佩地说：“梅先生，听说日本人这几天要逼您到东京去唱《天女散花》，您蓄须明志，果然不假！”梅兰芳笑道：“如此国难当头之际，我岂能去东京为虎作伥？有个叫和久田幸助的人来过几次，都被我拒绝了！只要不打败日本鬼子，我绝不登台唱戏！”另外，梅兰芳还提醒胡蝶道：“日本人肯定不会放过你，你一个弱女子能抵挡住他们的威胁利诱吗？请你记住，在任何情况下，我们都要保持民族气节！”胡蝶当即表示，无论何种境地，她都不会出卖自己的祖国。

梅兰芳的预料没有错。作为拥有千万粉丝的当红影星，胡蝶自然成了日本人拉拢的对象。

这一天，胡蝶正在家里整理房间，日军报道部艺能班长和久田幸助忽然登门造访。他操着一口流利的广东话,道貌岸然地向胡蝶提出了三个条件:平等合作,尊重自由,接受日军的保护。胡蝶对这个不速之客既厌恶又恐惧,只好敷衍着点头。第二天,日本人给她送来了一张“良民证”。接下来的日子里,日军成了她家里的常客,每次造访,他们都表现得客客气气的。没多久,那个中国通和久田幸助又不请自来,并邀请胡蝶去日本访问,说是日本影迷希望能目睹“电影皇后”的风采,还准备请她拍一部纪实电影《胡蝶游东京》。到此时,胡蝶才明白日本人向她“示好”的真正目的。

胡蝶始终记得梅兰芳先生对自己说过的一番话,见日本人露出了狐狸尾巴,她便在心中暗下决心。她告诉和久田幸助,自己已经息影,又有了身孕,短期内不可能回到银幕。她拒绝了对方的邀请,将这个瘟神送出门后,她便为自己的将来做起了打算。

胡蝶心中明白,日本人绝不会就此善罢甘休。如果落到日本人手里,后果不堪设想。她和丈夫潘有声商量了一番,决定在抗日游击队的帮助下逃离香港。为了不引起日本人的注意,他们临走之前将家里的全部积蓄装进了 30 只箱子里,然后将其托付给“国际难民救济总署”的杨惠敏代为转运。

然而令胡蝶万万想不到的是,这 30 只箱子竟会成为一场噩梦的祸根。

胡蝶与丈夫几经辗转,终于离开了香港,抵达了桂林。就在他们等待那 30 只箱子的时候,竟忽然传来箱子被劫的消息。胡蝶大惊失色,那 30 只箱子里装载着她前半生所有的积蓄,包括许多国际名人赠送的纪念珍品,对她来说,那是她的无价之宝。

为了寻回那 30 箱财物,胡蝶找到了儿时的好朋友林芷茗。林芷茗的丈夫杨虎曾担任过上海警备司令,在上海时,胡蝶经常去林芷茗家,而杨虎总会很热情地接待她。然而胡蝶不知,此时的杨虎已经不再是昔日那个爽朗的好友了,自从到了重庆,杨虎就赋闲在家。为了能让蒋介石重新启用自己,他正想办法让戴笠帮自己在蒋介石面前美言几句。而胡蝶的忽然到来,让杨虎顿觉眼前一亮。胡蝶的美貌世人皆知,好色的戴笠早已对她垂涎三尺。杨虎马上将这件事汇报给了戴笠,果不其然,戴笠在听了这件事后非常高兴,并当即表示:“这事包在我身上,一定不能委屈了咱们的大明星。”为了向胡蝶示好,他还让杨虎转告胡蝶夫妇:“入渝的机票我会给她安排好,望她放心休养,中国的电影事业不能少了她啊!”

胡蝶寻物心切,哪里会揣测戴笠的意图呢?一周后,胡蝶夫妇在军统的安排下顺利抵达重庆,暂时住在杨虎家里。杨虎与林芷茗为他们举行了一场盛大的接风宴,胡蝶第一次见到了国民党军统特务首脑戴笠。

为了能赢得美人芳心,戴笠派了两路人马去追寻被劫的箱子:一路立即将代运人杨慧敏抓起来,一路去问明胡蝶箱内装载了哪些物件。这是戴笠的万全之策,如果案子破了皆大欢喜,如果找不回来,他将会按照胡蝶所列出的丢失物件全部买回来送给胡蝶,假装破了案。

很快,这起案件就告破了:当时广东有一个有名的东江大盗,名唤王虎,是他劫走了胡蝶夫妇的30只箱子。当案件告破时,王虎已经将一部分贵重物品卖掉了,想要追回已经不可能。于是,戴笠私掏腰包买了缺失的物品,将其补齐,然后送到胡蝶那里去“交了差”。

胡蝶对戴笠的态度本来很冷淡,但是见戴笠真的破了案,将她的物品悉数送回,不禁感激涕零,对戴笠的态度也渐渐热情起来。

为了能尽快有个属于自己的家,潘有声和几个朋友开起了一家公司,从事茶叶和木材生意。然而没过几天,潘有声竟突然被警察抓走了,理由是他在公司里藏了枪。大惊失色的胡蝶只好求助于戴笠,戴笠像个救世主般当着她的面释放了潘有声。

胡蝶哪里知道,这只是戴笠为了博取她的好感而耍的伎俩而已。

为了能更方便地见到胡蝶,戴笠使了一些手段使胡蝶夫妇住进了他的曾家岩公馆,从此,他几乎每天都来胡蝶家里问候。知道胡蝶爱吃水果,他不惜高价派人从新疆空运来哈密瓜。见胡蝶身体不好,他动用各方面人脉聘请名医,为胡蝶精心调理……

戴笠的种种关怀令胡蝶夫妇非常感动,对他也渐渐放松了警惕。戴笠的目标是胡蝶,如果潘有声在家,总是碍手碍脚的,见胡蝶已经按照自己的计划住进了曾家岩公馆,他开始想办法赶走潘有声。

对于潘有声来说,最能吸引他的莫过于事业。1944 年的春天,潘有声接到了所有商人都梦寐以求的专员委任状和滇缅公路的特别通行证。潘有声哪里知道,这是戴笠有意将他"发配"到遥远的昆明。看着妻子、两个嗷嗷待哺的孩子与胡蝶白发苍苍的母亲,潘有声最终决定前往昆明。

从此,胡蝶开始了最糟糕最痛苦的三年生活。潘有声前脚刚走,迫不及待的戴笠就闯到胡蝶家里,不顾胡蝶的苦苦哀求而占有了她。作为一个柔弱女子,她完全成了他的俘虏,只能任由他摆布。

戴笠安排胡蝶住进了位于歌乐山的杨家山公馆。为了能让胡蝶开心,戴笠想尽了各种办法。为了能让胡蝶吃到新鲜的水果,戴笠派飞机从印度空运水果过来。胡蝶随意说了一句拖鞋穿着不舒服,戴笠立即派人弄来各种各样的鞋子。胡蝶嫌杨家山公馆的窗户太小，又嫌景物不够别致，戴笠竟命人在公馆前方专门为她建造了一幢花园式洋房……

另外，戴笠还为胡蝶修建了好几处住所，如罗家湾 19 号、重庆南岸汪山、嘉陵新村、浮图关李家花园等。然而，当你与深爱的人在一起时，纵使身在寒窑也觉得幸福备至；当你与不爱的人在一起时，即便在琼楼玉宇也会觉得难过凄凉。人生中的很多东西，并非是金钱可以换来的，比如爱情。

胡蝶不敢想象，社会舆论将会如何评价她。她觉得，昔日那个纯洁、美好的胡蝶已经死去了，而自己只是一具行尸走肉，在这座豪华的坟墓里等待着死神的来临，人们再也不会爱戴她、尊敬她，反而会鄙视她、唾弃她。她再也不能回到最爱的影坛了。每每想到此处，胡蝶总是忍不住潸然泪下，而戴笠能给她的，只是物质上的关怀，从始至终，他都不曾走进她的心，也无法从精神上给予她最需要的抚慰。

1946 年，戴笠将胡蝶带到了上海。令胡蝶万万没有想到的是，戴笠竟在这个时候忽然向她求婚了。他深情地告诉她："我今生最大的心愿，是与你正式结为夫妻，你是我的唯一，其他什么事都不能改变我对你的爱。我是真心爱你的，为了你，我什么都可以不要。我现在最大的心愿就是与你正式结婚。"

这一番深情款款的告白，对于胡蝶来说没有任何幸福感可言，有的只是无穷无尽的烦恼。然而那又能如何呢？她如同笼中之鸟，一切只能听凭戴笠的安排。为了能明媒正娶，戴笠需要让胡蝶与潘有声解除夫妻关系。因此，他安排潜伏特务将潘有声拘押，并暗中派人诱劝他与胡蝶离婚。

面对戴笠的软硬兼施,胡蝶与潘有声只能忍气吞声,办理了离婚手续。但是,胡蝶满眼泪水地告诉丈夫:“有声,虽然我们办了离婚手续,但是我的心是永远属于你的,姓戴的只能霸占我的身体,却霸占不了我的心。”

见目的已经达成,戴笠满心欢喜。他将婚礼时间定在了1946年3月的下旬,并开始精心筹划起来。然而就在他认为抱得美人归满怀喜悦时,他却突然因飞机失事而被烧死在南京西郊的戴山上,带着所有的幻想永远地离开了人间。

胡蝶终于重获自由,终于回到了丈夫与孩子的身边。那段不堪回首的岁月,随着戴笠的死一同画上了句号。胡蝶夫妇带着两个孩子回到了香港,准备在这里重新开始。

兜兜转转一大圈,又回到了熟悉的地方。潘有声创办了以生产“蝴蝶牌”系列热水瓶为主的兴华洋行,而胡蝶也倾注全力帮助丈夫经营事业。然而上天却又和她开了一个巨大的玩笑,这种苦尽甘来的生活只持续了六年,潘有声就因一场大病抱憾辞世了。从此茫茫尘世,只剩下她一个人踽踽独行。胡蝶在生命里有两个挚爱,一个是丈夫潘有声,另一个是电影事业。丈夫的辞世对她来说是沉重一击,最爱的丈夫离开了,她只好又看向了最爱的事业。

1959年,已经年过半百的胡蝶加盟邵氏公司,先后主演了《街童》《苦儿流浪记》《两代女性》《后门》等影片。阔别影坛数年,又回到了熟悉的地方,胡蝶不禁感慨万千。这一生,她与电影结下了不解之缘,许多因缘际会,都是由电影而来。

1975年,胡蝶再度告别影坛,移居加拿大温哥华,并改名为“潘宝娟”,“宝娟”是父母为她取的乳名,而“潘”则代表着她对丈夫潘有声的深刻怀念。在温哥华,她时刻怀念着祖国,怀念着那片养育她的故土。在回忆录中,她这样写道:“据说温哥华的地形像摊开的右手,手的方向是伸向太平洋彼岸的亚洲,伸向中国。我住在这滨海城市的临海大厦,不论是晴朗的白天,或是群星灿烂、灯火闪烁的夜晚,当我站在窗户边向远处眺望时,我的心也像温哥华的地形似的,伸向东方,希望握着祖国、我的母亲的温暖的手。”

然而,每每想到与戴笠那不堪回首的三年,她又心生畏惧。她始终记得,好朋友阮玲玉因不堪舆论的压力而留下一纸“人言可畏”的遗书服毒自尽,她太害怕被记者问到关于戴笠的问题。因此,每当她面对祖国朋友与影迷的热情呼唤时,总是找借口推脱。

1989 年 4 月 25 日,一代影后胡蝶在温哥华与世长辞。临终前,她轻轻说道:“胡蝶要飞走了!”之后安详离世。若是有天堂,她该与心心念念的丈夫团圆了吧,从此天上人间,没有人再能将他们分开。

第十四章

伊丽莎白·泰勒：埃及艳后的眼泪

她是万人迷恋的偶像,是人们心目中可望而不可即的美丽女神。看着她在银幕上美丽的容貌与窈窕的身姿,你一定无法想象,刚出生时的伊丽莎白·泰勒竟会是个长相古怪的丑娃娃。

1932年2月27日,一名护士将一个面貌古怪的婴儿送到莎拉·泰勒怀里。满怀着迎接新生命的喜悦,莎拉的目光第一次触到了自己的女儿,那一刻,她的呼吸突然凝滞。只见怀中的小婴儿紧闭着眼睛,一张发红的小脸上满布奇怪的斑点,更要命的是,这个刚出生的小家伙竟然满脸皱纹,仔细一看,脸上还长了一层黑茸茸的毛。

莎拉简直不敢想象,这么丑的孩子竟会是自己生下的女儿。

当女儿一天天长大,莎拉惊奇地发现,女儿竟然越来越漂亮。就像一只丑小鸭,在时间的洗礼中渐渐褪去了曾经的丑陋,慢慢成了一只美丽的白天鹅。

莎拉是一个有野心的女子。她善于经营,更善于把握机遇。在20世纪中期的欧美影坛上,童星越来越吃香,莎拉看着自己越来越漂亮的女儿,不禁萌生了将女儿培养成童星的想法。

1939年,莎拉·泰勒与丈夫弗朗西斯·泰勒在英国为一位富翁叔叔经营画廊。为了躲避日益逼近的战火,弗朗西斯决定把妻子和两个孩子先送回美国,几个星期后,他也回到了美国。一家人团聚后,他们开起了自己的画廊。

回到美国后,莎拉对电影的喜爱愈发痴狂。她想尽办法去结交电影界的名人,尽一切办法与那些买画的富人交往。无论走到哪里,她总要带着漂亮的女儿伊丽莎白,从小培养她的社交能力。

童年时代的伊丽莎白如同一个瓷娃娃,一头乌黑的卷发将她白嫩的小脸衬托得格外精致。她有着长而卷翘的睫毛,忽闪的睫毛下是一对天蓝色的大眼睛,有时候在阳光的照耀下,那双蓝色的眼睛更像晶莹剔透的紫色眼睛。人们看到她的第一反应往往是惊叹:"多美的孩子啊!""天啊,她简直太美了!"……

每每此时,莎拉总是笑着道谢,眼底流露出无尽的骄傲与喜悦。在她的调教下,女儿知书达理,非常有礼貌。这样可爱的小女孩无论走到哪,总是会成为引人注目的焦点。

为了培养女儿,莎拉将伊丽莎白送进了一个许多电影公司经理家的小姐都上的舞蹈班,尽管伊丽莎白的家庭并不富裕。让女儿学习舞蹈是一方面,而结交对女儿前途有帮助的人,才是莎拉最重要的目标。

这个目标很快就实现了。通过舞蹈班上一名同学父母的介绍,小伊丽莎白得到了一个米高梅电影公司试镜的机会。几乎是在同时,泰勒画廊的一位主顾也来邀请小伊丽莎白去环球影片公司试镜。莎拉坚信,自己长久以来的苦心经营,一定会有收获的。

莎拉告诉女儿,如果上帝要她上银幕,她一定能上的,"上帝的爱一向满足,并将永远满足每个人的需要"。

那一年伊丽莎白刚刚 8 岁,父亲并不赞同莎拉的做法。但是,莎拉依然坚持带着女儿去试镜了。在试镜之前,莎拉教了女儿很多礼节。她常常一边弹钢琴,一边训练女儿的举止行动,并要求她对着房间里的每个角落行屈膝礼。

为了去米高梅试镜，莎拉特意给女儿穿上了带褶边的漂亮裙子和矮跟漆皮横带鞋。莎拉是个爱美的女人，然而，她舍得花钱打扮女儿，却不舍得花钱为自己买一条丝袜。为了看起来体面一些，她只好在腿上抹了一层锃亮的防晒油，还用眉笔画了一道深色的袜线，乍一看，还真看不出什么破绽来。在去试镜之前，莎拉让小伊丽莎白捧着基督教科学派的祈祷书，好好地祈祷了一番。

小伊丽莎白表现得非常好，经过试镜，米高梅公司和环球公司均表示愿意录用她。在对两家公司的选择上，向来乖巧听话的伊丽莎白忽然有了自己的主见，她请求母亲与米高梅公司签约，因为当时的影帝克拉克·盖博和年仅 21 岁的票房大王米盖·隆尼都属于米高梅公司。

小孩子的选择总是凭喜好，而成年人的选择往往要权衡诸多利弊。为了能多得一些酬劳，莎拉故意对环球公司说：米高梅公司愿意以每周 100 美金的工资雇佣伊丽莎白，环球公司当即表示：他们可以出 200 美金的周薪，只要伊丽莎白愿意来。

面对这样诱人的条件，莎拉立即动了心。她劝说女儿，在小公司里可以得到更多的关怀与工作机会，要比大公司好得多。经过母亲的劝说，伊丽莎白最终与环球公司签了合同。

不过，他们的合作只维持了一年。一年后，环球公司决定不再续签伊丽莎白，因为他们觉得，这个小女孩成为大明星的可能性非常小。

人生中的得与失永远无法预计。这对于伊丽莎白来说是一个打击，但也是另一个希望的开始。1942 年，米高梅公司为《拉西回家来》一片物色一个能说英式英语的女孩。本来这个角色是早已选定了的,但是当剧组准备拍戏的时候,才震惊地发现那个之前选定的女孩已经长得太高,不再适合这个角色。

影片制作人萨姆·马克斯想到了伊丽莎白,他记得那个娇小漂亮的女孩,他觉得如果让她来演,是最合适不过的。

萨姆找到伊丽莎白的父亲弗朗西斯,将自己的想法告诉了他。虽然不支持女儿走进影视圈,但是想到妻子的无限期许与女儿的热爱,他最终说服了自己,给妻子打了电话。得知消息的伊丽莎白非常开心,莎拉立即带着她驱车前往米高梅公司。

试镜非常成功,伊丽莎白获得了那个给牧羊犬拉西自由的小女孩的角色,公司支付她每周 100 美金的酬劳。小伊丽莎白的表演非常出色,虽然年龄尚小,但是已经显露了一代影后的潜质。电影拍完后,米高梅公司提出与她签订长期合同,每周的薪资是 75 美金。

这一次莎拉没有讨价还价,非常爽快地帮女儿签订了合同。

在当时的电影界,米高梅公司是大家公认的最富、最大、最好的制片公司。在伊丽莎白进入该公司的时候,那里的许多明星已经名扬四海,誉满全球。

在《拉西回家来》和《多佛的白色悬崖》中饰演了两个小角色后,伊丽莎白被借调到 20 世纪福克斯公司去拍摄《简·爱》。在这部影片中,她依然只是扮演一个小配角,公司没有大力地宣传她,也没有为她张贴海报。甚至在片头的演员表里,她的名字都没有出现。不过,母亲莎拉不在乎这些,她认为只要能让女儿饰演一个角色,距离她为女儿量身定制的明星梦就更近一步。

1943 年的秋天,已经 11 岁伊丽莎白依然只有一年级学生那么高。潘罗德·伯尔曼曾考虑让她饰演《玉女神驹》中的维尔维特。维尔维特是个英国女青年,她乔装成男孩,潜入骑手的房间,然后骑上她的马在全国大赛马中取胜,但是她的个头太小了。看着伊丽莎白漂亮的脸蛋,他又觉得不舍,思前想后,他决定等伊丽莎白长大些再拍摄这部电影。他派助手将《玉女神驹》的故事讲给了伊丽莎白和她的母亲听,让她们先做好心理准备。

《玉女神驹》的故事来源于艾尼德·巴格诺尔德的畅销小说,内容是关于一个小女孩幻想通过村里的有奖彩票赢得一匹叫德匹的马的故事。维尔维特赢得了那匹马后,又幻想能骑着德匹去参加全国大赛,接着又幻想能在全世界最有名气的、要求最高的大赛马会上获胜。这时候,她的母亲激励她说:"一个人活一辈子,至少应该有一次机会去做一件惊心动魄的蠢事。"于是,维尔维特开始努力地驯马,并女扮男装,向着心中的梦想前进。然而,就在她骑马驰向胜利的时刻,她的女孩身份暴露了,最终她被取消了获胜资格。不过,维尔维特并不在乎那空洞的名衔,因为她最大的梦想已经实现了。

伊丽莎白非常喜欢这个角色,莎拉对女儿更是抱有满满的期望。为了能让伊丽莎白更好地进入角色,莎拉特意将女儿的卧室改装成了爱马闺房,室内到处摆放着马鞍、缰绳等物品,还有很多马的塑像。

在那段时间里,伊丽莎白似乎真的成了维尔维特。直到多年以后,回忆起童年的那段往事,她依然会满脸天真地说:"获得全国大赛马会的维尔维特真的是我。"

莎拉每天都会给伊丽莎白测量身高,只要等到她长得够高了,就马上开始拍摄影片。那是一个漫长的过程,等待既令人焦急,也令人心中充满希望。

每次见到伯尔曼先生,伊丽莎白总会充满自信地回答:"我会长高的,伯尔曼先生,我会长高到能演那个角色。"她的骨骼仿佛听到了她心中的期盼,在那段时间里她竟然真的明显长高了。当然,这也是一种正常的生理现象。但是后来舆论中却出现了这种说法:伊丽莎白为了得到那个她梦寐以求的角色,运用她的意志力强行使自己在短短三个月中长高了。

无论过程如何,大家终于等到了最期待的结果。伊丽莎白的身高终于合格了,《玉女神驹》也开始拍摄。

影片拍摄了整整七个月,伊丽莎白第一次感受到拍电影的辛苦。虽然此前也拍过电影,但都是扮演一些小角色,而这一次,她却是众人瞩目的主角。多年后回忆起当初的拍摄情景,伊丽莎白感慨道:"我在这部影片上是花了功夫的。我这一辈子从来没有拍过比这部影片更费力气的影片了。"

每天早上,伊丽莎白都会花上一个小时的时间练习骑马。另外,为了能让她的形象更符合维尔维特,制片厂还带她去做了两幅牙齿矫正器,一副是金的,价值 120 美元,另一幅是银的,价值 86 美元。不过,她戴着这两幅矫正器拍摄出来的效果都不理想,于是制片厂又为她定做了一副用钢丝做的带有假上颚的矫正器。为了能使矫正器更吻合口腔,她不得不拔掉了两颗乳牙,安上了两颗临时的假牙。

那时的伊丽莎白刚刚 12 岁。这个看起来娇弱的小女孩,却已经有了为艺术而牺牲的精神。为了能演好这个角色,她做出了巨大的努力与牺牲。父亲见女儿如此遭罪,好几次差点与剧组起了冲突,然而这是女儿的选择,他只好将痛楚忍在心里。

《玉女神驹》上映后得到了极好的反响,仿佛只在一夜之间,伊丽莎白就成了万人瞩目的小明星。影评家们热烈地赞美她,"炽烈的渴望交织着甜丝丝的、娇滴滴的魅力”。《纽约时报》评价说:“伊丽莎白·泰勒是你希望能看到的最自然、最优秀的小女演员。”《匹克》杂志说:“这部影片把 12 岁的伊丽莎白·泰勒造就成了一颗明星。”

付出总会有回报,伊丽莎白的努力换来了巨大的成功。为了对她表示嘉奖,在她 13 岁生日那天,制片厂人事处处长本尼·索打电话告诉她,制片厂决定将那匹陪着她演完了电影的马送给她。不过,条件是制片厂可以在任何时候不花报酬地使用这匹马。

伊丽莎白叫那匹马为“查尔斯国王”,在拍摄影片的过程中,她对查尔斯国王的感情与日俱增。能够得到这份厚礼,实在是一份意外的惊喜。

几个星期以后,她又收到了米高梅公司的另一份意外的惊喜:为了感谢她在《玉女神驹》中的出色表演,制片厂发给她 15000 美元的奖金。

伊丽莎白已经有了广泛的知名度,如果续用此前的合同,显然不太合适。在母亲莎拉的争取下,米高梅公司与伊丽莎白重新签订了合同,周薪提高到了每周 750 美金。合同规定,伊丽莎白每年的工作时间为 40 周,13 岁的伊丽莎白每年能收入三万美元。

米高梅公司非常重视伊丽莎白,这个漂亮的小明星已经成了他们的金字招牌。在她拍戏时,公司对她百般呵护,在她不拍戏时,公司同样对她热情关怀。比如伊丽莎白的脸上长了些小疹子,厂部医生立即会被召过来,为她诊治。为了有更好的疗效,公司让她立刻停下工作去洛杉矶最有名的皮肤专家那里看病。又比如她的脚上扎了钉子,马上就会有救护车将她送到厂部医院去治疗。即便她只是轻微地咳嗽了几下,公司也会让她马上去做肺部检查……

时间一天天过去,小童星也渐渐长成了少女。她越来越注重自己的形象,她会像那些成年女明星一样画上精致的妆,见到同事会点头微笑,她优雅得像个美丽的公主。

伊丽莎白的成长是有目共睹的。曾在《辛西娅》中饰演伊丽莎白的母亲的玛丽·阿斯特说:"当伊丽莎白在拍《玉女神驹》时,我在米高梅的食堂里曾远远地看到过她。那时候她有一种严肃的、想要献身的精神。这种神情现在不复存在了。她不再羞怯腼腆,她开始以一种非常正常的少女之心意识到了自己的美。她很聪明,非常聪明伶俐,简直是有一种非常超群的、出众的聪明。作为一个孩子,她算是相当能够集中精力拍片的了,我喜欢她。"

在漫漫成长路上,伊丽莎白对自己的人生规划愈发明晰。曾经,让自己成为一个影视明星是母亲的心愿,而今,这已经成了她自己的心愿。她对自己所取得的成就并不满意,她想要继续向前,要超越自己,成就更美好、更辉煌的明天。

米高梅公司对伊丽莎白的投资是明智的,他们选中了一个可塑性非常强又富有责任感的女孩。到16岁时,伊丽莎白已经拍摄了八部影片,虽然在广告牌的名次方面还没有达到明星的地位,但是这已经远远超越了配角演员的待遇。制片厂增加了她上银幕的次数,并将她周薪提高到了1000美元。

她的年龄较小,又天真可爱,在剧组中如同一个小太阳般引人注目。在拍摄《玉女倾城》时,导演杰克·康威曾停下拍摄工作,专门为伊丽莎白举行了一场生日宴会。

伊丽莎白是米高梅的宠儿,在公司里,她总会受到特殊的眷顾。公司知道她喜爱各种服装,于是就把她每次拍片时所穿的高档服装都送给她,有时候也包括一些特殊的道具。

懵懂的青春时光里,伊丽莎白开始向往美好的爱情。她希望能与男青年约会,米高梅公司发现了她的这个倾向,于是以保卫她的安全为名给她派去了一名毕业于西点军校的全美足球队员——葛伦·戴维斯。

戴维斯曾在西点军校足球队当副队长,同时也是篮球明星和棒球队长。他身材健硕高大,与伊丽莎白站在一起非常般配。伊丽莎白曾回忆起对他的第一印象:"当我看见那张坦率、奇妙的脸时,我想'就是这个小伙子'。他让我有一种舒坦的感觉,我不用担心了。"

那时候伊丽莎白正在拍摄《小妇人》。她会在工作中腾出各种闲暇的间隙,去她家在马利布海滩租赁的夏季别墅。每每此时,摄影替身玛娇丽·狄隆总会陪在她身边。狄隆曾表示:"伊丽莎白从来不愿意独来独往,所以我总得跟着她。她独自一人时总有不安的感觉,所以任何时间都得有人跟着她,甚至去喝汽水,或者去买东西也得有人陪着。"

与葛伦·戴维斯的相处是愉快的。1948 年的盛夏,美好的浪漫史悄然铺陈。这份感情如同澄澈的溪水,从头到尾都干净得透明。后来,戴维斯曾回忆说:"我们不喝酒也不吸烟,我也没有对她动过手。我们当然是做过接吻之类的事,但是我们绝对没有在一起睡过觉。"

他们的约会也很简单,比如一起吃个野餐,在海滩上与朋友们玩球,与一大群朋友去电影院看电影……在许多次约会里,最值得纪念的大概要数 1948 年 8 月 26 日的那一次了。那一天戴维斯带伊丽莎白去观看洛杉矶拉姆斯队小组的比赛,戴维斯穿着全套的足球装备,在一百码冲刺中，以 10.8 秒的优异成绩创造了新的纪录。

那一天，伊丽莎白被蜂拥而至的记者围追堵截，次日登在报纸上的各种照片更是令她眼花缭乱。

然而美好的时光总是过得飞快，那年的秋天，戴维斯要去朝鲜，伊丽莎白非常沮丧，尽管她想了很多办法，但终究无法将他留在国内。

伊丽莎白曾认真地考虑过嫁给他，成为他的妻子。然而残酷的现实，将这段美好的爱情击得粉碎。戴维斯离开后，伊丽莎白为了拍摄《阴谋家》而来到了英国。在那段时间里，她每天都会给戴维斯写信。后来，她的母亲莎拉曾回忆说："她是那么钟情于他，每天晚上都给葛伦写信，我们在那里共五个月，她从来没有和别人约会过。"

因为心中有了一个人，便再也无法放下其他人。伊丽莎白曾在一封信中说，当她必须在银幕上与男主角接吻时，她就会闭上眼睛，把对方想象成戴维斯。只有这样，她才能演下去，虽然没有与心上人接吻那么快乐，但至少可以把这场戏应付过去。

拍完《阴谋家》后，伊丽莎白与母亲前往佛罗里达与父亲会面，在那里，霍华德叔公将会为她举行 17 岁的生日宴会。对她来说，生日宴会上最好的礼物不是那些名贵的首饰、衣物，而是戴维斯打来的电话。他告诉她，他的假期将从 3 月 1 日开始，到时候他会去她叔公家与她见面。

就在伊丽莎白满心欢喜地期待着心上人的到来的时候，另一个年轻人闯进了她的世界。这个 28 岁的俊朗青年叫小威廉·D. 波利。他带着伊丽莎白参加了几次宴会，他的彬彬有礼给伊丽莎白的母亲莎拉留下了良好的印象。经过一番深入了解，莎拉得知他的父亲是个亿万富翁，还曾是驻巴西、秘鲁的大使。看到他家的财富与非凡的社会地位，莎拉开始对葛伦·戴维斯与伊丽莎白的感情有些动摇了。

几天后，伊丽莎白在母亲的陪同下来到了迈阿密机场。莎拉曾试图吸引记者的注意，不让他们去拍摄伊丽莎白与戴维斯亲密的照片，但是并没有起到什么作用。第二天，著名电影明星与英俊的陆军军官拥吻的照片便传遍了全球。

戴维斯为伊丽莎白带来了一份别致的生日礼物——一串由 69 颗珍珠串成的漂亮项链。珍珠项链将伊丽莎白的脖颈衬托得格外白皙动人，终于见到了牵念已久的人，她喜不自胜。

事实上，戴维斯还准备了一份礼物——一枚放在蓝色丝绒盒里的由红宝石与钻石镶嵌而成的戒指。那枚戒指是仿他戴的那只配有西点军校徽章的戒指做成的，他计划着要在他们正式宣布订婚之前将这枚戒指送给她。

然而遗憾的是，伊丽莎白永远也不能收到这枚戒指了，因为戴维斯发现，伊丽莎白的身边有了另外一个人——波利。

莎拉希望女儿能嫁给波利，而不是一个穷军官。她认为波利能给女儿的，远远比戴维斯能给女儿的多。在母亲的坚持下，伊丽莎白的态度也渐渐有了转变。戴维斯后来曾义愤填膺地说："说实在的，他能为她提供的生活享受比我多得多。那家伙还挺油，当我到达时，他还为我们举行了宴会。我在那里度过了个把星期的奢华生活，然后就主动回去了。我只是说了句'去他妈的'，就离开了。"

戴维斯带着无限愤懑离开了，他爱情的梦想也随之破灭。米高梅公司宣传部门宣布：全美足球英雄与世上最美的少女之间的浪漫史正式结束。一时间舆论哗然，大家纷纷探讨起他们分手的原因。

然而舆论的压力，却让这个 17 岁的少女感到不堪重负。她说："也许我应该爱上像餐厅跑堂那一类的人，这样这件事情就不会引起轰动了。"

莎拉对于他们的分手非常高兴，因为这样一来，女儿就可以把精力全部集中到富有的波利身上了。想到波利家中的豪宅、佣人、私人游泳池，莎拉便觉得格外开心。

波利早就倾心伊丽莎白了，当他得知伊丽莎白与戴维斯分手的消息后，立即给伊丽莎白写了一封热情洋溢的信，表达自己的爱慕之情。他甚至在信中向她求婚，还提出要乘飞机去加利福尼亚，以便向她送上订婚的钻石戒指。

在与母亲商议后，伊丽莎白答应了波利的求婚，但是要求他对此保密，直到他们订下婚约的时候才能将此事公之于众。

1949 年的 5 月，伊丽莎白与母亲飞往佛罗里达，与波利一家在美丽的夕照岛上度过了美好的三周时光。他们很快订了婚，波利向心爱的姑娘送上了一枚精致的钻戒，戒指中间是琢磨成长方形的一颗 3.5 克拉的钻石，在这颗钻石的两旁，还分别镶嵌着重半克拉的小钻石。

为了宣布婚讯，莎拉特意召集了一次记者招待会。她向记者们宣布："伊丽莎白要到明年 2 月才能从米高梅的高中毕业，这就是为什么婚礼要等到明年春天才能举行。伊丽莎白过两周就要回好莱坞去拍一部新片。"

波利希望伊丽莎白嫁给自己后能安心做一个好妻子，而不是成为一个电影明星。伊丽莎白也表示，她愿意为了婚姻放弃事业。不过，在他们还没有举行婚礼之前，伊丽莎白依然是万众瞩目的明星。

过了几天，米高梅制片人萨姆·马克斯打来电话，邀请伊丽莎白和莎拉去喝茶。母女俩接受了邀请，之后，马克斯来到了波利家的住宅。

开门的正是波利，他满面严肃地问他来做什么。马克斯回答说："我来接伊丽莎白去喝茶。"

波利一听勃然大怒："滚开！她要和我一起去钓鱼！"正在马克斯不知所措的时候，伊丽莎白过来圆了场，"马克斯先生给了我第一次拍电影的机会，我已经答应他去喝茶，我现在就要去。"

波利一句话也不说，用力地关上了门后离开了。整个下午，伊丽莎白都是眼泪汪汪的，她的确爱着波利，但是两个人之间的矛盾却无法调和，如果就这样草率地结了婚，还不知道以后的日子会怎样。思前想后，她觉得两个人还是分开一段时间，彼此冷静一下才好。

于是伊丽莎白戴着那枚订婚戒指回到了好莱坞，并参演了一部名为《宿醉》的浪漫喜剧片。每天晚上，她都会与身在佛罗里达的波利通长途电话，一聊就是好几个小时。波利一直在劝她放弃电影事业，但是她母亲又不同意，这使她左右为难，心情非常紧张。

伊丽莎白深知，她是家里唯一的经济来源，如果她放弃电影事业，那就辜负了全家对她的爱与期望。想到这些，她愈发苦恼。有时候，人生中最艰难的不是奋斗，而是选择。

莎拉理解女儿的处境，她提出了一个折衷的办法：让伊丽莎白在拍片的时候待在好莱坞，其他时间则住在迈阿密。这样双方各让一步，也算圆满了。最后，波利勉强同意了这个办法，伊丽莎白顿时欣喜若狂。

然而这个办法只维持到了伊丽莎白拍摄《岳父大人》的那段时

间。在这部影片中,伊丽莎白饰演一位富家女子,与她配戏的是斯宾赛·屈塞和琼·贝内特。在面对记者采访时,她非常开心地表示,非常高兴能在银幕上饰演即将成婚的新娘,而在现实生活里,她也盼望着成为这一相同的角色。

然而这个梦想却遭遇了现实的阻碍。1949 年 12 月 15 日,米高梅公司把伊丽莎白借给了派拉蒙公司,去参演《郎心如铁》,这部影片由电影界的传奇人物乔治·斯蒂文斯执导,要知道,多少演员都梦想着能拍他执导的影片,但是只能望洋兴叹,而伊丽莎白成了令人羡慕的幸运儿。

母亲莎拉对此非常开心,但是波利却有些不高兴。他给伊丽莎白打来电话,要求她确定他们的婚期与离开影坛的日期。

伊丽莎白向他保证:“比尔,一拍完这部影片我们就结婚。”她不愿意失去这个难得的机会,何况,拍这部电影最长也不会超过六个月,她只有 17 岁,如果就这样嫁为人妇,总是有些遗憾。

然而波利却不肯妥协。当天晚上,他直接飞往加利福尼亚,对伊丽莎白一家表示:如果伊丽莎白不马上放弃她的事业,他就立刻与她分手。

伊丽莎白没想到波利竟会如此决绝,她啜泣着央求他,但依然无济于事。第二天,波利离开加利福尼亚后直接向新闻界宣布了他与伊丽莎白婚约已经破裂的消息。

梦想与现实之间,总是有着不可逾越的鸿沟,伊丽莎白第一次感觉到在命运面前自己是多么渺小,有些东西,你越想拼命抓住,越是会消失得无影无踪。

不过,失去也未尝不是一件幸事,因为有失去,才会有新的收获。

假如你无法得到想要的东西,不要焦虑,不要难过,那是因为有更好的东西在前方等着你。

没有了爱情的束缚,伊丽莎白在短暂的悲伤后便全身心地投入到了电影事业里。

派拉蒙公司指派蒙哥马利·克利夫特带伊丽莎白去格雷曼的中国剧院参加《女继承人》的首映式,但是他表示拒绝。他认为自己是个严肃的演员,不应该去玩那些“廉价的电影明星把戏”。更何况,他对伊丽莎白毫无印象。他有些愤懑地问身边的人:“这个该死的伊丽莎白·泰勒到底是谁啊?”

有人告诉他,伊丽莎白是个美丽的米高梅公主,只有17岁,还曾上过《时代》杂志的封面,不过,这并没有打动高傲的克利夫特,他依然不想去参加首映式。派拉蒙公司却坚持让他参加,并要求他陪伊丽莎白同往。拗不过公司的安排,最后他只好妥协了。毕竟,他刚主演了派拉蒙公司的《女继承人》,接下来还要主演派拉蒙的下一部电影《郎心如铁》。

想到要与百老汇的29岁当红男明星同往,伊丽莎白特意找服装部门的设计师为自己设计了一套性感而精致的服装,那是一套裸肩的网眼晚礼服,再配上一顶白色的皮帽。这身衣服将17岁的她打扮得颇为成熟,妩媚中又不失清纯。

克利夫特来接伊丽莎白时,莎拉正在门口迎接他。看到克利夫特俊朗的容貌与优雅迷人的举止,莎拉不禁大有好感,话也越来越多,伊丽莎白甚至感到有些窘迫。上车后,她转过头对克利夫特说道:“对不起,妈妈真是的,她有时候可真操蛋。”

克利夫特听后大吃一惊。他没想到,这位看上去像是世界上最美丽最清秀的年轻姑娘,竟然会以这种粗俗的话语来道歉。不过,他喜欢这种干脆爽朗的方式,所有的不快都瞬间消失了,他不禁开怀大笑起来。

他与伊丽莎白的相处非常愉快。在首映式结束后,他们又参加了《女继承人》的导演所举行的宴会。伊丽莎白与克利夫特是最后离开的,克利夫特送她回家时,已经是凌晨两点钟。他陪她走到门口,然后在她额头上轻轻地吻了一下,转身离开了。

接下来,他们一起合作拍摄了影片《郎心如铁》。这部影片改编自西奥多·德莱塞的小说《美国的悲剧》,伊丽莎白将饰演女主角安琪拉·维克尔斯。在剧本里,这位漂亮而富有的交际花爱上了由克利夫特饰演的乔治·伊斯特曼。

剧组将第一场戏的地点选在了塔霍湖畔。拍摄计划的第一个场景是伊丽莎白与克利夫特在湖边做爱,还要像孩子一般在水中戏耍。当时已是秋季,加之地势较高,有些地方已经有了积雪,这个拍摄过程是非常痛苦的。按照剧情,男女主角要脱掉外衣,只穿着泳衣跳到湖水里。但是克利夫特拒绝脱衣服,导演只好改了这场戏,只有伊丽莎白一个人穿着泳衣跳入湖中。

从进入影坛的那一天开始,伊丽莎白就尝过了为艺术而牺牲的苦楚。在拍摄这场戏的时候,她正值生理期,尽管母亲莎拉一再反对,但是导演坚持让她演,还要求一次次地重拍。看着女儿一次次跳入冰凉的湖水,莎拉心痛不已。这一天的拍摄结束后,莎拉带她回了旅馆,并连续三天没让她再拍戏。

莎拉最担心的,是女儿可能会因此而丧失生育能力。在以后的二十年中,伊丽莎白都拒绝在生理期工作,并将这条规定直接写进了合同。

那时的伊丽莎白美貌绝伦,但是在演技上还没有达到炉火纯青的地步,虽然在米高梅公司备受关爱,但是在派拉蒙却没有这么好的待遇了,如果她的表演不合格,导演会要求她一遍遍地重演,直到合格为止。

虽然拍摄这部影片非常辛苦,但是也让伊丽莎白受益匪浅。也是通过这部影片,她与克利夫特建立了一生的真挚友谊。每当她遇到困难时,克利夫特总会想办法帮助她。他耐心地为她讲解如何在塑造人物时深入角色的内心,如何才能将剧本上的角色演成观众眼中活生生的人。

伊丽莎白越来越钦佩克利夫特,她觉得,他简直是世界上最有才华的人。他似乎能看透她的内心,不需要她说话,他就能理解她的全部情感。在生活中,他们有很多相似的地方,比如他们都曾是童星,很小的时候就进入了影坛。又比如他们都有一位野心勃勃的母亲,她们都是自我陶醉式的人物。

对于伊丽莎白来说,克利夫特是长兄,是密友,只有在他面前,她才敢毫无保留地呈现自己全部的喜怒悲欢。他包容她,放纵她,以他的耐心与关怀融化她心中的坚冰。当别人都在关心她能不能赚钱的时候,只有他在关心她过得是否幸福。克利夫特总是亲昵地叫她“贝西·梅”,并告诉她:“假如和猴子结婚能使你幸福的话,那就和它结婚吧,可是你必须十分肯定,这是一只配得上你的猴子。”

或许友情的温度不如爱情那般炽烈,但却比爱情长久。它细水长流,绵延不绝,在心灵的某个角落缓缓流出,滋润着整个生命。对于伊丽莎白来说,与克利夫特的友谊,是她一生的宝贵财富。

就像人们叹息奥黛丽·赫本与格里高利·派克没能成为夫妻一样，人们也为伊丽莎白与克利夫特没能结成连理而感到遗憾。然而旁观者永远无法理解当局者的感情，缘分的到来与离开，总是令人无法捉摸。

1950年，18岁的伊丽莎白结识了身价不菲的皇室酒店继承人小康拉德·尼科尔森·希尔顿，并很快与其步入了婚姻的殿堂。那一场盛大的婚礼曾轰动一时，数千旁观者簇拥在华比利山庄教堂外面的大街上，几乎将教堂围得水泄不通。当时，不知多少人羡慕他们，然而遗憾的是，这段童话般的婚礼还不到一年就走向了破裂。原因是希尔顿经常酗酒，常常喝得酩酊大醉后拿伊丽莎白出气。在她怀孕的时候，希尔顿还曾对她拳脚相加，导致她不幸流产。

逃出婚姻的樊笼，伊丽莎白终于重获自由。好在她没有因为这场不幸的婚姻而一蹶不振，这个美丽娇艳的女子，在历经艰难后更懂得如何保护自己。两年后，她嫁给了比她大12岁的英国演员迈克尔·威尔汀，并生下了两个孩子。

然而，演员的婚姻似乎总是难以维持太久，伊丽莎白也陷入了这个可怕的魔咒。这段婚姻维持了五年，便宣告破裂了。之后，她又嫁给了比她大23岁的迈克尔·托德，并生下了一个女儿。本以为是一个幸福的开始，没想到这又是一场噩梦。迈克尔·托德因一场飞机失事而永远地离开了人世，伊丽莎白再度陷入了孤苦境地。

那一年，伊丽莎白·泰勒刚刚26岁。

26岁的她已经经历了数次感情的创伤，好在她积极乐观，并没有因为那些创痛而对爱情与婚姻失去信心。后来，她又嫁给了埃迪·费舍尔。

然而,纵观伊丽莎白的一生,我们会发现,那些富有传奇色彩的经历还只是她爱情生活的序幕。1961 年,伊丽莎白在罗马拍摄著名的《埃及艳后》时,与影片中饰演马克・安东尼的理查德・伯顿陷入了爱河。彼时伯顿已经有家室,但是这个不修边幅的威尔士人依然对爱情充满向往,伊丽莎白的性感妩媚,如同一朵飘散着暗香的玫瑰吸引了他,而他身上的那种狂野与诗人般的气质也征服了伊丽莎白。他们互相倾慕,互相赞赏,如同两块磁石般深深地吸引了彼此。

在伊丽莎白看来,伯顿几乎拥有她所爱过的所有男人都有的特点。他富有,幽默健谈,而且才思敏捷,又懂得体贴他人。在《埃及艳后》的拍摄现场,伊丽莎白甚至露骨地说道:"光听他的声音就足以使我达到情欲的高潮。"

《埃及艳后》轰动一时,这部影片既成就了电影本身,同时也成就了伊丽莎白与伯顿的爱情。每每提到伊丽莎白,伯顿总是赞不绝口。他曾这样说道:"他们说这部影片的成本要高达 2000 万美元,但是这部片子可以赚更多的钱,因为伊丽莎白太棒了。那天他们拍了一个她裸体躺在躺椅上的镜头,光这个镜头就价值 2000 美元。我必须承认伊丽莎白的确使我着了迷。我不懂她怎么会表演出那么好的效果。在银幕下,她只是一个可爱迷人的姑娘,但是一旦面对镜头,就有神奇的魔力,她用那双眼睛对你一看,你的血液似乎就会沸腾。"

伯顿毫不掩饰对伊丽莎白的迷恋。那时候,伊丽莎白与丈夫埃迪的感情还不错,为了使婚姻更美满些,他们还收养了一名德国的女婴。这个孩子有先天性的残疾,需要花很多钱进行一系列的手术才能走路,但是伊丽莎白并没有放弃她。

看着妻子对孩子百般呵护,埃迪心生暖意。尽管伊丽莎白与伯顿的感情日渐升温,但是埃迪并没有意识到危机。直到 1962 年 1 月 22 日,当伊丽莎白与伯顿在摄影机前正式表演第一场戏的时候,从两个人炽烈的眼神中,人们意识到他们已经假戏真做了。

没几天,关于他们的罗曼史就被传得满天飞了。一些报纸甚至打出了“伊丽莎白与埃迪离异”的标题,为了能拍到伊丽莎白与伯顿约会的照片,记者们常常藏在树丛里,甚至爬到了楼顶上。

人们总是对桃色新闻格外关注,于是媒体也顾不得什么职业操守,只要娱乐圈里有一点风吹草动,他们都会大加渲染地频繁报道。对于没有结婚的公众人物来说,爱情自然会得到人们的祝福,但是对于已经结婚的公众人物来说,所谓的“爱情”只不过是让人唾骂的丑闻。因此,当有夫之妇伊丽莎白与有妇之夫伯顿走到一起的时候,人们更多的是抨击指责,罗马教廷甚至认为他们的行为污染了罗马的神圣土地。《时代报》斥责伊丽莎白为“破坏家庭、吞噬丈夫的放荡不羁的淫妇”,梵蒂冈城的周报《主日观察家报》谴责她不配做母亲,甚至批评德国的有关机构不该把孩子交给这种人收养:“这种机构在把孩子交出之前难道不考虑一下吗？难道他们不会看看有关领养人的道德材料吗？把这个女孩交给一个诚实的砌砖工人和一个朴实的家庭主妇,不比交给你,我亲爱的夫人,和你那第四任前夫强得多吗？这个家庭主妇和砌砖工人会更加努力地工作,会严肃地为这个孩子做出牺牲,而你却有其他事干……”

伊丽莎白虽然爱得疯狂,但是她内心依然保持着理性。她知道伯顿对于他的家庭的重要性,尤其是那个生来就智力不全的女儿,她感到内疚。对于外界的种种指责,她早已习惯,但是想到伯顿的家庭,她却犹豫了。她写了一封信交给伯顿,告诉他自己依然十分爱他,但是不想毁掉他的生活。因此,她决定与他断绝关系。

但是炽烈的爱情,怎会因为一封信的力量就熄灭呢?伯顿爱着妻子,但是也爱着伊丽莎白。在家庭与爱情面前,他进退两难,不知所措。他对一位朋友说:“我对西比尔(他的妻子)怀的是另一种爱。我想我对伊丽莎白的爱情更加完美,更加必要。以前我对这种爱情并没有多少觉察,没有把它合理化。但是我对西比尔的爱更像是父亲对女儿的爱。我很想保护她,因为她天真可爱,聪明无私,喜欢傻笑。”

相信任何男人都无法忍受妻子出轨的事实,埃迪在知道这件事后除了愤怒,还有难过。他每天晚上都到夜总会去唱歌,总要唱一首“克莉奥,尼罗河畔的花痴”来嘲弄伊丽莎白。最后,两个人的婚姻毫无疑问地走向了破裂。

尽管饱受指责,但最后伊丽莎白还是与伯顿结婚了。那一年伊丽莎白 32 岁,而伯顿 38 岁。虽然历经波折,但两人终究走到了一起。伊丽莎白热切地说:“我真高兴,高兴得难以置信。这次婚姻将永无尽日。”

那时的伊丽莎白一定是希望能与伯顿白头偕老的,她相信,伯顿将会是她终生的伴侣。

虽然这段婚姻依然没能摆脱破裂的厄运,但与伯顿的相守,却是她一生中最美好的时光。

伊丽莎白的第七任丈夫是美国的参议员约翰·华纳。这段婚姻是寂寞的,约翰总是忙于政务,很少有时间陪伴妻子。后来伊丽莎白回忆说:“身为一位寂寞的政客夫人,只能与吃为伴。”于是,她爱上了各种美食,每天吃大量的食物,曾经窈窕的身姿迅速堆积了大量脂肪,这个万人迷恋的偶像成了不折不扣的大胖子。

这段婚姻依然以失败告终。离婚后,伊丽莎白开始到医院去戒酒、减肥,也是在这个过程中认识了她的第八任丈夫——39 岁的建筑工人拉里·斯坦斯基,但遗憾的是,这段婚姻依然没能长久。在第八次婚姻宣告失败后,伊丽莎白再也没有结婚,直到辞世。

虽然婚姻不幸,但是伊丽莎白在事业上取得了辉煌的成就。她的演艺生涯长达七十年,留下的电影作品有五十多部。她曾两次获得奥斯卡最佳女主角奖,喜欢她的人遍布世界,数不胜数。她是那么漂亮,漂亮到只需要站在镜头面前,即便什么都不做也能令人心生愉悦。她的美丽容颜几乎覆盖了她的演技,事实上,她的演技已经到了超乎寻常的地步。

她是最受人欢迎的票房女王,即便电影拍摄水平一般,但只要影片中有她的身影,也总能受到人们的欢迎。

在伊丽莎白的晚年,她从一个著名的女明星逐渐成了一个社会活动家,她是美国艾滋病研究基金会的创始人,并为这家基金会做出了重要贡献。

人世间没有永恒的生命,却有永恒的灵魂。她用自己的方式经历了传奇般的一生,即便多年过去,当我们翻阅历史的书页时,依然会为她的美丽而怦然心动。

第十五章

嘉宝：自我放逐于尘世之外

葛丽泰·嘉宝,一个受人尊敬、受人爱戴的传奇女子。1909 年,她成生于瑞典斯德哥尔摩市的一个贫困的工人家庭。父母为这个新生的小家伙取名葛丽泰·洛维萨·格斯塔夫森。

她有一个哥哥,名叫斯凡,还有个姐姐,名叫阿尔娃。她的父亲卡尔·格斯塔夫森在市里的清洁队工作,凭着微薄的薪资养家糊口,无论风雨,他都要去工作。这个男人有着精致的五官,而嘉宝完美地遗传了父亲的这个特点。她的母亲安娜·洛维萨是一个农场的厨娘,她有着修长的四肢,而这一点,也在嘉宝身上遗传下来。

嘉宝出生不久,一家人就搬到了经济公寓。那是一个非常狭窄又拥挤的地方,室内宽大的窗户虽然能带来阳光与新鲜的空气,但是也会带来寒冷的北风。一家人就这样挤在这个小房间里。

他们的房子里有一个火炉,这个火炉既用来取暖,又用来烧水做饭,还要用来烤木柴。厕所在外面的院子里,每当冬季来临,想要去厕所就必须忍受寒风的折磨。

尽管父母很努力地工作,但是微薄的收入常常供不上家里的花销。他们常常忍饥挨饿,很小的时候,嘉宝就体会到了生活的艰难。

她的性格颇为内向,喜欢独处。她喜欢躲在一个小角落里思考自己的问题,在自己的小世界里编织各种各样的故事。有时候,她也会幻想自己成为故事的主角。她的父母认为,应该允许孩子们随时思索,即使对于幼小的儿童来说,思索仍然有着极大的意义。那时人们不会想到，这个充满幻想的小公主在多年以后真的会成为许多故事的主角，在银幕上演绎自己精彩的人生。

日久天长，嘉宝形成了高傲急躁的性格。成年以后的她性格颇为怪异，比较愤世嫉俗，害怕甚至厌恶人群，这些特点的形成都可以追溯到她的童年时代。

14 岁那年，嘉宝的父亲去世，正值花季的她遭遇了命运的寒冬。家里没有了经济来源，她只好进入一家理发店去当学徒。1920 年 7 月 26 日，她又开始在一家百货公司的女帽部当学徒，每周工作六天，周薪 35 美元。在当时，这样的收入已经算非常不错了。

嘉宝并不喜欢读书，但是对舞台剧与电影非常感兴趣。不过，那时的她没有钱买票，为了过剧瘾，她常常站在剧院的后门听剧中人物的台词。但这个办法只对舞台剧奏效，至于电影，她就只能买票去看了，因为当时的电影还是默片，是没有声音的。好在电影票要比舞台剧的票便宜很多，她还支付得起。

嘉宝非常喜欢玛丽·碧克馥，尤其是她主演的《我最好的女孩》，嘉宝至少看了两次。一个人的时候，她常常反复揣摩演员的演技。想到玛丽作为一个 24 岁的少妇，竟然能把一个 11 岁的小姑娘的特点演得淋漓尽致，她不禁心生敬意，对电影的向往也越来越强烈。

或许是命运的安排，她偶然得到了一次当模特的机会。那是在 1921 年初，商店老板准备拍一个 10 分钟的广告片，为春季的呢帽、草帽打广告，其中规定所选的演员必须是本店员工。那一年嘉宝 16 岁，身高 1.7 米，长相清秀甜美，非常符合要求。经过试镜，她顺利通过了考核。

嘉宝似乎是天生的演艺明星，她的身上有一种令人迷醉的气质，只需看上一眼,便会让人铭刻于心。从那个小小的广告片开始,她的演艺生涯拉开了序幕。没多久,她又在一部名为《不要这样穿着》的短小广告片中担任了模特,在这部片子里,她要穿上各种荒唐可笑的怪异服装,做出各种滑稽可笑的愚蠢动作。她的表演非常到位,引得观众捧腹大笑。

当时,一位戏剧导演正准备拍摄电影《流浪汉彼得》,嘉宝决定去碰碰运气。当导演看到她的时候不禁眼前一亮,当即决定录用她。嘉宝喜出望外,马上辞掉了工作,并向身边的人宣布要去从影。

在许多命运的渡口,我们总会遇见那么几个改变一生命运的人。嘉宝的出色表演引起了人们的注意,这个漂亮的姑娘如同一阵清风,吹进了人们的心里。1923 年初,她在斯蒂勒执导的影片《科斯塔·柏林的故事》中担任女主角,也是从那时起,她开始使用“嘉宝”这个名字,一颗影坛新星正冉冉升起。

这部影片一经上映,便在瑞典、德国等国受到了广泛的欢迎。通过这部影片,嘉宝在世界影坛上渐渐崭露头角。于是斯蒂勒决定带着嘉宝前往美国,希望能让她进入好莱坞。

1925 年 6 月,斯蒂勒带着嘉宝来到了美国,并进入了好莱坞的米高梅公司。对于这位来自异国的年轻姑娘,米高梅公司并没有多么重视,毕竟,他们已经有很多演技一流又美貌不凡的演员。不过,在嘉宝试镜的时候,所有人都睁大了眼睛,这个年轻的姑娘,以她精湛的演技征服了米高梅。

嘉宝在好莱坞参演的第一部影片是《激流》,在片中饰演一个农村姑娘。影片中的她经过不懈努力,最终成为一位著名的歌唱家。而这样的剧情,也非常符合嘉宝的人生轨迹。她从社会底层出来,深谙那些小人物的悲与喜,与其说她是在拍戏,不如说是在演自己。

这部影片受到了广泛的欢迎,嘉宝的到来,为美国电影带来了独特的异域风情。

著名的喜剧明星卓别林在看过嘉宝的电影后,对她给予了高度评价。本来,他们还有过合作的机会,但是由于嘉宝的个头太高而无法和卓别林配戏,这也成了嘉宝心中永远的遗憾。

使嘉宝在银幕上大放异彩的,是她来到美国后拍摄的第三部电影《肉体与魔鬼》。在这部影片中,嘉宝饰演一个专门诱惑男人的美女。在拍戏期间,她与饰演男主角的约翰·吉尔伯特还发生了一段美好的恋情。

《肉体与魔鬼》由克拉伦斯·勃朗执导,他安排约翰·吉尔伯特与嘉宝配戏。起初,嘉宝并不愿意接受这个角色,甚至在影片准备开拍的时候,她采取了抵制行动——悄无声息地离开了摄影棚。

当时,吉尔伯特颇为不满,对身边的人嘟哝道:"这个应诅咒的女人是谁?"那时候他一定想不到,在见到这个"应诅咒的女人"后,竟会不顾一切地爱上她。

大家找了一天,还是没能找到嘉宝。几天后,嘉宝终于出现了,导演勃朗建议吉尔伯特与嘉宝见个面,互相认识一下。没想到,已经成为当红明星的吉尔伯特颇为轻蔑地说道:"见鬼去吧!让她来见我。"

没有办法,勃朗只好带着怯生生的嘉宝去拜见了这位大明星。但是相见之后,吉尔伯特发现,这个美丽的瑞典姑娘将他心中全部的高傲都融化了,她是那样端庄可爱,身上的每一个细节都散发着青春的迷人味道。

他们拍摄的第一场戏是在凉亭里互诉爱慕之情。在导演的指挥下,他们在镜头下做着一些亲昵的动作。彼此靠近的那一刻,他们被彼此深深地吸引了。

在拍摄期间,吉尔伯特对嘉宝关怀有加。每当她遇到困难时,他总会站在她身边,给她最温暖的依靠。戏里戏外,两个人的爱情如同火焰般燃烧起来,这也为影片添加了迷人的色彩。从某种程度上讲,这也对影片的宣传起到了推动作用,因此,制片方也对他们的爱情进行了大肆渲染,使这对银幕情侣深入人心,影片还没有上映,就已经有万千影迷在热切期盼了。

成功给嘉宝带来了无上荣耀,同时也带来了滚滚财源,嘉宝的周薪高达 5000 美元,这令许多演员望洋兴叹。曾经的贫苦日子,终于彻底成了历史,嘉宝成了最受欢迎的女明星,无论走到哪里,都广受欢迎。

在接下来的新片《爱情》中,嘉宝依旧与吉尔伯特配戏。无论是工作中,还是生活里,他们都形影不离,这份受人瞩目的爱情给他们带来了无限快乐,也在无形中扩大了两个人的知名度。

当这场爱情发展到谈婚论嫁的程度时,嘉宝却犹豫了,这让吉尔伯特非常焦躁,甚至变得敏感而极端,经常因为一点小事就大发雷霆。

有一天,他们正在新居吃饭,吉尔伯特似乎心情很好,他痴迷地看着嘉宝,忍不住赞叹道:“嘉宝,你真美!”嘉宝也陶醉起来,情意绵绵地呼唤起吉尔伯特的名字来。

恰在此时,管家进来通报:斯蒂勒来找嘉宝,正在门外等着。

当初,是斯蒂勒带嘉宝来美国发展的,他对嘉宝有着知遇之恩。

他常常会带着嘉宝去听音乐或看戏,但是在嘉宝与吉尔伯特恋爱后,这些举动似乎不再那么合适。

当吉尔伯特听说斯蒂勒来找嘉宝的时候,就知道一定又是找她去听音乐或看戏。嘉宝正准备出去赴约,吉尔伯特下楼追上了她,请求她不要去了,但是嘉宝还是上了斯蒂勒的汽车。吉尔伯特又去阻拦斯蒂勒,斯蒂勒轻轻一推,吉尔伯特跌倒在地,等他愤恨地站起来的时候,斯蒂勒已经带着嘉宝离开了。

愤懑不平的吉尔伯特对着黑夜咆哮道:“他想把我推下峡谷!”无奈之下,他只好回到房中借酒浇愁,焦虑地等待恋人的归来。几个小时过去了,她还是没有回来,焦急不已的吉尔伯特决定去嘉宝住的旅馆。

但是到了旅馆门前,门卫却不让他进去,吉尔伯特只好在外面徘徊。见嘉宝所住的房间亮着灯,他决定冒险从窗户爬进去。

据他自己称,他爬上了阳台,在快接近卧室的时候,斯蒂勒猛地推了他一下,使他跌到了栏杆外面。事实上,这只是吉尔伯特的臆想,他的确试图爬进嘉宝的卧室,但是没能成功,还跌了一跤,胳膊上擦破了皮。他又气又恼,对斯蒂勒愈发憎恨,回去后便向朋友们诉苦,还编织了斯蒂勒企图谋害他的谎言。

在影片《爱情》拍摄完后,嘉宝又拍摄了《神圣的女人》,在影片中与拉尔斯·汉森配戏。她对这部影片抱有深切的期望,然而影片公映之后,效果并不理想。

在那段时间里,嘉宝心情格外沮丧。斯蒂勒因为没能成为《神圣的女人》的导演,失望之下离开了美国,回到了瑞典。而嘉宝与吉尔伯特的恋情,也在此时画上了句号。她变得沉默寡言,很少与人交往。

1928年8月,嘉宝正在拍摄《野兰花》的时候,大洋彼岸忽然传来了斯蒂勒的死讯。她呆愣了片刻,然后出去一人待了几分钟,接着回来继续拍片。没有人知道那几分钟里她在做什么,或许是哭泣,或许是悼念。

一个月后,嘉宝完成影片的拍摄后回国了。这是她赴美以后第一次回国,她来到美国还不到4年,在这么短的时间里竟一跃成为世界知名影星,这简直是一个奇迹。

对于发现、提拔、培养自己的恩师斯蒂勒,嘉宝始终怀着敬重与不舍之情。尤其是当她得知恩师临死前还握着当年在美国为她拍摄的照片时,她更是万分悲痛。

之后,嘉宝拍摄了一系列的优秀作品,在影坛中的地位也越来越高,直至成为20世纪20年代后期的首席女星。1930年,嘉宝出演了她人生中的第一部有声电影,大家终于能听见她的声音了,观众们激动不已,电影院中挤满了蜂拥而至的影迷。

电影业从默片时代进入了有声时代,一些不善表达的演员遭到了无情淘汰。但是嘉宝不仅没有被淘汰,反而在表演技术上更加炉火纯青。她主演的《大饭店》获得了奥斯卡最佳影片奖,《安娜·卡列尼娜》与《茶花女》使她两度获得纽约影评协会最佳女主角奖……

各种奖项纷至沓来,使嘉宝的名字传遍了世界。

在电影的大变革时代,吉尔伯特却没有嘉宝那么幸运。他在他的第一部有声片《他的光荣一夜》中的表演很到位,但是声音却缺少共鸣,导演安排他在片中不断喃喃重复“我爱你,我爱你”这样刺耳的声调,当观众看到此处时,竟纷纷喝倒彩。从此,这位曾经红透影坛的明星在影坛中的地位一落千丈,米高梅公司再也没有给他安排角色。

本来,吉尔伯特已经准备在南太平洋的一艘游艇上与嘉宝举行婚礼了,但是事业上的打击,却使这个梦想永远无法实现了。嘉宝最终与吉尔伯特分手,这对银幕情侣终究没能修成正果,这也成了影迷们心中永远的遗憾。

1941年,36岁的嘉宝依然光彩照人,正处于事业巅峰的她,忽然选择了急流勇退。但是,她已是人们心中永远的女神,她在银幕上所塑造的诸多人物形象,是人们永远无法忘怀的。著名导演欧文·雷珀曾试图将她请回银幕,在《奇迹》中担任女主角,但是嘉宝说:"请别打扰我的安宁!我再也不会拍片了,嘉宝已经死了!"

从此,这个美丽得有些神秘的女子开始了她的隐居生活。第二次世界大战爆发后,嘉宝离开了好莱坞,在纽约市区买了一套有着7间屋子的公寓,一个人在那里生活。虽然她经常被记者和摄影师跟踪,但是她从来不让他们拍摄自己的特写近照。每天上午10点,她会准时戴上墨镜上街散步,购买一些食物。中午,她休息一个小时后会再上街转一圈。孤独的夜晚,电视机是她唯一的伴侣。她把那7个屋子都布置得非常雅致,大部分时间,她都会待在最里面的一间小屋。

隐居后的嘉宝结识了联合国的电影制片人雷蒙德·多姆,每天,他们会一起散步、聊天,但是在他们相处的18年中,嘉宝连电话号码都不曾告诉他。在被问及关于电影的事时,嘉宝郑重地声明:"不要问我电影的事,尤其是我为什么息影。"

她从来不会向别人提起自己的演艺生涯,仿佛她从来没有上过银幕一样。关于电影的问题,她总是选择拒绝回答。但是好奇的人源源不断,被问得烦了,嘉宝干脆说:“别问我问题!”

晚年的嘉宝为自己总结说:“我荒废了一生,现在想要改变它已经晚了。我散步的目的是逃避现实。当独自一人时,我常想到自己过去的一切,有好多值得深思的问题。总之,我对我的一生是不满意的。”她究竟为什么息影,为什么选择远离最爱的影坛,或许,只有她一个人知道了。

1990 年 4 月 16 日,一代影后嘉宝因病去世。人世间,那遗留的绝美容颜宛如一声轻轻的叹息。人生漫漫,有多少人能在人生尽头不留任何遗憾呢?嘉宝是孤独的,她在《瑞典女王》中曾说过这样一句台词:“我将一个人终了此生。”纵观嘉宝的一生,这句话竟一语成谶。

她选择在最美好的时候远离影坛,将自己最美丽的形象留在世人心中,然后一个人孤独老去。留在人们记忆里的嘉宝,永远地定格在《瑞典女王》结尾的刹那。她站在风中凝视着远方,那个形象如此绝美,却又美得有些凄凉。

第十六章

伍尔夫：一个人的房间

她是艺术的化身,文学构成了她的生命底色。她曾这样说道:"如果生命有一个基地,它就是记忆。"当时光的河流翻卷而去,她留在人间的文学财富如同熠熠生辉的明珠,照映着整个文坛。

弗吉尼亚·伍尔夫这个名字,是在她结婚后随丈夫姓所改的名字。1882 年 1 月 25 日,伍尔夫出生于英国伦敦肯辛顿,海德公园门 22 号。

她是莱斯利·斯蒂芬爵士与裘丽亚·达克沃思所生的第三个孩子,也是第二个女儿。她的父母在结婚之前都分别有过一段婚姻,因此,伍尔夫成长于一个大家庭中。她有七个兄弟姐妹:姐姐文尼莎、哥哥索比、弟弟安德里,另外还有同父异母的姐姐劳拉、同母异父的哥哥乔治与杰拉德、姐姐斯蒂娜。

父母为她取名"弗吉尼亚·斯蒂芬"。这是一个文学世家,家中的墙壁上挂着祖父葬于"诗人之角"的照片。虽然幼年的伍尔夫还不懂得文学,但是她从那张照片里能感受到一种强烈的信心——祖父之所以能被葬在那里,一定是因为他是一个伟大的人。

伍尔夫的父亲莱斯利是一名传记作家,母亲的家里还有一些高贵的上流社会的亲戚。不过,他们交往较多的都是一些文人墨客,经常会有一些艺术节的名流人士到她家拜访。长期的耳濡目染,小小的伍尔夫也对读书产生了浓厚的兴趣。

父亲有一个大大的图书馆,起初,父亲总会对她阅读的书目进行仔细甄选，并加以引导。待伍尔夫长到十四五岁，她的聪慧与辨别力已经完全令父亲信服，便放任她在图书馆中挑选自己所喜爱的书籍。

在英国的维多利亚时代，对于一个女孩子而言读书是一种破例的自由。在这种轻松自由的环境里，伍尔夫得以博览群书，这为她日后成为一名作家打下了深厚的基础。

伍尔夫出生不久，她的父亲莱斯利·斯蒂芬偶然发现了一条"能想象到的最可爱的道路"。那里有大片大片的黄色樱草花与蓝色风铃草，远处是圣·伊文斯港湾与沙丘。他在信中兴奋地向妻子描述道：那里空气像丝绸一样柔和，带着像新鲜牛奶那样的甘甜的气味。

那里有一座出租的房屋。房屋大约建成于 16 世纪中期，楼上的房间没有家具，也没有水龙头，但视野开阔，可以看到美丽的康沃尔灯塔。

文人特有的诗意血液在莱斯利·斯蒂芬的身体里沸腾，他毫不犹豫地租下了那所房子，每年的 7 月中旬到 9 月中旬，他都会带着一家人搬到那所房子去住。

那里远离尘嚣，一切景象还停留在 16 世纪的样子。一年中，斯蒂芬一家只在那住上两个月，其他的十个月是空着的。

伍尔夫非常喜欢那里的花园，经常和兄弟姐妹们嬉戏其中。花园挺大，顺着斜坡一直延伸到大海。花园的一个草坪被命名为"咖啡园"，那里是他们的板球场，还有一部分是菜园和池塘。伍尔夫记得，那个菜园子里交错盛开着茂密的鹅莓与无核的小葡萄花，还带有一个喷水龙头，更长满了许多草莓、葡萄之类的夏季水果。伍尔夫非常喜欢那里，将其称为"袖珍天堂"。

幼年的伍尔夫就在文学上表现出了非凡的才华，她常常与父亲一起探讨问题,小家伙说出的话常常令父亲感到惊讶。5 岁的时候,她每晚都会给父亲讲一个故事,这令父亲倍感骄傲。

童年本该是快乐无忧的,然而一场可怕的噩梦,却给伍尔夫留下了终生的阴影。她那同母异父的哥哥杰拉德日渐长大,对女孩子的身体与性也愈发好奇,他将目光落在了年龄最小的妹妹伍尔夫身上。6 岁那年,伍尔夫的身体遭到了 18 岁哥哥杰拉德的侵犯。

多年以后,伍尔夫在《往事随想》中回忆了那个可怕的场景:“在餐厅的门外有一个供站立的大石板,我很小的时候,有一次杰拉德将我举到台上,当我坐在那里时,他开始在我身体上摸索。我能记住他的手在我的衣服下面摸索时的那种感觉,他坚定地、不断地越来越往下。我记得当时我是多么希望他能停下。当他的手靠近我的私处时,我是多么僵硬与扭动不停,但他没有停下来,还是抚摸了我的私处。我记得我的愤怒与厌恶——如此不可言状与混合的感情能用什么词语来表达呢?当时有一种强烈的刺激,我仍能回忆起来,这似乎表明我对身体某些部位的一种感觉。……”

那是终生难以抚平的伤疤。长大后的伍尔夫一直对性表示抗拒,在她的文学创作里,也频频流露出对性的冷漠与蔑视。

为伍尔夫积累了文学底蕴的,除了那如世外桃源般的美丽风光,还有伦敦的尘世喧嚣。1904 年的早春,莱斯利 · 斯蒂芬去世,这给了伍尔夫沉重的打击。

伍尔夫是那样深爱着她的父亲和母亲。13 岁那年,她的母亲去世,让伍尔夫第一次感受到了生命的脆弱与无常。父亲去世的时候,她已经 22 岁。在她过生日的时候,父亲莱斯利已经病重,但他依然勉强支撑着自己送给了女儿一枚漂亮的戒指,并告诉她,她是一个

“非常好的女儿”。父亲越是压抑着病痛来安慰她,她越是感到巨大的悲伤与无助。去世之前,莱斯利向伍尔夫口授完《深宅大院书》的最后一段,让女儿记录下了这样的一段话:“想到你们所有人彼此喜爱,我感到很宽慰。你们如此相亲相爱,我走了,你们没有我会更好地做事情。”

父亲去世后,伍尔夫与几个兄弟姐妹决定搬出海德公园门 22 号这座公寓大厦。那里有太多的死亡记忆,父亲的去世,使这个昔日的安乐窝成了他们永远的伤心地,只要睁开眼睛,便能看见与父亲有关的一切。他们选择了布鲁斯伯里北角,那里交通便利,而且非常安静。

搬家后,伍尔夫经常去街市上散步,有时候也会乘坐公共汽车穿过拥挤的街区。眼中所见的一切景象,都在她脑海中不断升腾、沉淀,为她日后的文学创作积累了重要的素材。

二十多岁的年纪,正是女孩子的黄金时期。当别的女孩子都在为打扮自己煞费苦心的时候,伍尔夫却总是素面朝天。她讨厌参加舞会,觉得那些聚会单调乏味。她无法在那种氛围中找到自己的位置,总是觉得浑身不自在,甚至感觉自己像是在努力排队等着被卖掉。

伍尔夫热衷于在街头游走,倾听街市上的各种声音。那些在别人听来非常嘈杂的声音,到了她的耳朵里却成了美妙的音乐。她喜欢听街头的叫卖声,喜欢听路人谈天说地,喜欢关注那些永不衰竭的话题……

平时,她也会去听音乐会,去看戏剧和各种画展,她像一株小草般拼命汲取这个城市的文化营养。正是因为那些她切身的体会,她才能将这个世界活灵活现地描摹出来。

父亲去世后,伍尔夫一度出现严重的精神病症状,幸好在好友沃伊利特的精心照料下逐渐恢复,但是这也为她一生的健康埋下了隐患。

伍尔夫患病期间,姐姐文尼莎曾三次安排伍尔夫离开伦敦,到剑桥的姑妈家或约克郡的表姐家小住。文尼莎认为,让妹妹离开伦敦,换个环境有利于她调整心理。另外,这也可以锻炼伍尔夫的独立性,让她更好地学会生活。

姐姐的安排让伍尔夫颇为反感。她将那三次离开伦敦的行程看成是流放,甚至怀疑姐姐文尼莎是否还爱她。也是在那段时间里,她越来越希望能够通过写作来得到大家的认可,她要向世人证明自己的实力与存在价值。

于是,她开始拿起笔,将心中源源不绝的灵感书写出来。她写了一篇书评,接着又写了一篇论文。在好友沃伊利特的帮助下,两篇文章先后发表在了《卫报》上,第一篇发表于 1904 年 12 月 14 日,第二篇发表于 12 月 21 日。

从此,创作的欲望如同烈火般在伍尔夫的身体里燃烧起来。

从 1905 年 1 月到 1907 年底,伍尔夫在莫里学院教学。在这期间,她还举办了一个女生的读书俱乐部,在学校开设了英国历史的课程与英文写作课程。这些工作使她得到了极大的锻炼,尽管她班里的学生人数一再下降,但是她从未泄气。从前那个羞涩而沉默的伍尔夫,终于变得成熟大方起来。

除了写作之外,她对绘画的兴趣也颇为浓厚。1905 年 3 月,伍尔夫的哥哥索比成功组织了一次聚会,参加聚会的有索比在剑桥的同学，也有他的兄弟姐妹，也包括伍尔夫。这是社会人士与艺术人士的会面，大家畅所欲言，讨论艺术美的本质、善的性质等抽象问题。在第一次成功聚会后，大家约定每周四晚上进行有规律的聚会，这也为伍尔夫开阔了视野，沉淀了其文学创作的底蕴。

在聚会中，伍尔夫与文尼莎成了两朵引人注目的花。她们不仅有着漂亮的容颜，更有着良好的涵养，聚会中的男士们总会忍不住多看她们几眼。后来成为伍尔夫的丈夫的伦纳德·伍尔夫曾这样赞美姐妹俩：

“我认为文尼莎，通常比弗吉尼亚更显漂亮，她的五官更完美，她的眼睛更大也更美，她的皮肤更有光泽，她的美令人敬畏，因为它混合着三位女神的美。弗吉尼亚有一种不同的美，当她状态很好的时候，她显得无忧无虑、快乐开朗。她兴奋愉悦的时候，她的脸光彩照人，带着浓郁的近似天仙的美丽。当她平静地读书或思考的时候，她也是极其美丽的。”

相比于那些令人眼花缭乱的舞会，伍尔夫更喜欢这种有内涵又有情调的文学沙龙。

伍尔夫常常与兄弟姐妹们一起旅行。她对外面的世界充满好奇与向往，每每出行，总要带上笔和本，将一路的风景与感想记录下来。无形之中，这也是一种文笔的历练。那些细小的经历一点点积累着，为伍尔夫日后成为著名作家奠定了重要的基础。

1906年的秋天，伍尔夫与姐姐文尼莎、好友沃伊利特一起到希腊与索比和安德里汇合，兄妹四人再度开始了旅行。

对于伍尔夫来说，希腊是一个神圣而美好的地方，那里有最著名的诗人、哲学家、雕刻家与英雄，有最迷人的海水、沙滩与阳光，那里沉淀着历史的沧桑,仿佛每一寸土壤,都被浓郁的文化所浸染。

然而当他们抵达希腊的时候,伍尔夫才意识到现实与理想之间的鸿沟。在希腊,他们遇到了很多棘手的问题,比如拥挤的旅馆,床上的虫子……

他们曾艰难地学习希腊语,本以为能够顺利地与当地人沟通,但是他们惊讶地发现,自己所学习的“希腊语”与当地的“希腊语”竟然是不同的发音。因为此错误,伍尔夫还写了一篇关于索比试图用希腊语与当地人沟通的讽刺性文章。

对希腊所有的期待,都被现实击得粉碎。大概是水土不服,文尼莎到达希腊没几天就病倒了。两个星期后,大家的高昂情绪完全冷却了,只好悻悻地回了伦敦。

回到家后,索比也发起了高烧,虚弱地躺在床上,照顾哥哥和姐姐的重任落在了伍尔夫肩上。文尼莎还从皇家学院请来了她的朋友照顾自己和索比。一个星期后,文尼莎的病情好转,但是索比却越来越严重。1906 年 11 月 20 日,才华横溢又温文尔雅的索比不幸去世。

亲人们的相继去世,给伍尔夫造成了严重的精神创伤。或许是已经习惯了这种悲痛,哥哥去世后,伍尔夫竟出奇地冷静。就在哥哥去世两天之后,姐姐文尼莎接受了克莱夫·贝尔的求婚,并于当年 12 月 18 日正式订婚。

伍尔夫不自觉地将哥哥的死去与姐姐的订婚联系起来,觉得姐姐是对索比与自己的背叛,这种背叛损害了姐妹俩多年以来的和谐关系。

1907 年 2 月 7 日,文尼莎与克莱夫举行了婚礼。伍尔夫与弟弟安德里搬到了菲茨罗伊广场 29 号。从此,姐姐不仅仅是自己的姐姐，更是别人的妻子，每每想到此，伍尔夫总是有些失落。她开始写姐姐的传记，后来又写起了自己整个童年的回忆录。当那些故事都被写过一遍后，她又开始尝试着写小说。

在文尼莎怀孕期间，姐夫克莱夫一直照看着伍尔夫。这个秀外慧中的女子似乎有一种特殊的魅力，令克莱夫不能自拔。孩子出生后，文尼莎将全部的爱都投放到了儿子身上，这也让克莱夫有一种失落感。而伍尔夫身上既有着少女的纯真美好，又有着文化底蕴，日久天长，克莱夫竟爱上了这个才貌双全的妹妹。

对于伍尔夫来说，克莱夫身上有着成熟男人的魅力，她对他充满向往与好奇。过去，伍尔夫总觉得姐姐背叛了自己，但实际上，她却与克莱夫一起背叛了她姐姐。

大家对这种尴尬的三角关系早已心知肚明，只是谁都不愿意去捅破。文尼莎力劝妹妹嫁人，或许只有这样才能让大家都不受到伤害。她对妹妹渐渐疏远，既然不能撕破脸去指责妹妹与丈夫的不伦之恋，她便指责伍尔夫的艺术。幸好，伦纳德·伍尔夫的出现解除了这场亲情与爱情的危机。

30 岁那年，伍尔夫与伦纳德结婚。

其实，早在伍尔夫十八九岁的时候，伦纳德就曾在剑桥的三一学院见过她。那是他第一次见到伍尔夫，在他的印象里，她是一个高雅的英国淑女，让他有一种可望而不可即的感觉。那一天她穿着白色的衣裙，手中拿着一把太阳伞，娇美的面容美得令人窒息。

伦纳德家中有 9 个兄弟姐妹，他排行第四。父亲辛德尼是一名律师，他母亲是荷兰人的后裔。伦纳德是父亲最宠爱的孩子，然而 1892 年，深爱着他的父亲却过早地辞世，给童年时代的伦纳德带来了巨大的精神打击。

伦纳德的经历与伍尔夫颇为相似,这也在无形中拉近了两个人的距离。

在伦纳德追求伍尔夫的同时,还有其他人也在追求着这个美丽的姑娘。1909 年 2 月 19 日,好友利顿·斯特雷奇告诉伦纳德,自己已经向伍尔夫求婚了,但是遭到了拒绝。他建议伦纳德也向伍尔夫求婚,还向他保证,如果他去求婚,一定会被接受的。

伦纳德并没有急着去求婚,但是时间的流逝让他对她的爱愈加浓烈。1912 年 1 月 10 日,他终于忍不住给伍尔夫发了一封电报,表示想要见她。

按照约定,他们在布伦斯维克广场见面了。看着心爱的姑娘向自己走来,伦纳德心绪涌动,将准备了很久的话一股脑儿地说了出来。他向她求婚,希望她能嫁给自己。

伍尔夫有些意外,没有接受,但也没有拒绝。她表示她需要一段时间考虑,对于婚姻,她还没有做好准备。

回到家后,伦纳德又写了一封信给伍尔夫,在信中毫不掩饰地倾诉了对她的迷恋。他告诉她,他对她的爱不仅仅是因为她的美貌,也是因为她的心灵与品性,还表示"我将绝对服从你的需要"。

在接下来的日子里,伦纳德又给伍尔夫写了很多热情洋溢的信。他的真诚打动了伍尔夫,她终于决定接受他的求婚。

1912 年 8 月,他们举行了婚礼。婚后,两个人前往西班牙和意大利进行蜜月旅行。那是一段愉快的时光,他们早上散步,下午读书、品茶,闲暇时在海边散步,异域的风景与新婚的幸福激发着伍尔夫的创作灵感。不过,伦纳德也发现了一个让他非常困惑的问题——伍尔夫有着严重的性冷淡倾向。

童年时经历的那场噩梦,令伍尔夫终生难忘。直到老年时,她依然对哥哥的行为感到愤怒。每当她写到性的时候,总是以一种非常冷淡甚至扭曲的方式去书写。

这一年,伍尔夫开始改写其小说《远航》。在之前的完稿中,小说中人物对话过多,但是描写较少,尤其在小说的前半部分。改写之后,对话部分与描写部分的比例协调了许多。在这段时间里,她忍受着头痛的折磨。

纵观伍尔夫的一生,每当她完成一部小说的时候,都会精神崩溃。她有着复杂的情绪,一面是小说发行后将要面对的评论与舆论压力,一面是因为不能从肉体上爱上伦纳德的自责。同时,她又为五年只写了一部小说而感到挫败……种种复杂的心绪凝结在一起,使伍尔夫的精神与健康状态越来越糟糕。

1913 年 3 月,《远航》终于完稿,伦纳德读过之后非常赞赏。他将妻子的手稿交给了出版公司,一个月后,这本书被确定出版。

伍尔夫经常陷入无休止的焦虑之中。比如她总是担心她所爱的人会在背后嘲笑她、羞辱她,出门在外的时候,她甚至认为村民与宾客们都在嘲笑她。她常常彻夜不能入睡,脑海中总是浮现出一些恐怖的画面……

伦纳德非常担忧,带着妻子一连看了三位医生。回到布伦斯维克广场后,伦纳德又请教了塞维奇大夫,从 1904 年起,他成了伍尔夫的专门医生。

伍尔夫遗传了母亲的精神病,压力越大,这种病发作得越频繁。每每发作,她便会精神崩溃,甚至有自杀倾向。

所幸,伦纳德一直无微不至地照顾着她,给了她最温柔的关怀。伍尔夫发病的时候,伦纳德往往要聘请多人护理。他在后来所写的《自传》中曾这样记叙:1915 年,在弗吉尼亚精神崩溃最可怕的时候,我们一连数月请护士,有时同时请四个。哈雷接触的医生们接连不断地来给她看病。医生和护士们的账单 12 个月加起来,肯定超过了 500 镑。

1916 年,伍尔夫的病情终于得到了控制。夫妻俩搬到了伦敦附近的一个叫屈蒙的小镇上。在那里,伍尔夫的生活非常规律——早上写作,下午散步,晚上读书,每周陪伦纳德去一到两次伦敦。她会从伦敦图书馆借一些书,有时候也会和不同的朋友共进午餐。

1919 年,伍尔夫的《夜与日》与《墙上的斑点》在霍加斯出版社出版。这两部作品反响非常好,《墙上的斑点》广受读者欢迎,刚刚上市便被抢购一空,出版社不得不赶紧加印。《夜与日》得到了英国泰晤士报的高度评价,订单也蜂拥而至。

当妻子进入创作的黄金时期时,伦纳德也走进了事业的高峰期。他被任命为《国际评论》杂志的编辑,之后又转到《当代评论》担任编辑,六个月后,又成了《国家》杂志的代理政治编辑,没多久便转为了正式的政治编辑。

1923 年,伍尔夫与伦纳德已经结婚十年。十年来的积累与沉淀,让他们越来越向往去欧洲大陆旅行。事实上,直到那时伍尔夫才有了足够的精力去承担一场远行,她知道,一旦踏上这条路,许多藏在岁月里的伤痕一定会重新清晰起来,但是那也会使自己的心得到些许慰藉。在此前,她曾有过三次苦涩的欧洲大陆之旅:1904 年,她第一次旅行回来后便病倒在床;1906 年,她旅行回来不久,哥哥索比就去世了；1912 年，她与丈夫伦纳德进行了蜜月旅行，却被不和谐的性生活覆上了一层阴影。

这一次，她要来一场痛痛快快的旅行，以弥补心中埋藏多年的遗憾。此时，伍尔夫与伦纳德已有了更好的经济条件。他们畅游了西班牙与法国，将十年前玩得不尽兴的地方都玩了个遍。

读万卷书，不如行万里路。旅行就像一扇窗，让伍尔夫看到了更多更精彩的风景，她的灵感也随之泉涌而出。

1925 年 5 月，伍尔夫的小说《达洛维夫人》面世，立即引起了广泛的关注。两年后，她的小说《到灯塔去》再度引起整个欧洲乃至世界文坛的轰动，并获得了法国 1927 至 1928 年度的费米娜奖。

在此后的十几年中，伍尔夫坚持文学创作，每一部作品的问世都会引发不同规模的文学"地震"。1940 年，他们在伦敦的住宅被德国飞机炸毁，夫妻俩彼此约好，如果英国战败，他们就相携自尽，免受法西斯统治的凌辱。

然而，伍尔夫却没能等到战争结束。1941 年 2 月，当她完成最后一部作品《幕间》的创作时，再度预感到自己将要精神崩溃。她预感到这场病再发作，将不会康复了。1941 年 3 月 28 日，她用石头填满口袋，然后抱着口袋投入了罗德麦尔塞河，终年 59 岁。

妻子的自尽，令伦纳德痛不欲生。在整理妻子的遗物时，他发现了伍尔夫留给自己的遗书：

亲爱的：

我感到我一定又要发狂了。我觉得我们无法再一次经受那种可怕的时刻。而且这一次我也不会再痊愈。我开始听见种种幻声，我的心神无法集中。因此我就要采取那种看来算是最恰当的行动。你已给予我最大可能的幸福。你在每一个方面都做得很好。我相信,在这种可怕的疾病来临之前,没有哪两个人能像我们这样幸福。我无力再斗争下去了。我知道我是在糟蹋你的生命;没有我,你才能工作。我知道,事实如此。你看,我连这张字条也写不好。我也不能看书。我要说的是:我生活中的全部幸福都归功于你。你对我一直十分耐心,你是这样善良。这一点,我要说——人人也都知道。假如还有任何人能挽救我,那也只有你了。现在,一切都将离我而去,剩下的只有你的善良。我不能再继续糟蹋你的生命。

我相信,再没有哪两个人像我们在一起时那样幸福。

从此,人世只留下伦纳德一个人踽踽独行。在孤独与痛苦中,他能为妻子做的最后的事便是将她的遗作《幕间》整理出版。

伍尔夫被誉为 20 世纪最伟大的小说家之一,她是现代主义文学与女性主义潮流的先锋。她崇尚女权,认为女性应该有闲暇时间,还应该有一笔由她们自己支配的钱。她把艺术看得高于一切,或许这也正是她心病的根源所在。人们为这样一位天才女作家感到惋惜,也为她能遇到伦纳德这样的丈夫而感到庆幸。

没有人能十全十美。或许缺憾本身,也是一种收获。

第十七章

林徽因：万古人间四月天

她是诗意的化身，是人间的四月天。多年过去，当我们翻开泛黄的书页时，依然会为她的容颜而惊艳。

1904 年 6 月 10 日，她出生于钟灵毓秀的杭州。祖父林孝恂得知孙女出生的消息非常开心，他根据《诗经 · 大雅》中的“思齐大任，文王之母。思媚周姜，京室之妇。大姒徽音，则百斯男”为孙女取名“林徽音”。

30 年代初，她的作品经常见诸报刊，有一位经常写诗的男作者名字叫林微音，为了避免别人把他们弄混，她将“音”改为“因”，从此，“林徽因”这个名字响彻了整个民国时代，直到今天依然为人们所津津乐道。

林徽因祖籍福建闽侯，祖父林孝恂是光绪年间的进士，一直在浙江为官。林孝恂有七个孩子，林徽因的父亲林长民是其长子。为了让孩子们接受良好的教育，林孝恂在杭州家中设立了家塾。因此，林徽因的父亲、叔叔及姑姑们很小就打下了良好的国学基础，同时也受到了新学的启蒙。

林徽因两岁的时候，父亲林长民前往日本留学，林徽因与母亲和祖父母一起生活。忙碌的父亲几乎没有时间陪伴她，在她幼年的记忆里，父亲似乎常年不在家，只有那一封封从日本寄来的信提醒着她父亲的存在。

4 岁的时候，林徽因开始跟着大表姐孟瑜一起读书。在几个姐妹之中，林徽因的年龄最小，也最贪玩。但是每当大人们让她背书的时候，她总是过目成诵，令几个姐姐钦佩不已。

1910年，林长民从日本留学归来，与同学在家乡福建创办了福州私利法政学堂，他担任校长。武昌起义爆发后，他将法政学堂交给别人打理，自己为革命奔走于北京、上海等地。

那时的林徽因还不懂得父亲为何奔忙，她在这个书香世家袅袅娜娜地长大，如同一朵淡雅的兰花。林徽因是林长民的二夫人所生，这位二夫人出生商人家庭，既不懂琴棋书画，也不善操持家务，因此受到了林长民的冷落。林长民在上海又迎娶了年轻貌美的三夫人程桂林，从此，这位二夫人彻底被遗忘。好在林长民并没有因为母亲而冷落林徽因，他对这个乖巧聪明的女儿疼爱有加。

林徽因称呼程桂林"二娘"，二娘又生下了几个弟弟妹妹。她与母亲生活在后面的小院里，而二娘则与弟妹们生活在前面的大院里。每天，前院总是充满弟妹们的欢笑声，那里还有父亲买给二娘的各种新奇物件。而后院里却是死气沉沉，每当林徽因去前院回来，总会听到母亲的数落与抱怨。她哭自己命苦，哭自己死去的小女儿，怨丈夫不理睬自己。林徽因爱着父亲，但是又因为母亲的缘故有些怨恨他。为了不伤母亲的心，她总是小心翼翼地与那些异母弟妹们相处。

1920年，林长民以"国际联盟中国协会"成员的身份被政府派往欧洲进行访问考察。这一次的行程为时一年半，林长民决定带着爱女林徽因同往。

林徽因对此非常兴奋。这年初夏，她跟随父亲开始了漫长的旅程。他们按照计划，先后游历了法国、意大利、瑞士、德国、比利时的一些城市。那些只在书中见过的文化古迹，如今竟真实地呈现于眼前,身在其中,林徽因感受到一种历史的变迁。走在那些繁华城市里,她也能感受到西方文化的时尚元素。在国内,林徽因曾学过英语,因此,她能用流利的英语与当地人沟通。

游历结束后,林徽因随父亲住在了伦敦。1920 年 9 月,她考入了伦敦圣玛丽学院,在那里继续自己的学业。

伦敦是个多雾的城市,那里似乎总是湿漉漉的,美丽的康河在阳光下缓缓流动,粼粼波光泛着岁月的光辉。1920 年 11 月 16 日,一个名叫徐志摩的年轻人来拜访林长民。

这位蜚声文坛的诗人,当时刚从美国的哥伦比亚大学来到伦敦。与他同来的,是就读于伦敦大学政治经济学员的留学生张奚若。

林长民和两个年轻人聊得颇为投缘。交谈中,林徽因为他们端来了茶点,像一只安静的小猫一样在一旁听他们谈话。那时的林徽因不会想到,旁边这个戴着金丝边眼镜的青年男子竟会闯进自己的世界。

徐志摩与林长民相见恨晚,两个人在一起聊政治、谈社会,非常有共同语言。有那么一段时间,两个人还玩起了“情书”游戏。徐志摩扮演一个有夫之妇,而林长民则扮演一个有夫之妇,两个人以假设的身份谈起了“恋爱”,每日写信互诉衷肠。

然而林长民不知,徐志摩想要恋爱的对象并不是他,而是他的女儿林徽因。

自从见到林徽因,徐志摩便深深地迷醉。他是个充满幻想的浪漫主义诗人,虽然已经在父母之命下娶了张幼仪为妻,但是这位传统女子并不能满足他对于美好爱情的向往。他需要的,是一个灵魂上的伴侣,而林徽因,恰恰满足了他对爱情的所有幻想。

徐志摩时常与林徽因一起散步,他们谈诗歌、谈文学,如同久别重逢的故友,总是有着说不完的话。

春天来临时,他们一起在康河边漫步。清澈的流水在阳光下闪着碎银般的光芒,娇艳的蔷薇在春风里吐露花苞,远处的教堂传来一阵阵钟声……那些美丽的风景,在徐志摩心中留下了诗意的水印。五年以后,当他所有的爱情幻想都破碎时,他在《我所知道的康桥》中这样写道:“我这一辈子就只那一春,说也可怜,算是不曾虚度。就只那一春,我的生活是自然的,是真愉快的!”

在这场爱情里,徐志摩是非常认真的。为了能与心爱的姑娘在一起,他甚至与张幼仪离了婚。从此,他对林徽因的追求更加热烈,而林徽因却不知所措起来。

林徽因是否爱过徐志摩,我们无从获知。或许,在那样懵懂的年纪里,能遇见一个英俊且富有才华的诗人,任何少女都会怦然心动。不过,林徽因终究是理智的,她对徐志摩的感情,更多的是钦佩与赞许,她视他为兄长,并非恋人。

那一年林徽因刚刚 16 岁。面对徐志摩的热烈追求,不知所措的她只好将事情向父亲和盘托出。林长民对此思索良久,刚好他在欧洲考察的任务已经完成,便带着女儿回国了。或许离别,是最好的拒绝。

回到国内后,林徽因又进入培华女子学校继续学习。留在伦敦的徐志摩却陷入了无休止的孤独与悲伤之中,没过多久,他也追随着林徽因的步伐回国了。

其实,林长民早已为爱女订下了婚事,将林徽因许给了梁启超的儿子梁思成。回国以后,梁思成经常来看望林徽因,林家对梁思成也非常满意。

与梁思成在一起，林徽因才懂得了什么是爱情。无论是在思想文化上，还是在出身教养上，他们都有着很多相似之处，两个人相处得愉快而默契。

梁思成爱好广泛，他不仅成绩优异，还擅长小提琴和钢琴，又是学校的歌咏队队员及管乐队队长。体育、美术、文学、书法等，他都有所涉猎。

他们开始憧憬未来。林徽因告诉梁思成，她准备学习建筑。这让梁思成颇感意外，他几乎无法将建筑与眼前这个清秀、文弱的姑娘联系起来。他惊讶地问道："建筑？你是说 house（房子），还是 building（建筑物）？"

林徽因笑答："更准确地说，应该是 architecture（建筑学）吧！"林徽因谈起了自己在欧洲所见到的建筑，她将它们称为"凝固的音乐""石头的史诗"。

在林徽因的影响下，梁思成也确定了自己的专业方向。多年以后，夫妻俩都成了建筑学领域的权威专家。当梁思成和朋友谈起当初选择建筑学的原因时，他表示，那时候林徽因刚从英国回来，"在交谈中，她谈到以后要学建筑。我当时连建筑学是什么都不知道。徽因告诉我，那是集艺术和工程技术为一体的一门学科。因为我喜爱绘画，所以我也选择了建筑这个专业。"

1923 年 5 月 7 日，梁思成准备和同学们参加北京学生的游行示威。那一天，袁世凯政府签订了丧权辱国的"二十一条"，消息传来，顿时群情激愤。梁思成骑上了大姐送的摩托车，弟弟梁思永坐在后座，兄弟俩向长安街的方向驶去。就在他们骑到南长街口时，迎面一辆小汽车疾驰而来，从侧面撞上了兄弟俩的摩托车，摩托车压在梁思成身上，顿时他昏厥过去，后座的梁思永被甩出去很远。

那是北洋军阀金永炎的汽车，他是大总统黎元洪的亲信。当时，金永炎坐在汽车中目睹了自己司机肇事的全过程。他皱了皱眉头，然后命令司机马上开车离开。

梁思永见哥哥已经不省人事，顾不得疼痛，慌忙跑回家求救。家人被他浑身是血的样子吓坏了，门房老王最先知道了这件事，飞快地跑到事发地点，将梁思成背回了家。

医生赶来后为梁思成做了一番检查，之后告诉梁启超：梁思成腰部以上没有任何问题，但是左腿可能骨折了，必须到医院进行手术。

那个年代，中国的西医还非常落后。梁思成到医院进行了一番检查后，医生说不需要动手术，养一段时间就好了。这个错误的诊断耽误了最佳治疗时间，使梁思成后来在一个月中动了三次手术。虽然最后梁思成的腿骨接合成功，但是从那以后，他的左腿比右腿短了1 厘米，跛足和由于脊椎病而装设背部支架的痛苦伴随了他一生。

林徽因听到这个消息后非常震惊。她慌忙赶到医院，看着浑身是伤的梁思成泪流不止。见心爱的人前来，梁思成忍着疼痛笑说："差一点就见不着你了。"从那天起，林徽因每天都会去医院陪伴梁思成。

如果被撞的人是普通百姓，那么被撞者大概只能自认倒霉了。但是事故的主人公不是别人，而是赫赫有名的梁任公的儿子。北京的报纸将这件事报道了出去，并对金永炎的恶行进行了严厉谴责。金永炎这才知道自己撞了谁，赶紧亲往医院探望、致歉，并承担了全部的医疗费用。

天气渐渐炎热起来，梁思成的腿上依然打着石膏，腰背上缠着绷带，躺在床上动弹不得。林徽因的学校放暑假，她几乎寸步不离地守在梁思成的病床前。有了她的陪伴，梁思成的痛苦似乎也减轻了许多。

当梁思成终于能拄着双拐下地行走的时候，朋友为他拍了一张照片做纪念。黑白照片上，他手拄双拐，腿上打着厚重的石膏坐在椅子上，脸上满是宁静而满足的笑容。

虽然林徽因与梁思成早有婚约，但毕竟还未成婚，两个年轻人的亲密相处引来了梁思成母亲的不满。她认为，林徽因出身于官宦之家，应该深谙"妇德"，看着儿子衣冠不整地躺在床上，她认为林徽因应该小心回避。一个尚未下聘的女子，怎能如此不顾体统地和一个男人相处呢？

不过，梁启超对夫人的想法不以为然。两个年轻人感情要好是好事，他看在眼里，喜在心上。在给大女儿梁思顺写信时，他还曾得意地说道："老夫眼力不错吧，徽因又是我第二回的成功。"至于第一回，是指梁思顺的婚事。他为梁思顺选的女婿是周希哲。周希哲担任了中国驻菲律宾大使馆总领事，后来又任驻加拿大使馆总领事。

不过如果不是这场突如其来的车祸，梁思成早已赴美留学。养伤期间，梁启超还为他制定了一系列的学习规划，以免他荒废了学业。伤好之后，林徽因也已经从培华女校毕业，并考取了赴美留学的资格。

林徽因剪掉了长长的辫子，留起了当时女大学生的流行发式——轻微烫过的齐耳的短发，整齐的刘海覆住前额。一眼看去，她显得格外文雅秀气，眉宇间也有了几分成熟。

1924年6月初，林徽因与梁思成双双前往美国留学，他们的人生开启了新的远方。与他们一同前往美国的，还有梁思成的清华同窗好友陈植。那时还是暑假，他们便利用空闲时间补习功课，调整身心，以适应异国的新环境。按照计划，他们将在9月份到宾夕法尼亚大学建筑学注册。

他们租住的公寓有个小小的阳台，上面围着半圆形的黑色雕花铁栏。林徽因喜欢站在小阳台上远眺，葱茏的山谷与明亮的河水在她眼中绘成了诗意的画卷。白天，他们背着画夹出去写生，傍晚，他们在阳台上谈天说地，看远方的夕阳渐渐沉入山谷。

开学后，他们迅速适应了学校的学习生活。梁思成学得尤其快，他还选修了高年级的西方建筑史课程，讲授这门课的是阿尔弗雷德·古米尔教授。林徽因在建筑学上有着很高的悟性，虽然她没有任何基础，但是与生俱来的艺术天赋使她对线与型的认识带有鲜明的个性特征。

在学校，林徽因也结识了很多新朋友。有一次，她和同学们一起野餐时，一位美国同学说道："当初刚和你们认识时，真有些担心，生怕一不小心触犯了你们谨严的规矩和宗教，想象着以后不知道要听多少孔夫子的道德经，想不到和你们在一起是这样轻松。"

林徽因笑着回答道："其实，从孔夫子庙到自由女神像之间并没有太大距离，我的房东太太就是极好的证明。她是位虔诚的教徒，我画的极寻常的人体素描曾经让她受了惊吓。我的男朋友来找我，从来只能在楼外站着。如果我们坐在楼梯边上说话，到了十点半，她是一定会咳嗽的。"

顿时，同学们笑成一片。

然而快乐的时光总是那么短暂。在他们留学美国期间,梁思成的母亲因病去世。梁启超给梁思成发来电报,让他在美国安心学习,不必赶回,一切后事都由国内的亲人料理。

祸不单行。1925 年 12 月,林徽因的父亲林长民突然去世。那一年,林长民担任着东北军第三军团副军团长郭松龄的幕僚长一职。1925 年,郭松龄集结 10 万精锐部队倒戈反奉,并通电全国,反对张作霖军阀专权,要求张作霖下野,力主消除军阀混战,实现民主政治。林长民也投身其中,为他出谋划策。当郭松龄的队伍经过巨流河一带时,突然遭遇了奉军的伏击,林长民中流弹身亡,时年 50 岁。

噩耗传来,林徽因痛不欲生。那段痛苦的日子,她几乎不知道怎么捱过去的。她忽然想起父亲不久前还在信中说:这些年来政治风云诡谲多端,已使他彻底厌烦了从政,他打算从明年起谢绝俗缘,亲自课教膝前的小儿,同时再好好打磨自己的书法艺术……

然而,父亲这些美好的愿望永远也不能实现了。从此,她不再是林家大小姐,而是林家的长女,要对弟弟妹妹施以援手,要赡养母亲,要承担起家庭的责任。

梁思成守护着林徽因,尽自己最大的努力去减轻她的痛苦。经历了生离死别,他们仿佛在一夜之间长大了,成熟了。他们感觉到了责任的重量,从此漫漫人生路,他们必须靠自己的力量走下去。

1927 年,梁思成与林徽因学成归国。次年 3 月,他们在加拿大渥太华举行了浪漫的婚礼。由于在当地买不到中式的婚礼服装,林徽因又不愿意千篇一律地穿西式婚纱,便别出心裁地设计了一套旗袍式裙装,头饰也是自己亲手设计的——冠冕似的帽子两侧,垂着长长的披纱,既古典美观,又富有民族情调。帽子的正中间设计了漂亮的缨络，看起来非常别致。

婚礼之后，他们在欧洲进行了旅行考察。归国未久，梁思成担任了东北大学建筑系主任，兼任建筑系的所有课程教师。

1923 年，东北大学正式成立，张学良担任校长。他大胆起用了一批年轻人，在短短几年的时间里对学校进行了扩充与革新，并在原来的文、法、理、工四科的基础上设立了文学院、法学院、理学院和工学院，其中，工学院又增设了建筑系。在当时的中国，只有两所学校开设了建筑系，一个是南京中央大学，另一个就是东北大学。

1928 年的秋天，建筑系首届招收了一个班的学生。梁思成作为中国这门新兴学科的带头人，早就确立自己在建筑学领域的人生目标。他希望能培养一批在建筑学上造诣精深的人才，但是工作千头万绪，使他忙得焦头烂额。于是，他写信给妻子林徽因，希望她能尽快到东北。

接到信后，林徽因马上打点行装奔赴东北。彼时已是 10 月，北方特有的寒冷令林徽因有些不习惯。她在房间里生起了炉子，安上了烟囱，夜里备课时终于不再觉得冻手冻脚了。

夫妻俩工作得非常辛苦。当时，建筑学在中国还是一门新兴学科，根本没可用的教材，他们又不愿意照搬欧美的教科书。他们希望能在教学中把建筑学、美学、历史学与绘画等相关学科的知识联系起来，将它们融入建筑学的知识体系。因此，他们备课的任务量非常庞大。

起初，报考建筑系的学生几乎不知道建筑学是什么。林徽因与梁思成耐心地引领着学生们走进这门全新的学科，让他们对这门学科逐渐产生浓厚的兴趣。

学生们很喜欢林徽因的课,他们觉得,上林徽因的课是一种享受。在林徽因的课堂上,他们随着她的思绪穿行于古今中外的艺术长廊,既能感受到书画的隽永,又能感受到雕刻的魅力,还能体会到音乐与哲学的玄妙……

梁思成的课则是另一种风格。在他的课上,学生们会为他深厚的学识功底所折服。每当讲到世界各国不同时代的经典建筑时,梁思成总会先从形象入手,帮助学生们掌握其特征。在讲到中世纪的建筑从罗马式发展到哥特式时,梁思成一边讲,一边顺手在黑板上画起来:窗户、扶壁、小水塔、吐水兽……不过十来分钟,黑板上便出现了一副完整、精美、标准的建筑图,无论是从构图上看,还是从结构与比例上看,都堪称完美,学生们不禁叹服。

1929 年 8 月,林徽因与梁思成迎来了他们生命里的第一个孩子。他们为她取名为“再冰”,以纪念孩子离世不久的祖父饮冰室主人。

孩子的出生给林徽因夫妇带来了极大的喜悦,但是也让他们更加操劳。林徽因少时曾得过肺病,经过这一番劳累,旧病再度发作。医生认为,东北的气候不适宜肺病的疗养,于是梁思成只好带着妻子和女儿回到了北京。

回京后,梁思成应聘到朱启钤先生任社长的“中国营造学社”任职。

1931 年的夏天,梁思成将妻子送到风景宜人的香山养病,与她同往的还有母亲和女儿。

他们住在双清别墅,那里有一池开得正旺的荷花,碧绿的莲叶层层叠叠地掩着水面。梁思成在学社工作不忙的时候,就上山陪伴妻子。他还雇人将家中的许多藏书送上山,其中多是历史典藏。因为在那段时间里,他们正在梳理着中国各个朝代的宫廷建筑的兴废。即便是在养病期间,林徽因依然致力于建筑学的研究,为中国建筑学做出了重要贡献。

那时徐志摩已经与陆小曼结婚,对于林徽因的炽烈迷恋已经释怀了许多。当他得知林徽因在香山养病后,也曾与朋友一同前去看望她。

生活轻松了许多,林徽因的健康状况也有了好转。在那段时间里,她写下了大量的诗作,如《那一晚》《谁爱这不息的变幻》《莲灯》等。

1937 年,林徽因在山西五台山地区发现了中国最古老的一座木结构建筑——始建于唐代的佛光寺大殿。然而正当她想要深入研究时,突如其来的“七七事变”迫使她不得不终止了野外调查工作。未久,北平沦陷,林徽因一家辗转逃到了昆明。第二年,她为云南大学设计了颇具民族风格的女生宿舍。

1940 年,梁思成所任职的中央研究院迁到了四川宜宾附近的李庄,林徽因也随丈夫搬到了那里,住在一个低矮破旧的农舍中。

生活条件的艰苦与颠沛流离的波折使得她的肺病再度发作。身体虚弱的她躺在病榻上,依然坚持在二十四史中寻找着有关建筑的内容,为《中国建筑史》努力搜集资料,甚至为此废寝忘食。

直到抗战胜利后,1946 年 8 月,林徽因一家才回到了日思夜念的北平。没多久,她被邀请为清华大学设计教师住宅,同时也接受了校外的设计任务。

1948 年底,清华大学所在的北平郊区解放,解放军包围了北平。想到城内无数壮观巍峨的古建筑极有可能毁于战火,林徽因夫妇不禁忧心忡忡，寝食难安。1949 年初，两位解放军突然找到他们，表示要对重要文物古迹加以保护，绝不让它们毁于战火。这让林徽因夫妇非常欣慰，同时，他们还应解放军的请求，编写了《全国文物古建筑目录》（该书后来演变为《全国文物保护目录》）。

同年，林徽因被聘为清华大学建筑系一级教授。新中国成立后，社会生活发生了巨大变化。1950 年，林徽因被特邀参加全国政协一届二次会议，并被任命为北京市都市计划委员会委员兼工程师。

党的重视令林徽因备受感动，在生命的最后几年里，林徽因与丈夫钻研学术，为中国建筑学及古建筑保护做出了重要贡献。

忙碌的工作，使林徽因的身体状况每况愈下。1954 年的秋冬之际，她再度病倒了。那一年的秋天似乎来得特别早，机场秋雨后，清华园中已经萧条了许多。她的身体越来越虚弱，出版社送来了《中国建筑彩画图案》序文的校样，但是她一连好几天都没有力气看完。翻看几行，她就头昏眼花，冷汗不停地从额头浸出。

梁思成也病倒了，但是他依然全力照顾着林徽因。经过诊断，林徽因的病症是肺结核复发，于是夫妻俩互相苦笑着，同时住进了北京同仁医院。

他们的病房紧挨着，但是两个人都病得无法起床，虽然只有一墙之隔，但想要见一面竟然难比登天。春节过后，梁思成的病情稍微好转，但是林徽因的病情却越来越严重。

1955 年 3 月 31 日深夜，林徽因拼尽全力喊着梁思成的名字，但是她只能发出极其微弱的声音。护士走过来，俯身问她需要什么。“我想见一见思成。”林徽因气若游丝地说道。“夜深了，有什么话明天再说吧。”护士说。

然而，林徽因再也等不到“明天”了。1955 年 4 月 1 日清晨 6 点，51 岁的林徽因永远地闭上了美丽的眼眸。

她将自己的一生都献给了建筑事业，在文学上她也造诣颇深。那些婉约动人的诗句，成了人们心中永恒的经典。

在事业上，她始终坚守着心中的信念，终其一生，初心未改。在爱情与婚姻上，她永远保持着理智与清醒。或许，只有为她终身未娶的金岳霖的那对挽联才能最精准地描摹她的人生：一身诗意千寻瀑，万古人间四月天。

后　　记

一个女子便是一朵花，她们盛放于历史的角落，纵然免不了凋零，也总要留一世尘香。

她们坚强傲岸，在命运的困境里依然坚守着心中的信念。当胡蝶面对日本人的频频利诱时，她选择以国为重，坚决拒绝了日本人的“好意”。

她们纯真善良。当奥黛丽·赫本在时光中优雅老去时，她渐渐淡出影坛，将全部的心思都放到了对贫困儿童的关爱上。直到生命的最后一刻，她依然惦念着那些可怜的孩子。

她们敢于追求梦想，敢于打破现实的桎梏。即便条件艰苦，简·奥斯汀也不曾停下手中的笔。在灰暗的贫穷生活中，她用文字勾勒出了一个个精彩的故事，为后世留下了一笔宝贵的文学财富。

走遍千山万水的三毛，用一生的执着谱写爱的信仰；被爱情毁灭也被爱情成就的张爱玲，用一支笔描尽了世事沉浮与人间沧桑；在事业巅峰急流勇退的葛丽泰·嘉宝，用转身的美丽背影给世人留下永远的谜团……

烟火人间，她们来过一次，便留下了永远的痕迹。那些尘烟往事，被时光梳理成动人的传奇，在人间留下了永恒的经典。